"十三五"国家重点出版物出版规划项目
国家出版基金项目
世界公益与慈善经典译丛

SOCIAL ENTREPRENEURSHIP
AN EVIDENCE-BASED APPROACH TO CREATING SOCIAL VALUE

公益创业

一种以事实为基础创造社会价值的研究方法

郭超（Chao Guo） 沃尔夫冈·比勒菲尔德（Wolfgang Bielefeld） 著
徐家良 谢启秦 卢永彬 译

个人财富如何改变世界

上海财经大学出版社

图书在版编目(CIP)数据

公益创业:一种以事实为基础创造社会价值的研究方法/(美)郭超(Chao Guo),(美)沃尔夫冈•比勒菲尔德(Wolfgang Bielefeld)著;徐家良,谢启秦,卢永彬译.—上海:上海财经大学出版社,2017.9
(世界公益与慈善经典译丛)
书名原文:Social Entrepreneurship
ISBN 978-7-5642-2637-4/F•2637

Ⅰ.①公… Ⅱ.①郭…②沃…③徐…④谢…⑤卢… Ⅲ.①慈善事业-研究 Ⅳ.①C913.7

中国版本图书馆 CIP 数据核字(2017)第 212749 号

□ 责任编辑 李成军
□ 书籍设计 钱宇辰

GONGYI CHUANGYE

公益创业
——一种以事实为基础创造社会价值的研究方法

郭 超
(Chao Guo) 著
沃尔夫冈•比勒菲尔德
(Wolfgang Bielefeld)

徐家良 谢启秦 卢永彬 译

上海财经大学出版社出版发行
(上海市中山北一路 369 号 邮编 200083)
网 址:http://www.sufep.com
电子邮箱:webmaster@sufep.com
全国新华书店经销
上海华教印务有限公司印刷装订
2017 年 9 月第 1 版 2017 年 9 月第 1 次印刷

787mm×1092mm 1/16 14 印张 298 千字
印数:0 001—3 000 定价:42.00 元

图字:09-2015-941 号

Social Entrepreneurship
An Evidence-Based Approach to Creating Social Value
Chao Guo Wolfgang Bielefeld

Copyright © 2014 by John Wiley & Sons,Inc.

All Rights Reserved. This translation published under license.

Authorized translation from the English language edition,Published by John Wiley & Sons. No part of this book may be reproduced in any form without the written permission of the original copyrights holder.

Copies of this book sold without a Wiley sticker on the cover are unauthorized and illegal.

本书简体中文字版专有翻译出版权由 John Wiley & Sons,Inc.公司授予上海财经大学出版社。未经许可,不得以任何手段和形式复制或抄袭本书内容。本书封底贴有 Wiley 防伪标签,无标签者不得销售。

2017 年中文版专有出版权属上海财经大学出版社
版权所有　翻版必究

目　录

导言：理解与运用公益创业 ·· 1

第一部分　公益创业：概念与背景

第一章　公益创业面面观 ·· 9
什么是公益创业？ ·· 9
谁是公益创业家？ ·· 12
为什么需要公益创业？ ·· 13
公益创业在哪里出现？ ·· 17
结语 ·· 20
　　练习 ·· 21

第二章　作为组织行为的公益创业 ·································· 22
创业导向 ·· 23
创业导向的测量、决定因素与效果 ····································· 26
创业强度 ·· 28
创业导向和创业强度的局限性 ·· 29
公益创业导向 ·· 30
结语 ·· 33
　　练习 ·· 34

第二部分　理解和管理公益创业过程

第三章　发现和创造公益创业机会 ·································· 37
界定机会 ·· 38
如何区分公益创业机会？ ·· 41
公益创业机会是如何被发现或被创造的？ ··························· 41
第一阶段：创意生成 ··· 42
第二阶段：机会评估 ··· 46
结语 ·· 48
　　练习 ·· 48

1

第四章 从机会到行动 ······ 49
运用社会影响力理论精心谋划机会 ······ 50
将理论付诸行动:设计运作模式 ······ 52
企业可行性和计划 ······ 54
支持性分析 ······ 57
结语 ······ 62
    练习 ······ 62

第五章 从行动到影响力 ······ 63
公益企业的有效性 ······ 64
公益企业有效性的路径 ······ 66
结果和影响评估 ······ 72
货币化结果与影响 ······ 74
提升公益企业影响:增加社会影响力 ······ 76
结语 ······ 79
    练习 ······ 79

第六章 资助公益创业 ······ 80
资助公共部门和营利部门公益创业 ······ 81
资助非营利部门公益创业 ······ 83
慈善事业与公益创业 ······ 87
政府资金 ······ 89
已获收入、贷款和股本 ······ 90
结语 ······ 94
    练习 ······ 94

第三部分 理解和管理公益内部创业过程

第七章 公益创业:内部创新 ······ 97
公益内部创业概念厘清 ······ 98
公益内部创业的维度 ······ 99
内部创业的前因后果 ······ 101
公益内部创业的管理挑战 ······ 104
结语 ······ 106
    练习 ······ 106

第八章 管理公益内部创业过程 ······ 107
现有组织中创新的本质 ······ 109

公益内部创业过程的两阶段模型 ·················· 109
定义过程 ··· 111
驱动过程 ··· 113
公共组织与非营利组织的创新发起人 ················· 115
公益内部创业过程中基层管理者的作用 ··············· 116
公益内部创业过程中中层管理者的作用 ··············· 117
公益内部创业过程中高层管理者的作用 ··············· 118
结语 ··· 118
    练习 ··· 119

第四部分　新趋势与新问题

第九章　公共部门公益创业 ·························· 123
公共部门创业背景 ································· 124
新公共管理与政府再造 ····························· 126
新公共服务 ······································· 127
当前的实践和方法 ································· 128
结语 ··· 133
    练习 ··· 133

第十章　跨界合作与公益创业 ························ 134
跨组织界限工作 ··································· 135
组织间的合作 ····································· 136
参与网络 ··· 139
集体影响 ··· 143
跨部门工作 ······································· 144
新法律形式 ······································· 149
结语 ··· 151
    练习 ··· 151

第十一章　新媒体与公益创业 ························ 152
引言 ··· 153
新媒体，新可能 ··································· 153
社交媒体的神话与现实 ····························· 155
新媒体和信息共享 ································· 156
新媒体和筹款 ····································· 156
新媒体与利益相关者参与 ··························· 157
基于社交媒体战略的"金字塔"模型 ··················· 158

新媒体，新挑战 ·· 159
　　结语 ·· 162
　　　　练习 ·· 163

结论：回顾过去，展望未来 ································ 164
　　重要结论 ·· 164
　　更深层的问题 ·· 166
　　结语 ·· 167

致谢 ·· 168

注释 ·· 170

译后记 ·· 215

导言：理解与运用公益创业

即使粗略浏览一下日常新闻也足以让我们看到当下社会问题层出不穷。我们对此司空见惯，如社区犯罪、学校资金短缺、城市贫困、失业、国家服务支出亏空，以及人口过剩带来的全球性问题。史蒂芬·古尔德史密斯（Stephen Goldsmith）和威廉·艾格斯（William Eggers）认同众多观察者的观点：

> 从方方面面来看，21世纪面临的挑战以及应对诸多挑战的方法前所未有地纷繁复杂。由于民族国家各自为政和跨国（当国界存在时）流动性加大，各种问题既带有全球性特征，又具有地方特色。由于变化多样的人口带来的各种复杂问题不断地否定单一的解决方案，"一刀切"的方案开始被传统路径所取代。[1]

这一变化趋势使得许多问题的根本原因难以确定。[2] 此外，解决这些问题同样要求在价值观、信仰、角色、关系和有效方法上变革，并且根据不同地方的需求有所改变，常常要跨越组织的界限。这些方案最终很有可能要求做实验并有新发现。这种情况可能带来沮丧、犬儒主义以及由于资源减少而导致的权力斗争。当前美国国会面临的僵局和草根阶层针对美国1%富人的示威便是明显的例证。

尽管如此，我们还是看到一种更为积极向上的发展趋势——公益创业的兴起。无论是私人部门还是公共部门的公益创业家都在致力于研发创新方案来解决我们所面临的难题。《纽约时报》专栏作家托马斯·L.弗里德曼（Thomas L. Friedman）在他的国际畅销书《世界是平的：21世纪简史》中写道：

> 近年来出现在世界舞台上的最新人物之一就是公益创业家。他们燃烧着激情，渴望在这世上发挥积极的社会影响，但却坚信：授人以鱼不如授人以渔是服务社会的最佳途径。近年来，我结识了好几位公益创业家，他们大多既有商学院的头脑，又具有社会工作者的热心。对他们而言，世界的三重融合和平坦化实乃天赐良机。那些才华横溢和适应力强的人已经开始推出一些极具创意的项目。[3]

公益创业家显然是时髦人物。近年来，我们习惯于将社会划分为三大部门：政府部门、营利部门和非营利部门。每个部门界限清晰，易于理解，轮廓分明。这种划分允许我们依照自己创建的部门框架来界定和解决社会问题。目前尚未有一种机制会干扰这三大部门划分。但是，面对更严峻的财政环境和前所未有的竞争压力，越来越强烈的责任期望和越来越多的社会需求，今天公共部门和非营利部门的领导不断被要求升级为改革者和企业家,而商界首脑和企业家也被期望承担越来越多的社会责任。一系列因素已经侵蚀了非营利部门、政府部门和营利部门之间的边界。由于界线的模糊,观念、价值、角色、关系和资本现在均可更加自由地在部门之间流动。[4] 我们不断地看到三大部门携手应对关乎你我的社会问题。

正是在这样的背景下,公益创业成为政府部门、营利部门和非营利部门中最受欢迎的制度之一。"公益创业家好比实验室里疯狂的科学家,"牛津大学斯科尔公益创业中心(Skoll Centre for Social Entrepreneurship)主任帕梅拉·哈堤根(Pamela Hartigan)说,"他们是以新方法经营商业的先驱。"[5]

公益创业家们在所有三大部门工作。[6] 他们在所属部门发展公益合资企业,为部门合作研发提供有创造力的新路径。此外,尽管公益创业可以由个人努力来创办,但是最终还得依靠团队、网络、组织或盟友来实现。下面是几个创新公益创业项目和组织的案例。[7]

● 城市之年(City Year,www.cityyear.org)。该组织的使命是通过市民服务、公民领导力和公益创业来建立民主。城市之年市民服务愿景是所有年龄和背景的市民们都能联合起来服务社区、国家和世界。城市之年公民领导力愿景则期盼有一天能实现:每个公民有一技之长、实现价值和激发他们成为谋求公共利益的领导人。

● 学生领袖峰会(College Summit,www.college summit.org)。该组织的使命是增加低收入学生的大学入学率,保证每个能上大学的学生去上大学,让每个学生都可以获取大学的知识和支持。

● 强力启动(KickStart,www.kickstart.org)。这是一家非营利组织。它在非洲开发和销售新技术。这些低成本技术由当地公益创业家购买,从而用来建立具有高回报的新兴小企业。

● 美丽美国(Teach for America,www.teachforamerica.org)。这是一家全国性的、高度选择性的服务公司,这家公司由最近毕业的优秀大学生组成,他们来自各个专业,利用两年时间在环境欠佳的城市和农村公立学校承担教学任务。其使命是通过行动支持本国未来最有前途的领导人,从而消除教育不平等。成立伊始,美丽美国已成为全国低收入社区师资的最大提供者。

自19世纪初以来,营利组织中谋求商业利益或创造经济价值的企业家一直有人探讨和研究,但有关创造社会价值的企业家的系统研究仍处于起步阶段。"公益创业"这个词首次被使用是在20世纪80年代,指创新的新兴非营利项目的发展。之后,非营利组织一直不断被呼吁要求更具创新意识,从而创造更多的社会价值。

此外,如前所述,政府机构和营利组织也被呼吁要提高其创新能力和对社会问题的回应能力。政府用一系列的改革做出回应,比如寻求创造更有效和高效的服务,授权于民。商业部门则通过提高企业的社会影响力做出回应。自20世纪60年代以来,"企业社会责任"这个词一直得到广泛使用。比如那些资助崇高事业的公司就常常践行这一理念。但在20世纪80年代末期,诸如美体小铺(The Body

Shop)、本杰里(Ben & Jerry's)和巴塔哥尼亚(Patagonia)等公司开始主张更加积极的社会责任："他们既将商业看作挣钱的工具,又将其看作促进社会进步的手段。"[8] 这一社会责任意识赢得了广泛认可。

本书将帮助读者理解公益创业活力和振奋人心的一面。我们的目标是帮助当下和未来的公益创业家运用创新的方式创造社会价值。我们是大学中关注公益创业快速增长趋势的专家学者的一部分,而大学也对公益创业不断增加的需求和运用做出回应。

过去数年来,社会创新和公益创业课程的需求有了急剧增长。20世纪90年代中期,哈佛大学开设了第一堂公益创业课。2003年,瑞士日内瓦大学开始了欧洲第一堂公益创业课。[9] 综观2008年这一领域就会发现,35个国家开设了100多门相关课程,有350多位教授正在讲授公益创业或从事有关研究。[10] 30多个国内和国际的公益创业项目相互竞争,800多篇不同的关于公益创业的已发表的文章,公益创业课程中使用了200个书面案例。[11] 2011年的一次最新调查显示,全球范围有超过148所大学在他们的校园里讲授公益创业课程的某个方面。[12] 同时还有其他更多的学院类型在进行相关讲授,包括二年制和四年制院校、网上大学、继续和管理教育项目、跨越不同学科的本科生学校和研究生院,如工程学、设计学、法学、社会工作和教育学等。此外,公益创业教育正在向外大幅度扩展,过去只在一流大学大行其道,如今在世界范围内的地方院校也已安家落户了。[13] 我们有幸成为这个正在成长的领域中的一分子,为这一波新的公益创业家的教育事业做出贡献。

本书计划

在这一部分中,我们将简要概述本书主要部分及其包含的章节。我们的目标是给公益创业家和创新者提供知识、工具和技巧,因为他们需要这些来应对即将面临的挑战。[14] 在许多方面,公益创业的经营管理独一无二。在接下来的章节中,我们将讨论公益创业家如何才能开发经营管理所必需的技巧：

1. 问责的独特性和复杂性：根据公益创业家所在的部门,他们应该对捐献者、投资者、所有者、公众及受捐者负责。

2. 双重和三重底线：公益创业承担着社会目标、商业目标和环保目标。由于这些底线可能需要相互交易才能达成,因此可能造成企业之间的紧张关系。

3. 复杂的身份问题：公益创业组织可能既要为公共部门也要为私人部门的行动者提供帮助,获得合法性。

我们也强调,公益创业家需要加深理解,社会问题不仅起源于制度化的信仰、价值观和观念之中,也根植于现存的社会实践和社会阶层之中。因此,公益创业家还需要理解一个道理,即社会变革本来就是政治问题,他们必须善于运用政治技巧克服来自既得利益本身存在的缺陷,即它可能抵制变革。

在第一部分中,我们介绍了公益创业这一概念以及公益创业实践的背景。第一章描述了公益创业是什么,谁是公益创业家,他们为什么从事公益创业,公益创业家出现在什么地方。在第二章中,我们从组织行为学的角度考察了公益创业。这包括组织如何被导向公益创业,以及在多大程度和强度上描述公益创业活动。

第二部分比较详细深入地研究了公益创业,同时描述了公益创业是如何被认同和管理的。第三章我们验证了如何发现机会,从而创造社会价值,并开启创业过程。该章提供了关于公益创业机会的理解,公益创业机会是什么,它为什么独特,是如何被发现和被创造的。第四章解释了公益创业家在这一过程中如何实施下一步骤,把机会转化为行动。社会企业必须以实用理论或他们预期创造的社会利益为基础。这一理论是建立社会企业的运作模型,将社会企业的投入与产出、作用联系起来。这个运作模型根据可行性、商务计划和深度支持性分析来加以评估。第五章探讨了公益创业的报酬,即如何确定社会合资企业的产出。我们界定社会风险有效性,同时以不同方法评估社会风险。接下来考虑了社会企业的结果和效用的评估,以及这些效用是如何大规模地生产出更大社会价值。所有社会企业都需要筹资,这正是第六章的主题。社会企业可以通过政府基金、慈善事业和自创收入获得资助。每一种来源都具有它的典型特征。此外,用于公有部门和私有部门中的社会企业的基金可以根据情况加以调整。

公益创业既可通过新组织的建立,又可借助现有组织中项目的发展来实现。后者通常是指公益创业。第三部分描述了公益创业的过程是可认同、可管理的。在第七章我们明晰了公益创业的定义,包括它的特点、前提条件、必然后果以及公益创业的挑战。第八章深入研究了公益创业过程的具体细节。我们描述了公益创业管理模型,探讨了不同管理层级在公益创业过程中所产生的不同影响。

公益创业是一个迅速成长的研究和实践领域。在本书的最后一部分,我们考虑了正在出现的几种趋势和问题。作为对公民压力的回应,美国公共部门创立了许多项革新。在第九章,我们探讨了公共部门企业的本质。最近的计划包括新公共管理、再造政府、新公共服务等。

公益创业通常出现在合作性关系中,这也是第十章的主题。我们从两个层面考虑这个问题:首先,社会企业中组织如何通力合作。其次,不同部门中的组织如何合作去处理最复杂的问题。最后,建立跨越部门的新法律形式目前正在落实。在最后一章,我们探讨了公益创业家如何运用新媒体进行信息分享、资金筹集和股票交易。我们还讨论了这些发展的影响。

研究方法

近年来,管理学学者越来越对此感兴趣,即当管理决策没有充分利用可用信息时导致的后果。《哈佛商业评论》概括了杰弗瑞·菲佛(Jeffrey Pfeffer)和罗伯特·萨顿(Robert Sutton)关于这一问题的观点:

是好事吗?证据充分诚然有助于我们做出正确选择。是坏事吗?我们大多数人都忽略了它,却依赖过时的信息或凭经验来做出决策。我们中一些人沦为牺牲品,大肆宣传奇迹管理方法,或者我们不考虑公司自身情况,而盲目采纳适合其他公司的最佳实践模式。结果呢?劣质决策最终导致浪费时间,空耗金钱……[15]

管理者采取"以事实为基础的管理方式"的方案进行决策。这包括提议行动功效的需求证据,澄清事实背后的逻辑关系,鼓励管理者试验新观念,主张管理者在这一领域保持现状,提供继续职业教育机会,帮助他们进行决策。[16]丹尼斯·卢梭(Denise Rousseau)对此做出进一步解释:

以事实为基础的管理模式意味着将建立在最好事实基础上的原则转化为组织实践。通过以事实为基础的管理,从事实际工作的管理者发展成利用社会科学和组织研究来做出组织决策的专家……这关系到管理者如何对持续增加的基于决定人类行为和组织行动因果法则的研究做出决策。[17]

当然,这种方法也存在挑战,包括:解释科学证据的困难,把基本原理运用于特定环境的必要性,我们深信,当基本原则可用时,这些原则会成为管理行动的基础。在公益创业领域,我们有幸有一整套不断发展的理论和研究可用于帮助管理者。

以事实为基础的管理对"反思性实践者"(reflective practitioners)类型的管理者的发展起着关键作用。唐纳德·舍恩(Donald Schön)是这样界定反思性实践者的:他们在所从事实践活动中能同时将技术知识和自己的行动利用起来。[18]对于公益创业家而言,这一点尤其重要,因为他们既要理解过去方案的局限性,又要研发新方法来创造社会价值。

在他们这么做时,公益创业家极有可能碰到舍恩所描述的三种专业实践情况,同时他们需要相关知识去解决问题。第一种是熟悉的或可识别的情况,可以通过运用来自专业知识主体的知识来解决。这包括"把系统的更可取的科学研究的理论和技术应用于实践工具性问题的解决方案"。[19]综观全书,我们将通过诠释理论和研究的方式提供这类知识,这些理论和研究一直用于推进我们对公益创业的理解。

唐纳德·舍恩所描述的第二种情况包括那些最初不清晰的问题,它们与可利用的理论和技术之间并无清晰联系。这种情况极有可能发生,因为公益创业家致力于开发新方法来解决过去方案未能解决的问题。在这些情况中,实践者将从事受规则制约的工作。根据唐纳德·舍恩的说法,这将包括"遵守收集数据、进行推理和验证假设等规则,让其搞清楚现有情况与专业知识主体之间的联系,而这种联系最初是有问题的"。[20]我们的方法还促进了对这种方法的评价。我们所提供的公益创业领域文献的基础,将会慢慢地灌输给公益创业家评估管理学家所使用的知识模型与对既有方法和提议方法的判定标准。

最后,唐纳德·舍恩指出,在一切实践领域存在一种情况,实践者不但遵守知识规则,而且有时会对出于理解不确定、独特、有冲突的情况而设计的新规则所带来的发现做出反应。在这种情况下,实践不是一种技术,更是一门艺术。从这个意义上说,一门建构问题的艺术,一门执行的艺术,一门即兴创作的艺术,也增强了至关重要的应用科学和研究技术。这些艺术在现实生活的实践中得到了最好的传授。本书中,我们给读者提供了许多案例,比如,公益创业家如何对自己所处情境做出反应,如何推动创新过程,提出创新方案。我们希望,在公益创业家面临独特情况时,这些实践案例能够给他们提供一个指南。

第一部分

公益创业:概念与背景

第一章 公益创业面面观

在本章中,我们将提供一项关于公益创业诸多方面的调查研究,这些内容可以被概括为四个 W(What? Who? Why? When?):什么是公益创业?谁是公益创业家?为什么需要公益创业?公益创业在什么条件下出现?

什么是公益创业?

20世纪60年代"公益创业"这个词第一次在文献中使用。但是直到20世纪80年代早期,这个词被比尔·德雷顿(Bill Dryton)采用过之后才开始普遍使用。尽管公益创业的研究最近有所抬头,然而研究者们还不能就这一正在出现的概念的界定达成共识。比如,"公益创业"和"社会企业"(Social Enterprise)这两个词有时被交替使用,容易造成混淆。为了解释多种类型的概念理解,我们在表1.1中提供了公益创业定义的例子。

表 1.1　　　　　　　　　　　　公益创业的定义

作　者	年份	定　义
奥斯丁、史蒂文森和魏-斯基勒恩(Austin, Stevenson, & Wei-Skillern)[1]	2006	发生在非营利部门、营利部门、政府部门之中或之间的具有创新意义的、形成社会价值的活动。
布林克霍夫(Brinkerhoff)[2]	2000	公益创业家具有以下特征:他们愿意代表他们组织所服务的民众承担合理风险;他们经常探索新的方式来服务选民,增加现有服务的价值;他们认为所有资源分配都是真正的管理投资;他们关注每一笔投资的社会收益和经济回报;他们理解客观需求与主观要求之间的差异;他们总是置任务于首位,但是也知道如果没有金钱投入,就不会有任务产出。
公益创业推进中心[3]	2008	运用创新且有谋略的方法来解决社会问题,这些方法可以通过营利组织、非营利组织或混合组织来实现。
迪斯(Dees)[4]	1998	公益创业家在社会部门中扮演了变革支持者的角色:采取完成一项使命的办法来创造和维持社会价值(不仅仅是私人价值);持续发现和开拓新的机会来服务于这项使命;持续不断进行变革、调整和学习;大胆行动,不受当前掌握资源的束缚;对服务的选民和造成的后果表现出高度的责任感。

续表

作 者	年份	定 义
弗鲁姆金 (Frumkin)[5]	2002	公益创业家集供给方取向和工具性原理于一体,是提供企业家精神的一个载体,凭借这种企业家精神可以建立结合商业目标和慈善目标的企业。
莱特 (Light)[6]	2006	公益创业家是通过打破模式的理念来寻求可持续性大规模变革的个人、集团、网络、组织或组织联盟,这一理念体现在政府部门、非营利部门、商业部门解决重大社会问题或者他们解决这些问题的方式之中。
马丁和奥斯伯格 (Martin & Osberg)[7]	2007	公益创业家具有以下三种元素:(1)发现一种稳定但却不公正的内在均衡,这一均衡由于缺乏经济手段或政治庇护来实现自己变革利益而导致部分人性的排斥性、边缘化或痛苦;(2)在不公正均衡中发现机会,研发社会价值命题,带来灵感、创造力、果断行动、毅力,从而挑战稳定状态的霸权;(3)打造一种新的稳定均衡,释放受困的潜力,缓解目标群体痛苦,借助在新的均衡之外模仿和建立稳定生态系统来确保目标群体和自由社会更美好的未来。
莫特、维拉沃德纳和卡内基 (Mort,Weerawardena & Carnegien)[8]	2003	(1)公益创业家首先是由创造比竞争对手更好的社会价值的使命所驱动,这导致他们表现出创业家的道德行为;(2)他们体现出公正的判断、一以贯之的观点和处理复杂问题的行动力;(3)公益创业家发现和利用机会,为顾客创造更好的社会价值;(4)公益创业家在推动进程的关键决策中显示出创造性、积极性和风险担当能力。
佩雷多和麦克莱恩 (Peredor & Mclean)[9]	2006	在下列情况下,公益创业家会得到锻炼:当某个人或集团旨在创造社会价值,至少通过某种权威的方式,显示出发现和利用机会创造价值的能力;在创造或分配社会价值时,采用创新方式,从外在的发现到采用其他人创造的新奇方式;在创造或分配社会价值时,乐于承担中等程度以上的风险;在追求社会事业中通常足智多谋,不受资产稀缺的牵制。
波梅兰茨 (Pomerantz)[10]	2003	公益创业家可以界定为:倡导创新、支持使命、获得收入、创造就业机会或发营业执照给个别从事非营利公司或与营利公司有联系的非营利企业的公益创业家。
汤普森、阿莱和利兹 (Thompson,Alay,& Lees)[11]	2003	公益创业家是这样一群人:他们能发现机会来满足福利国家未能满足的民众需求;他们能调动必要的资源(一般而言,通常是志愿者、钱和基本条件),以及使用这些资源来创造非凡的业绩。
扬 (Young)[12]	1986	非营利企业家是一批创新者,他们成立新组织,开发和落实新项目和新技术,组织和扩大新服务,指导处于成长中的组织活动。

各种各样的现有定义可以粗略地划分为广义和狭义。狭义的"公益创业"主要是指非营利组织的创收战略[13],或迪斯和安德森(Anderson)所说的"社会企业"思想学派。[14]顾名思义,企业是"社会企业"思想学派关注的重要命题。社会企业被界定为一种由企业家经营的、非营利的项目,既有助于创造税收,又服务于社会。这一观点注重生产收入流,而不是从资助和补贴中获得收入。这一观点也赞同推行商业技术计划来提升非营利工作,以使它们更具有企业家精神。与社会创新学派相似,社会企业学派具有商业知识基础,起源于工商业实践,信奉企业家精神是一种创造和管理组织的方法。

广义的公益创业倾向于囊括所有类型的创新、发生在部门内部和部门之间的形成社会价值的活动,[15]或迪斯和安德森所说的"社会创新"思想学派,他们把公益创业家看作一群试图用新奇方式解决生活问题和满足社会需求的人。这个学派旨在找寻新的改良方式来处理社会问题或满足社会需求。如果公益创业家创办非营利组织或营利公司,那么这一目的就会实现。在美国传统中,鼓励该行业按计划增长的私人基金会及其创造者对两派思想的基础做出了很大贡献。社会创新学派从营利企业中找到根源,这些营利企业发现机遇,评估机会,充分利用机会,在公益创业的情况下,通过一种新奇方式满足社会需求。[16]

一方面狭义概念的反对者强调,获取收入只是一种实现社会目的的手段,公益创业的根本动力是创新和社会影响;另一方面,广义概念的反对者则担心它会把创新和社会企业家精神混淆起来,它会成为几乎全部具有社会产出的新技术的一个信手拈来的标签。[17]

为了本书的主旨,我们遵循奇尔哈特(Tschirhart)和比勒菲尔德的主张来界定公益创业,即借助创新、创造产品、组织以及实践生产和维持社会效益等来追求社会目标。[18]

为了更好地理解公益创业这一概念,我们还应辨清公益创业和商业企业这两个词的相同点和不同点。奥斯丁、史蒂文森和魏—斯基勒恩提供了关于这一问题的详细比较。[19]他们坚持认为,公益创业和商业企业的区别在于四个主要变量的结果。

1. 市场失灵——给公益创业和商业企业创造不同的企业机会。
2. 使命——导致公益创业与商业创业之间的根本差异。
3. 资源动员——在公益企业和商业企业中要求不同的管理方法。
4. 绩效评估——除了商业价值,公益企业需要评估社会价值。

奥斯丁和同事以萨尔曼(Sahlman)的 PCDO 模型为基础,探讨了公益企业的管理学含义,萨尔曼的 PCDO 模型宣称,企业管理需要在员工(People)、环境(Context)、交易(Deal)和机会(Opportunity)四种要素之间形成动态适应。他们认为公益创业不同于商业创业之处渗透在四种元素的每个方面。由于组织任务和对市场失灵反应的不同,最明显的差异存在于机会之中。环境影响根据组织任务和绩效测量交互作用影响企业管理方式的变化而变化。公民的作用根据资源动员难度差异变化而变化。最后,由于资源动员的方式以及绩效测量的模糊性,交易的条件也迥然不同。

为了方便区别两种类型的公益创业家,奥斯丁、史蒂文森和魏—斯基勒恩建议,交易应该由他们命名的"社会价值取向"——把生产的社会价值和利益概念化——代替,公民应该由经济和人力资源代替。

此外,由于与商业创业不同,他们认为公益创业管理应该考虑以下问题:

社会价值核心——首先应该考虑的事情。

关注企业内部——企业内部和外部都需要实现社会价值。

组织界限——他们需要变得更加灵活,因为可能增加社会价值的是合作,而不是竞争。

谁是公益创业家？

我知道的公益创业家有：苏珊·B. 安东尼（Susan B. Anthony，美国），威廉·"比尔"·德雷顿（William "Bill" Drayton，美国），弗洛伦斯·南丁格尔（Florence Nightingale，英国），维努巴·巴维（Vinoba Bhave，印度），晏阳初（Y. C. Jame Yen，中国），穆罕默德·尤努斯（Muhammad Yunus，孟加拉国）——名单很长，难以一一列举。当然，找出某个著名人物是一回事，而试着给出一个定义，从而抓住这些公益创业家与其他公益创业家之间共有的主要特征则是另一回事。在某种程度上，公益创业家好比艺术家：他们似乎藐视定义，也拒绝分享共同特征。这也许解释了为什么学者和实践者都很难对公益创业家给出一个"最佳"定义。

但是，寻找共同特征的努力从未停歇过。研究者们假设，由于具有某种个体品质，公益创业家才成其为公益创业家。他们具有一般企业家所共有的许多品质：公益创业家的企业通常是高风险的，他们在性格上擅长于更有效率地调动资源，通常具有在市场上发现商机的潜力。把公益创业家和一般企业家区分开来的是社会变革的驱动，"潜在的回报，带给社会持久变革的利益，正是这些将这一领域和其实践者分离开来"。[20]他们的愿景是永久地改变现状。除了改变社会环境，公益创业家不是在当前体制下经营，尽力利用当下的各种可能性，而是"在整体上找到一种新方式来解决问题"。公益创业家不仅试图充分利用当前的形势，而且要在整体上开创一种可以经营的新局面。因此，一位公益创业家具有商业和社会双重使命，并通过这种使命来变革制度运行的方式。

下面是在公益创业家的既有定义中发现的一些共同的行为类型：

1. 平衡判断。公益创业家文献通常认为平衡指的是判断和处理许多利益相关者的利益。公益创业家处理的关系是复杂的，这种平衡有助于管理者履行组织任务，满足组织经济需求。[21]

2. 机会主义。专家指出，公益创业家善于发现和利用机会，提供社会价值，光荣完成使命。[22]公益创业家"大胆行动"，不受他们当前所控制资源的限制。[23]

3. 善良正直。公益创业家必须在行为表现和实际行动中拥有或逐渐拥有企业家品质，诸如正直、同情、包容。[24]

4. 忍耐风险。谈及公益创业家这个词，通常是指那些从事包含风险的公益企业的人。[25]

扬发现了七种类型的公益创业家，他们每一类型都是一种特征和动机的组合。[26]

1. 独立型：由于小组织相对容易进入，在小组织中搜寻和发现入口。
2. 研究型：想逃离僵硬死板的规则，摆脱棘手的组织。
3. 权力追求型：相信更大规模的组织，因为这些组织提供机会推动进步。
4. 保守型：渴望安全，保守传统，寻求带来安全感的、既有且稳定的组织。
5. 专业型：追随职业生涯，寻求为他们提供平台的组织。

6. 艺术型：寻求能支持他们想法且能使他们获得认同感的组织。

7. 收入追求型：他们最大的目的是增加收入潜力，无论是在大组织或小组织。[27]

基于现有文献的回顾，迈尔(Mair)和诺沃亚(Noboa)归纳出公益创业家有以下本质特征：

1. 特质和技能，包括：提出愿景和坚韧不拔，创造力，集体主义的领导风格，掌握机会的能力，团队工作的能力，社群取向的动机因素。[28]其他个性可能包括热情、目标明确、勇敢、高尚，有担当，善于思考的经商风格。另外，还有计划性、灵活性、渴望制订计划、关注消费者。[29]

2. 行为属性，诸如公开对别人的感情，良好的沟通技巧，果断，很少关注失败，聪明，值得信任，满足顾客需求的胜任能力，接受社会批评的勇气，干好工作的能力，目标导向性。

3. 环境和背景，比如社会、道德和教育背景；有过创办企业的经验，与其他社会部门的关联或遇到的社会问题等。[30]

这些虽然是有用的，但是关于公益创业家特质和个性的研究可能是无效的，有误导的。研究者威廉·加纳(William Garner)在企业家精神特质与根据个性特征来招募棒球选手的问题之间找到了一种有趣的共性：

基于成长和经验，我们可以给棒球选手建立文件档案，控制轨迹，成绩欲望，模糊容忍，还有其他我们想到的成为一名优秀棒球选手的个性品质……但是，这种类型的研究简单地忽略了一个明显的事实——棒球选手真的在打棒球。棒球关系到一系列行为——跑步、投掷、传球、抓球、击打、移动等，这些是棒球选手展示出来的。成为一名棒球选手意味着一个人作为棒球选手采取行动。一名棒球选手之所以成为棒球选手，并非在于他是什么人，而在于他做什么事。棒球选手的定义不能远离他必须是一名棒球手这一明显的事实。[31]

为什么需要公益创业？

为什么公益创业会出现？我们注意到与动机和能力有关的两个原因。我们还将简短地讨论公益创业在社会价值创造中的作用。图1.1解释了各个因素共同起作用从而催生出公益创业。

首要原因在于社会必需品方面的需求尚未得到充分满足。换言之，诸如大城市中无家可归者的吃住需求超过现有个人和组织满足这种需求的能力。不是根据现有资源的可能，而是付出更多努力满足迫切的社会需求，这种热心构成了企业家的行为动机。2012年，《纽约时报》的专栏作家大卫·伯恩斯坦(David Bornstein)在一篇评论中写道，"今天，由于问题变得日益复杂，我们如何重组社会工作解决问题以便更好地回应社会需求成了大问题。很早以前，联邦政府尚能解决许多形式的不公平，通过一周40小时工时立法，规定最低工资标准，建立住房法规。今天，

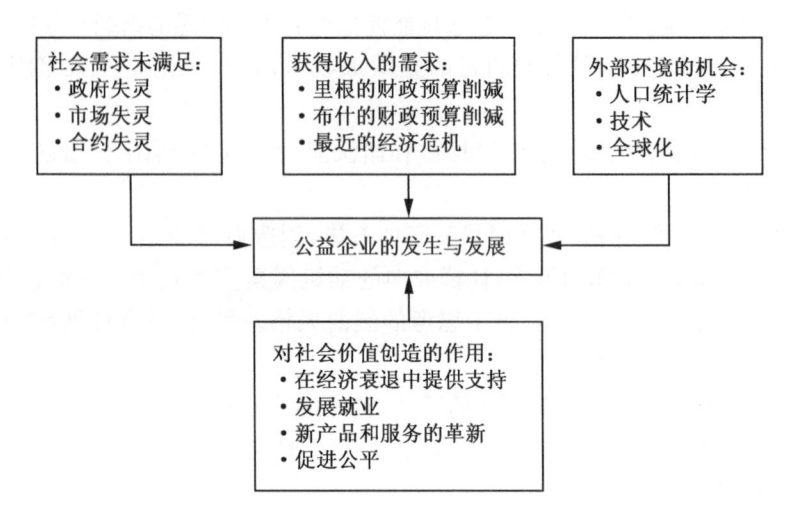

```
┌──────────────┐  ┌──────────────┐  ┌──────────────┐
│社会需求未满足：│  │获得收入的需求：│  │外部环境的机会：│
│•政府失灵     │  │•里根的财政预算削减│ │•人口统计学  │
│•市场失灵     │  │•布什的财政预算削减│ │•技术       │
│•合约失灵     │  │•最近的经济危机 │  │•全球化     │
└──────┬───────┘  └──────┬───────┘  └──────┬───────┘
       └─────────────────┼─────────────────┘
                 ┌───────▼────────┐
                 │公益企业的发生与发展│
                 └───────▲────────┘
                 ┌───────┴────────┐
                 │对社会价值创造的作用：│
                 │•在经济衰退中提供支持│
                 │•发展就业       │
                 │•新产品和服务的革新│
                 │•促进公平       │
                 └────────────────┘
```

图 1.1　驱动公益创业诞生和成长的因素

我们社会中来自教育、健康和环境方面的挑战要求我们在诸多方面实行变革"[32]。

有几种理论解释了为什么不能解决或正在解决的社会需求将会一直存在,还可能持续增加。首先,市场失灵理论和政府失灵理论围绕公共物品或集体物品的提供讨论集体行动问题。公共物品是一种非排他(即一旦公共物品被生产出来,很难有办法阻止不付费顾客获得该物品)和非竞争(即一个人消费不会减少另一个人同时消费)的物品。公共物品的例子包括国防、新鲜空气。集体物品(例如表演艺术)是一种排他但非竞争的物品。公共物品和集体物品可能会导致市场失灵,因此它们给政府、非营利组织和公益创业家提供了用武之地。政府可以插手干预,纠正市场的无效率,但也会失败,因为政府提供的公共物品只有满足大多数人的、同质的需求的水平(即满足中间选民)。因此,非营利组织和公益创业家插手干预,由于公共物品市民异质性偏好所导致的结果,满足市民对政府和市场无法满足的那部分需求。市场无效率也会发生在私人物品条件下;根据合约失灵理论,顾客与服务提供者之间信息不对称会导致合约机制的破裂;非营利组织和公益创业家出现在顾客不能精确估计厂家为他们生产服务的数量或质量的情况下。在这种情况下,因为非分配性约束(即非营利组织禁止在监督组织的个人中间分配净收益),顾客可能会发现非营利组织比营利组织更值得信任。[33]

导致公益创业广泛出现的第二个原因是,非营利组织有必要提高组织收入或更大的内部效率,从而在财务上维持运作。非营利组织有着很长一段创收的历史。数十年来,非营利组织一直开展传统的商业活动,比如礼品店和二手服装店,向民众提供服务。尽管如此,自20世纪80年代以来,情况开始发生变化。里根执政期间,由于经济衰退和削减了社会服务的财政预算,许多非营利组织不得不开创营利公司来弥补政府资助的缺口。2000年,当布什政府威胁削减一系列财政预算时,非营利组织不得不开启新一轮寻求创收的努力。无论朝野内外,保守的观点进一步要求非营利组织投资以市场为基础的方案以解决社会问题,包括更加关注创收,作为非营利组织可持续发展的一个来源。网络泡沫破灭引发的21世纪初期的经济萧条,以及房地产泡沫破灭引发的最近的大萧条和金融体系的失败对联邦和各州经济产生了重大影响,改变了政府支出的优先顺序。联邦层面逐渐缩减对社会福利支出的政治支持,与各州财政赤字交织在一起,导致许多非营利组织大幅削减财务预算。因为政府资助变得不可预测或不可靠,非营利组织实质上改变其打理商务的方式,驱使其去寻找更有创意的方法来完成使命。[34]

公益创业的第三个原因与外部环境的变化有关,提供以往没有的创造社会价值的机会。我们在外部环境中发现了四个因素,在这种环境中,改革会产生服务更广泛的社会需求,创造新的价值形式的机会。这些因素包括人口统计学要素、技术、全球化和对创造社会价值的潜在影响。

人口统计学要素

人口统计学要素指的是人口的特征,比如年龄、性别、教育水平、收入水平、家庭、种族和地理分布。自20世纪50年代以来,美国人口经历了一些重要的变化:除了纯粹的数字增长,美国人口老龄化不成比例地加重,种族变得更加多样化。[35] 类似的趋势在欧洲也可以观察到。[36] 这种趋势极有可能导致新的社会需求出现,并给公益创业家提供机会。在发展中国家,近年来因为接受了更多教育以及中产阶级的增长,越来越多的人具有成为改革者而发起公益创业活动的能力。

作为本次人口统计学要素性别变化的一个有机部分,女性在公益创业运动中发挥着更加重要的作用。在美国,女性占非营利组织劳动力的三分之二,非营利组织领导岗位(如首席执行官、财务主管)中女性所占比例超过了男性所占比例。[37] 非营利组织员工中女性所占比例过高的情况表明非营利部门可能比其他部门为女性公益创业家提供更鲜活的机会。在英国,有证据显示女性更可能成为公益创业家,而不是商业企业家。在公益企业中,男性企业家和女性企业家之间的差异比在商业企业中同行要小。[38] 女性在公益企业中日益重要的作用可以部分地归因于现在更多女性从职业学院(商业、公共事务、社会工作等)中接受教育这一事实,这些学院为女大学生培育了一个生态系统。以宾夕法尼亚大学沃顿商学院旧金山校区作为例子来说明。根据沃顿商学院旧金山校区首席运营官伯尼·伯特(Bernie Birt)的说法,学院正在致力于吸收高素质女性加入他们的项目,学院为管理项目开设的MBA2014班女生超过总人数的19%。与前几年相比,这个比例甚至没有达到50%,事情正在朝着正确的方向推进。[39] 此外,正如导言中所讨论的那样,世界各地的职业学院推出更加引人入胜的公益创业家课程的兴趣还在不断增长。

技术因素

技术环境指的是与创造新知识有关的和将知识转化为新产品和服务的创新、制度和活动。[40] 在美国,技术环境中的里程碑事件是1980年《拜杜法案》(Bayh-Dole Act)的通过。《拜杜法案》允许大学、小公司或非营利机构拥有由联邦政府资助发明所产生的财产权,并将研究成果推广商业化。[41] 这项法案通过以前,由于政府拥有其所资助研究的所有专利的特许权,不容易将大学和研究机构使用政府基金研究出来的发明转移给企业和公众。这部法律明显激发了发明者追求创新和创业的动机。

此外，对于许多公益创业家成功和协作，互联网和社交媒体提供了前所未有的资源宝库。以美国为基地点对点的非营利小微金融组织紫迪莎(Zidisha)是一个很好的例子。利用发展中国家互联网和移动技术的快速传播，紫迪莎提供了一个电子港湾(eBay)风格的小额贷款平台，在这里，发展中国家会使用电脑、收入低的公益创业家(借方)可以与世界范围内单个网络使用者(贷方)进行直接对话，不需要中间人，因此，在绝大多数国家，用与之前相比较低的成本达成小额企业贷款交易成为可能。[42]

全球化

全球化为企业家更好利用一些国家的资源解决许多国家共同的社会需求提供了机会。视觉春天(VisionSpring)树立了一个好榜样：社会企业负有使命保证发展中国家的人们公平地享用眼镜，买得起眼镜。视觉春天向二十多个国家的低收入顾客提供视力测试和眼镜，这些国家包括孟加拉国、萨尔瓦多、印度和南非。

尽管全球化提供了大量的机会，但是为了解决本土问题也要求公益创业家付出巨大的本土化努力。邻近设计(Proximity Designs)是一家社会企业，旨在通过设计和派送低成本产品和服务来减低缅甸农村家庭的贫困水平。为了在缅甸农村定制农业发展服务产品，邻近设计在缅甸建立了一家本土实验室，在那里，一些民族学家和产品设计师与低收入农民密切配合，研发了脚力驱动灌溉泵、储水桶、太阳能照明系统等产品。为了确保农民有财力使用它的产品与服务，邻近设计开发了一个融资项目，以低利率向农民发放小额贷款。他们还向用户家庭提供售后服务支持和修理服务。[43]

潜在因素

最后，公益创业会进一步受到其潜在因素的刺激，这些因素十分有助于我们对付经济衰退和生产社会价值。由公益创业产生的几种主要作用是：(1)在经济衰退期间提供支持；(2)促进就业；(3)创新；(4)促进公平。

1. 在经济衰退期间提供支持

在经济衰退期间，公益创业变得特别重要，有助于解决逐渐拉大的资本需求和社会需求之间的差距问题。在经济滑坡时，许多人无家可归，或挣扎着在缩水的收入上生存。成人甚至小孩，都不得不去适应和应对。各种组织必须满足日益增长的对现金和爱心捐赠的需求，以支持这些家庭。个人规划、职业规划和工作培训对于这些家庭保持稳定尤其重要。公益创业家带着解决社会问题的热情，起到了至关重要的作用。[44]

2. 促进就业

公益创业家创造工作机会、促进就业，本身就是一种主要且重要的经济价值。评估显示公益企业部门雇用了1%～7%的职员。例如，基于对全英22 500名个人调查，一份全球创业监测(Global Entrepreneurship Monitor, GEM)的研究报告显示，大约3.2%的英国适龄工作人口可以被归类为公益创业家(在调查中被界定为包括创建和经营一家公益创投公司不到三年半)。GEM研究发现，公益创业家在创造工作机会上比其他商业企业更有效率。一般而言,所有公益导向型组织比主流商业企业创造更多就业机会,特别是那些带有混合税源的公益企业,它们所创造的工作岗位是商业企业的 5 倍。但值得注意的是,其倒闭的数量也有主流商业企业的 6 倍之多。[47]

3. 创新

创新通常是改善社会福利,促进社会发展的工具。社会企业在这一领域中占有优势,因为它能够更自由地在研发新服务和新物品中创新,而不用顾虑股东们的经济期望或政府的繁文缛节。伴随公益创业创制权的增加,精神健康、犯罪、HIV、吸毒和文盲等问题皆可以创新的方式来处理。[48]

4. 促进公平

如果合理设计和实施,公益创业会培养出一个更加公平的社会。它通过破除当前不公平和短缺,通过更有创造力和更有效率的解决社会问题的方式做到这一点。此外,一些难以找到工作的最弱势群体(无家可归者、残疾人、失业人员、面临性别歧视的妇女、高危青少年)可以从社会企业提供的就业机会和职业培训中得到好处。[49]

公益创业在哪里出现？

公益创业可能会出现在三个部门:公共部门、商业部门和非营利部门。它也可能出现在网络组织中。在这一组织中,公共部门的营利组织和商业部门朝着共同目标通力合作。下面,我们提供一系列关于公共部门、商业部门和非营利部门以及在它们的交叉领域中进行公益创业的实例。

在公共部门,公益创业与创新密切相关,在不同的背景下意味着不同的事情。它可能意味着组织工作的新方式(如公私伙伴关系),发放薪水的新方式(如绩效工资),或与公众交流的新方式(如政府博客和社交媒体网站)。它可能采取政策创新、服务创新、其他领域创新(如电子投票)或国际事务(如国际犯罪法庭)。一些创新是革命性的,它们被看作制度创新(英国全民健康服务、美国奥巴马医改)。[50]

在亚利桑那州凤凰城,垃圾回收体现了一个地方政府公益创业的好例子。20世纪 90 年代,凤凰城提出将垃圾回收合约公开招标。公共工程部,既负责为凤凰城居民提供外部服务,也负责为其他城市部门提供支持功能,他们与私人部门一起竞标。一开始,公共工程部失去了大部门的业务,但是渐渐地他们学会了如何去竞争和取胜。虽然它是一家政府机构,其垃圾回收业务是"一种企业职能,其全部服务由居民和商业顾客支付的服务费用支持"。[51]

在美国,政府最近正致力于让创新制度化,并推动公益创业。在联邦层面,奥巴马政府成立社会创新和市民参与办公室,支持公益项目,聚集公共和私人资源来解决社会问题。在纽约,州政府和市政府联合支持法院创新中心(Center for Court Innovation)这家非营利组织旨在以创新方式解决公共安全问题。[52]

欧洲和亚洲国家的政府也采取了类似的措施。比如,丹麦财政部长为了推动新创意，成立了一个机构，比如为与市民进行金融交易建立一个独立账户。经济和商务部按照项目而不是职能进行了重组。还建立了它自己的内部咨询机构——"心灵实验室"(Mindlab)，从而给公共部门创新提供了一整套系统的方法。新加坡通过由总理办公室主持的"公司挑战"(Enterprise Challenge)项目，向公共服务创新提供资助。该项目的工程之一就是"虚拟警务中心"，即向新加坡警力发送非紧急咨询，向服刑人员与家人接触提供电话会谈。据报道，这些创新节省成本可达十倍以上。[53]

公共部门工会可能成为创新的发起者和快速采用的捍卫者。公共部门工会主要代表公共部门组织内部职员的利益。代表专职和手工工人的工会有时被认为抵制变革，尤其是那些有关划分公司之间界限的变革。但是，工会也经常有助于推动变革。比如，英国消防队工会帮助消防员寻找兼职，他们充当消防员角色的同时，也充当福利顾问；英国最大的工会英国公共服务业工会(Unison)在泰恩河畔纽卡斯尔当地的分会，是当地议会引入新型IT系统的关键。在挪威，模范城市计划将众多利益相关者包括政治家、经理人和工会聚集在一起，加入某个项目，来提升公共服务水平。[54]

商业部门中的公益创业超越"为善者诸事顺"，强调商业和伦理结合，尤其是公司的社会责任意识。在商业部门中，公益创业由营利组织进行，拥有明确的慈善动因，甚或运作非营利子公司，以分配其产品或服务，或再分配其税收和利润。一个很好的例子是汤姆斯鞋业(TOMS Shoes)，一家拥有慈善事业的鞋业公司，"以今日之悲悯创明天之美好"。他们的方法很简单：每卖出一双鞋子，另一双新鞋子会赠送给需要的孩子。自从2006年成立以来，汤姆斯鞋业已赠送了一千多万双鞋子赠送给六十多个国家的孩子们。近期，汤姆斯鞋业开始销售眼镜：与销售鞋子相似，每卖出一副眼镜，汤姆斯鞋业帮助一个人恢复视力。[55]

普拉维达咖啡公司(Pura Vida Coffee)是一家以西雅图为基地的公司，买卖来自第三世界有公平交易证书的有机咖啡。但是这家公司的商业模式并非真正所谓"企业型"的，公司的与众不同在于将利润用来帮助第三世界咖啡种植者。公司成立之前，合伙人约翰·塞奇(John Sage)曾在微软工作，已是微软早期的百万富翁之一。但是他觉得"钱对他来说是不够的""必须有更多"。他认为，"美国人每年花费在咖啡上的钱有150亿～200亿美元，假如有机会得到其中的一小份……"当他和大学朋友克里斯·迪恩利(Chris Dearnley)谈及这个创意时，促使发展成为一家企业，克里斯·迪恩利一直努力在哥斯达黎加为慈善项目寻找稳定资金。公司主要面向大学校园和教堂销售咖啡。打着"创造美好"的标语，公司为农民和咖啡种植者提供最低生活工资，捐助（来源包括公司利润和其经销商以及私人的捐赠）咖啡种植国家发展教育和医保项目。公司已经成长为该国最低价格有机咖啡的最大经销商之一，能够获得卓越的社会和环境成效，有力证明了经济底线能与社会绩效并驾齐驱。[57]

2002年英国名厨詹姆士·奥利弗(James Oliver)创办了名为十五个人(Fifteen)的公司。它开始了一项雄心勃勃的任务，向弱势青年(18～24岁)提供机会，通过烹饪艺术和热情好客为他们发展职业之路。餐厅提议以最先得到詹姆餐馆资助的学徒计划的15个年轻人来命名。自从第一家公司在伦敦开业以来,十五个人已取得到以下成果:

1. 为食客提供美味菜肴,在阿姆斯特丹和康沃尔郡开办另外两家餐馆。
2. 培训上百名失业青年成为厨师,鼓励他们许多人在餐饮业追求成功的职业生涯。
3. 强调了本土生产和烹饪技术价值。[57]

举两个例子来说明非营利部门中的公益创业。《真正的变革》(Real Change)是一家以华盛顿州如西雅图为基地的街头周报。它由专业人员撰稿,小贩销售或递送,他们大多数人贫穷或无家可归,现在有了正当职业代替行乞。报纸除了主流新闻外,还报道各种各样的社会公正问题,包括无家可归、贫困问题等。每份报纸花费小贩大约35美分;他们把这些卖给客户1美元——作为"捐赠",他们获得差价和小费。作为一家符合501(c)3条款非营利组织,《真正的变革》自1994年以来一直运作不衰。据2012年《真正的变革》的年度报告和调查显示,43%的小贩当时无家可归,而过去比例达到49%。在这些受访者中,44%的人有房子住(其中过半数的人享受着住房补贴),17%的人睡在户外,11%的人居住在避难所,8%的人和朋友或家人住在一起",6%的人睡在汽车里。从未无家可归的小贩不到8%。[58]

寰宇一家健康(OneWorld Health)是美国第一家非营利制药公司。它在2000年由女博士维多利亚·黑尔(Drs. Victoria Hale)和阿维·赫斯科维茨(Ahvie Herskowitz)创办,并于2001年获得501(c)3条款的免税资质。该组织的使命是为发展中国家百姓发现、开发和输送安全、高效和价格亲民的新疗法和干预方式,尤其关注儿童的重大疾病。寰宇一家健康已通过应用和整合发展中国家的科研和生产能力建成其独特优势。该组织与世界各地的合作伙伴一起工作,为易感人群不为人知的传染病寻找潜在的新药,评估临床实验药品的安全性和有效性,密切关注科研的国际道德标准,合作生产和分配新药,致力于确保以可承受的价格获取药品。寰宇一家健康的经营模式挑战了药品工业考虑营利能力的传统做法,重新设计了药品输送的整个价值链。这一模式是可持续的,因为它能为投入其中的每个人创造价值。正如研究者西罗斯(Seelos)和梅尔所指出的,"生物科技公司已经找到一个诱人的途径为科学家分享知识产权,富有同情心的研究和开发吸引了科学家和志愿者付出时间、精力和知识于这一项目"。[59]该组织收到了许多有影响力的捐助者的资助,包括比尔和梅林达·盖茨基金会(2006年这一机构从基金会收到了96%的资助)、安进公司(Amgen)、巨浪公司(Chiron Corporation)、盖璞(Gap)、雷曼兄弟(Lehman Brothers)、辉瑞(Pfizer)、生命之火基金会(Vital Spark Foundation)、斯科尔基金会(Skoll Foundation)。[60]

公共部门、私人部门和非营利部门的交汇处是创新和公益创业发展的沃土。与此相关,公私伙伴关系是社会企业的普遍形式。最早的案例之一是万豪国际酒店集团(Marriott)和优生优育基金会(March of Dimes,一家致力于提高母婴健康的公共慈善机构)之间结成合作伙伴,并于1976年开展了一场善因营销。万豪国际酒店集团的目标是形成高成本效率的公共关系,让媒体报道关于其在加利福尼亚州圣克拉拉(Santa Clara)的 200 亩家庭娱乐中心,即大美国万豪酒店(Marriott's Great America)的开张。对优生优育基金会而言,其目标是为他们的慈善事业筹集资金。这一活动十分成功:它给优生优育基金会提供了 250 万美元的捐赠,同时促成了大美国万豪酒店破纪录的开张,提供了上千万元美元用于免费宣传。[61]

另一个例子是 1983 年美国运通公司和自由女神像重建基金(Statue of Liberty Restoration Fund)双方组建了一家合资企业。在自由女神进行重大修复工作的过程中,公司想出了以捐赠来装修的办法。推广活动持续到了该年第四季度,商定金额是运通卡每使用一次捐赠 1 美分,每发行一张新卡捐赠 1 美元。这一活动成功增加了美国运通公司的利润;公司卡片使用率增加了 28%,并发行了许多新卡片。最终,总共 170 万美元捐赠给了自由女神埃利斯岛基金会(Statue of Liberty-Ellis Island Foundation)。(值得注意的是,活动推广花费达 600 多万美元。)[62]

公益创业还可以出现在现存组织的内部或外部。当个人确定社会创新的思想,并冒险通过建立一个新组织(即一个独立的项目)去执行这一思想时,公益创业就发生了。一个著名的例子是格莱珉银行(Grameen Bank)。该银行是从 1976 年由孟加拉国吉大港大学(Chittagong University)穆罕默德·尤努斯博士从事的一个项目发展起来,最终成为一家开创性的社会企业,为孟加拉国成千上万女性村民自主创业提供免除抵押的小额贷款。[63] 另一个例子是基瓦(Kiva)。这是一家在线从事小额贷款服务的金融机构,以放贷缓解贫困的方式联系民众为己任,创造性地充分利用互联网和遍布世界的小额信贷机构。当个人提出创新倡议旨在解决已建立组织内的社会问题时,公益创业也会发生(即社会企业内部创业)。例如,史蒂夫·库珀(Steve Cooper)担任过美国红十字会首席信息官。在飓风卡特里娜期间,他指导创建了首个全国电话中心,为当时 400 多万流离失所的人提供紧急金融援助。[64]

结 语

当面临新问题,且运用新技术可以使问题解决起来更有效时,当新研究发现一种社会弊端的不同原因或为一个社会问题找到一种新的治理方案时,公益创业应运而生。公益创业不必有意追求新颖;它也可能是一种古老技术的复新。比如,哈桑·法赛(Hassan Fathy),一位工作在 20 世纪 50 年代的建筑师,试图恢复古埃及的建筑技术,使用土砖来为穷人建造干净、安全、宽敞的个人住宅,这几乎不需要多少材料成本。[65] 法赛的工作恰恰讽刺了政府的住房工程:房子很小,又因使用外国的材料(如水泥和钢材等),不通风,且十分昂贵。尽管由于种种原因法赛尝试的住房工程失败了,但如果按照西方的标准来界定进步时,他的方法却是新奇而富有企业家精神的。

练 习

练习 1.1

本章评述了两大著名思想学派关于公益创业的定义:"社会企业"学派和"社会创新"学派。请根据每个定义各找出一个公益创业的例子,并使用这个例子来讨论这些定义的价值和局限。

练习 1.2

公益创业家会显示什么样的独特品质?请用一个真实的例子来描述一位公益创业家具有独特的品质/行为类型。

练习 1.3

为什么公益创业会出现?请描述一下导致公益创业产生和盛行的主要因素。请在当地社区找出一家上次经济衰退时建立的社会企业,并解释它是如何解决社区需求的。

第二章　作为组织行为的公益创业

纸上种子基金会(PaperSeed Foundation)是一家非经营性的符合501(c)3条款的基金会,致力于加强全球范围内服务水平低下且资源贫乏社区儿童和年轻人的教育。基金会2001年由迈克尔·罗伯特(Michel Robert)和他的员工创办。塞尔玛纸业(CellMark Paper)是世界上最大的纸浆和造纸工业供应链服务提供商之一,罗伯特是该公司前任高管。基金会的名称反映了创立者的愿景,即与种子转变和生长相似,教育(纸上的单词)将会在年轻的心灵种上知识的种子,帮助他们成长为一名更好的人。从那时起,纸上种子一直与塞尔玛密切合作,既是塞尔玛的商务伙伴,又是跨越四大洲遍及十几个国家,以社区为基地的合作伙伴。

在第一个十年期间,纸上种子将工作重心放在拉丁美洲,资助了许多项目和计划。例如,在阿根廷,纸上种子给孩童之家(Casa del Nino)捐赠了一所房子,以便小学的孩子们有地方吃早餐和热腾腾的午餐,同时高中学生也可以在这里吃午餐、零食,参加学校活动。其他资助项目还包括在巴西进行学前班设施和运动场地建设,在秘鲁进行中小学建设等。由于没有专职工作人员,纸上种子资金十分微薄,完全依靠捐赠和志愿者工作。

在所有的项目和计划中,纸上种子依靠塞尔玛的大力支持,尽力实现他们想要达成的结果和影响力。更为特别的是,基金会利用塞尔玛的全球联系来保持低成本(例如,降低运费或低成本笔记本电脑/卫生巾,以及与造纸/纸浆业相关的产品)。在他们的肯尼亚项目中,他们与塞尔玛的一个客户美佳爽(MegaSoft)合作,从而降低卫生巾成本;另外,争取到塞尔玛的商业伙伴玛雅松(Fr. Meyer's Sohn)从菲律宾到肯尼亚的免费船运;在肯尼亚客户处理和结算上得到塞尔玛一家客户东非包装公司(East Africa Packaging)的援助;在产品配送上与一家叫加纳非洲(ZanaAfrica)的网络/社会企业结成伙伴关系。

十多年后,纸上种子迎来一个值得庆祝的时刻,因为董事会在2011年决定雇用一名专职高管,使全球需求的膨胀和基金会扩充的愿景保持一致步伐。基金会新的名誉领袖阿利亚·谢利·马托(Aliyya Shelley Mattos)与一帮董事会高管一起制订了雄心勃勃的计划,要进一步拓展其工作。尤其是他们把中国看作一个理想的国家,并包括在了他们的投资组合之中。由于教育的不平等和需求,除了有活力的商业网络,他们还希望在中国缔造一个由公共部门、私人部门和非营利部门构成的健全网络,以非营利组织的身份为利用中国的教育机会提供创新性的方案。[1]

在前面一章中,我们探讨了公益创业在各种类型的组织中出现:公共组织、私人组织、营利组织甚至混合组织形式中都会发现公益创业活动;它们可能发生在新兴公司中,也可能发生在既有公司中。如同商业创业一样,公益创业的本质行动就是提供新产品或新服务。在某些情况下,新产品或新服务包括用现有的产品或服务进入一个新市场或服务一群新客户。在其他情况下,新产品或新服务包括:用新产品或新服务进入一个现有市场或服务现有客户。

然而就公益创业的程度和数量而言,所有组织并非生而平等,比如:当地社区一家就业培训机构将其服务扩大到与其人口特征相似的邻近社区,显示出一定程度的社会企业家精神。但是,它并不像另一家就业培训机构那样具有公益创业属性,后者利用创新方法将最难找到工作的人安排到稳定的工作岗位上。因此,理解一些组织为什么以及通过什么方式比另一些组织更具有社会企业家精神变得十分重要。

在这章中,我们将通过把公益创业概念化为组织行为的方法来解决这一问题。沿用上文研究,我们将把"创业导向"[2]和"创业强度"[3]等概念延伸到公共组织和非营利组织的背景之中。创业导向概念确定了组织中创业导向的三个主要维度:承担风险、前瞻性和创新性。创业强度概念假定承担风险、前瞻性和创新性可以被称为创业程度,创业程度和创业频率相结合,形成创业强度。但是,这两个概念更有效地抓住了公益创业的"创业"部分,而不是其"公益"部分,因此应该连同组织的社会使命一起来进行理解。接下来,我们引入"公益创业导向"这一概念,其中包含作为一个独立、动态维度的使命调整。最后,我们以提出一种测量公益创业导向的方法来结束本章。

创业导向

近期兴起的研究关注公益创业作为组织行为的作用。[4]好几位研究者利用商业创业中相关领域取得的进步,并将其中的创业导向概念运用于非营利组织之中。

在商业创业的领域中,丹尼·米勒(Danny Miller)和他的同事们率先引入公司层面创业的概念,成为这方面工作的先驱。在三十多年前发表的一篇开创性的文章中,他认为,当一家公司从事产品市场创新、进行某种风险投资、提出具有前瞻性革新,抑或重拳出击竞争对手,那么它就具有创业倾向。[5]从那时起,创业强度概念被提出用以界定引发创业行动的过程、实践和决策活动。[6]公司层面的属性可以通过具有三个共同特征的可持续行为模式来识别:

1. 承担风险被界定为"公司从事风险项目的倾向和经理人采取大胆且谨慎的行动来实现公司目标的偏好"。

2. 创新性是指"公司从事和支持那种可能带来新产品、服务或技术工艺的新思路、新事物、新实验和创造性流程的倾向"。

3. 前瞻性是指通过追求新机会、策略性引入新产品以及改变传统经营方式来

"满足未来需求并为之付诸行动的工作过程"。

研究者们在创业导向是单维概念还是多维概念上存在分歧,莫衷一是。[7]如果是前者,那么只有全部创业导向维度(即创新性、承担风险和前瞻性)显示出高水平的公司才应该被看作创业型企业。[8]如果是后者,那么创业导向的各个不同维度可能会彼此独立地发生变化;换言之,创业型公司会因其所追求的创业机会类型的创业导向维度而各不相同。[9]

将创业导向概念延伸到非营利组织和志愿者组织中,莫特、维拉沃德纳和卡内基三人认为公益创业家的决策行为假设以商业企业家所证实的三个主要维度作为前提,即承担风险、前瞻性和创造性。[10]此后,维拉沃德纳和莫特提出一个多维模型,即将创业导向看作非营利组织运作的三重条件约束下,也就是前文所述三个创业导向维度的聚合:外部环境、自身使命和实现可持续发展的必要性。[11]根据这一模型,最能说明三个创业导向同时适用三个条件约束的组织最有可能获得并维持成功。

有关前瞻性和创造性的这一理解与创业文献中所发现的十分相似。公益创业家必须既要主动预料将会影响他们工作的内外压力,又要在战略上主动回应提供给他们的机会。他们关于未来条件的分析和预测要让步于适应和利用新形势的战略计划。公益创业家必须富有创意地寻求达成目标的新方法,把新形势视作有利因素而非不利因素。虽然所有的创新未必都是好的创新,但却值得去集思广益以从中选出最佳方案。培养一种有创造性的组织文化会使组织灵活度增强,从而找到解决问题的最佳方案。

但是,维拉沃德纳和莫特提出的第三个创业导向维度是风险管理,而不是风险承担。尽管一切新计划或新项目都一定程度与风险有关,但公益创业家被认为通常会避免承担巨大风险。公益创业家不大可能承担风险,因为他们的资源有限:非营利组织必须小心翼翼地对待其所从事的项目和工程,因为资金稀缺,通常基于现有工作的成功才得到。他们讨厌冒险也很可能是因为他们必须管理和平衡众多利益相关者(例如,客户、会员、捐赠者、举办人、政府、雇员和志愿者)的竞争需求。在最近的一次公益企业和商业企业创业导向的调查中,科尔(Cools)和韦尔默朗(Vermeulen)发现两种不同类型企业在前瞻性、创造性和风险承担的水平上存在重大差异。[12]更具体地说,他们发现社会企业与商业企业的同行相比更没有创造性,更不愿意承担风险。就主动性而言,二者并无明显差异。

然而,就风险承担的偏好而言,由于风险承担维度被概念化的方式,导致社会企业和商业企业同行之间存在分歧。在商业创业文献中,尽管研究焦点集中于财务风险,比如肩负巨大资源责任或承担沉重债务,但是学者们也关注非财务风险(比如从与投机有关的社会风险或心理风险到不可知风险)。对比之下,现存公益创业文献似乎仅仅关注财务风险——非财务风险探讨十分有限。但也有例外,艾默生(Emerson)识别了几种非财务风险,包括外部声誉受损、内部道德败坏、政治优势丧失、错失良机、使命漂移和负面社会收益(严重失望)。[13]既然非营利组织受社会使命而非利润驱动,那么使命漂移和负面的社会收益或社会评价看来尤其重要。

借用纸上种子基金会(本章开头介绍过的组织)作为例子,组织的创造性体现在组织如何运作上:纸上种子给基金项目捐赠100％的资金,而塞尔玛则发起基金会并提供所有的运作费用。纸上种子当然不是唯一一个这样运作的组织,但是它的实践却是十分罕见的,尤其是在资助型基金会中。纸上种子在如何动员资源达成组织目标上亦匠心独具:正如案例所揭示的那样,纸上种子成功地利用了塞尔玛在供应链和全球网络上的核心竞争力,从而以创新的方式最小化其成本,最大化其效用。就风险承担而言,纸上种子领导层并不害怕在项目设计和执行上承担必要的风险。一种与纸上种子开发工作有关的特殊风险就是寻找合作伙伴组织。这些组织经常只有有限的现成网络,地处通信困难、信任缺乏的偏远地区。正如执行主任所察觉到的那样:

另一个例子是与我们所信任的肯尼亚基层企业结成伙伴关系。结果发现是热情冲昏了头脑,不能达到我们关于透明度、监测、评估的标准。在最后时刻我们失去了合作伙伴,仓皇中去争取另一个,但我们最终找到了一家与我们的价值观和使命比较一致的合作伙伴组织。这家组织运作良好,但也遇到了困难——不知道50万包卫生巾如何送到那些最需要它们的女孩子手中。当然,女性去偏远地区旅行,总是要冒一定的风险。[14]

纸上种子将其项目延伸扩展到世界各地也体现了其前瞻性。纸上种子关注中国,并将其作为下一个项目目标。它的领导团队正在研究、从事基础信息调查和分析,从而辨清现状,为积极变革和合作创造机会。

三合一效应(Trinity Effect)是另外一个好例子。这一从事小额贷款的金融机构致力于"与现有的组织和部门结成伙伴关系来消除全球贫困,接触遍布世界农村各个社区的穷忙族"。[15]根据早些时候讨论的标准,三合一效应显示了很高的创业导向水平。这个组织颇有创意,采用一个可靠的现有平台以缓解贫困,将其带入一个捐赠者—借贷者的新基地(教堂)。还有,虽然小额贷款并不是新发明,但它肯定也不是一种主流活动。因此,参与诸如小额贷款之类的创新型慈善模式有助于三合一效应的创新。三合一效应最有前瞻性,其创始人正在寻找那些需要帮助且目前资金不足的第三世界社团和小额信贷机构。它选择系统性贫困的地区为目标,在这些地区寻求需要支持和鼓励的小微金融机构。三合一效应有资格成为风险承担组织,因为它寻求与现有小额信贷机构和诸如基瓦(Kiva,一家十分成功的在线小额贷款金融机构)类似的现有服务机构竞争。还有一点很明显,它也承担风险,因为将资金转移到发展中国家后又转回来可能会导致资金损失。最后,还有一种风险即首批贷款可能因管理不善而成为不良贷款,98％的回报承诺可能会被看作误导。

善意实业(Goodwill Industries)可作为创业导向概念的另一个例证。作为一家发展成熟的非营利组织,善意实业为那些面临职业挑战、缺少教育或工作经历以及残疾的人们提供职业培训、就业安置服务和其他以社区为基地的项目。善意实业通过在全世界运作一家规模巨大的零售日用品销售网络来提供资金。2010年,雷恩(Lane)和南部各县的善意实业在俄勒冈州尤金开发创富中心(Prosperity Center),允许低收入人群与一名免费的理财规划师一起工作,做出他们自己的长期理财计划。[16] 2011年末,北卡罗来纳西北部的善意实业同消费信贷咨询服务组织(Consumer Credit Counseling Service)和联合之路(the United Way)开放了职业联系和创富中心(Career Connections and Prosperity Center)。[17]在每一个中心,参与者被安排去与金融专业人士交谈他们的理财目标以及如何设计个人理财计划来实现这些目标,可能包括:及时偿还贷款,缩减个人债务,省钱上学读书,或投资车房等大件。

通过推出此类举措,善意实业承担了相当大的风险。因为,一方面随着工作人员与职责的增加,运作成本上升;另一方面,诸多项目将花费很长时间吸引到足够的捐赠者。关于创新水平,创富中心给出一个训练模型帮助人们赢得成功,形成理财能力,属于这类中心的第一个。因此,善意实业匠心独运,改变了帮助人们找工作的服务配送模式,发展成为一种更具有创新性的广泛模式,不仅帮助人们找到工作,而且找到更好的工作;不仅帮助他们增加收入,而且是获得可持续收入。最后,善意实业的前瞻性明显存在于:为了维持新模式,主动去找其他社区组织,积极发展伙伴合作关系,聚集资金,互为补充。

创业导向的测量、决定因素与效果

创业导向是一个潜在的概念,很难被直接观察到或测量到。因此,研究者必须识别出可以代表基本概念、可直接观察到的指标。为了在商业组织中测量创业导向,米勒(Miller)和弗里森(Friesen)开发了一包含15个项目的指标来检验其前瞻性、创造性和风险承担程度。[18]

莫里斯(Morris)和乔伊斯(Joyce)将米勒和弗里森的指标运用到非营利组织背景中。[19]其标准包括"与我们领域中其他组织相比较而言,新项目和服务开发比率高""通过主要经理或管理者获得和利用新机会来承担风险""追求由经理采用新颖奇特的方案来解决问题""积极寻找新的重大机遇"等。

根据商业学者提出的创业导向方法,赫尔姆(Helm)和安德森开发了一种独创的指标来测量非营利组织中的公益创业。他们首次提供了以下关于创造性、前瞻性和风险承担的操作性定义:

1. 创造性:新项目、服务、工艺、政策或其他任何组织输出的内部建构和使用——从现有输出的最初结合或一种已有活动的运用到某个新领域。

2. 前瞻性:在公司、部门或社区的其他组织之前执行一个项目、服务、政策或工艺,回应那些现在不能验证但有望将来影响变革的机遇。

3. 风险承担程度:某种破坏内部或外部运作准则行为的意愿,这种行为可能但不一定带来收入;事实上,财务风险通常是由第三方金融机构比如基金会造成的。[20]

与操作定义相符合,衡量非营利组织的持续公益创业行为的指标建立起来了。赫尔姆和安德森使用堪萨斯大都市区145家非营利组织来验证指标所代表的基本概念的合理性,并找出企业家的非营利行为与非企业家的非营利行为之间的显著差异。

现有文献的评述显示几种重要因素对创业导向水平具有重要意义。

1. 组织结构——许多有机结构元素,包括较少的组织结构层次或水平,较宽的管理控制范围,一种较多水平的、较少垂直的设计的导向,一个更加积极的执行董事会,有利于导致高水平的创业导向。

2. 领导风格——创业导向与改革型领导一致。通过用使命、愿景和身份来激励的方式改变和鼓舞追随者。

3. 组织控制系统——非正式控制、灵活性和资源分配使得一家组织获得更高的创业导向水平成为可能。[21]

创业导向和组织绩效之间的正相关关系可以在商业创业文献中找到充分证据。[22]在最近的一项研究中,研究者劳赫(Rauch)、维克伦德(Wiklund)、兰普金(Lumpkin)、弗里斯(Frese)用元分析来检验创业导向与绩效之间的关系。[23]他们从51项研究带有"N"字样的14 259家公司中抽取了53个样本,分析显示:创业导向和绩效之间的正向关联是比较大的,此外,对于创业导向概念的不同理解和组织绩效的不同指标(感知到的财务业绩、感知到的非财务绩效指标、归档财务绩效)而言,这种关联是稳健的。因此,元分析支持这一论点,即创业导向具有积极的绩效影响。他们的研究结果也显示,创业导向绩效关系在不同国家都是相当显著的。这种关系的优势受到公司规模和行业技术强度等因素的影响而有所削弱。

在公共部门和非营利部门背景下,创业导向与组织绩效之间的关系不甚明朗。实际证据的缺乏有几个可能原因。第一,虽然有许多关于商业企业创业导向的研究,但却很少有研究明确考虑过非营利部门中的创业导向。第二,由于研究非营利组织的学者使用范围广泛的指标来捕获创业导向的基本概念,即便可以,也很难比较不同研究的结果。第三,很少能凭直觉去衡量非营利组织绩效。鉴于商业企业专注经济绩效(即市场份额、营利、资产回报率和投资回报率),非营利组织注重经济绩效和更重要的社会绩效,绩效的这两个方面可能或不可能彼此相关。因此,很难解释创业导向对整个非营利组织有效。[24]

在现有的关于创业导向和组织绩效关联的实证研究中,其结果是复杂的。一项为期三年的宗教群体研究表明,就教会成员去教堂做礼拜和捐款的增加而言,更高水平的创业导向会帮助取得更好的绩效。[25]一项关于澳大利亚公共部门的研究显示,在创业导向和可感知的非财务绩效的综合测评之间有一种正向关联。[26]类似地,另一项关于非营利艺术机构的研究发现,创业导向与社会绩效,而不是财务绩效具有正向关联。[27]创业导向与财务绩效关联不显著这一研究结论在另外两项研究中得到证实。一项关于堪萨斯城大都市区非营利组织的研究表明:创业导向与其总收入并无显著关联。[28]在纽约北部145个非营利组织样本中,研究者发现,创业导向与各种财务绩效指标之间并无关联,其中包括总支出、总收入、资产变化以及从机构税收返还中获得的净收入。[29] 从这些研究得到的结论表明,更高水平的创业导向未必转化为更好的组织(财务)绩效。[30] 创业导向极有可能不直接影响财务绩效,因为公共组织和非营利组织的公益创业努力直接受社会目标和目的影响。

创业强度

为了扩大创业导向这一概念,研究员莫里斯和塞克斯顿(Sexton)认为,一个组织的所有创业导向应该被理解为组织在时间上所显示出来的创业程度("多少?")和创业频率("多久一次?")的函数。他们把这种扩大的创业导向概念定义为"创业强度"。创业强度概念因此包含两个重要方面:

1. 创业程度。受组织的创新性、前瞻性和风险承担等特征水平的影响,一个组织的创业行为可能各不相同。与创业导向的一维观点一致,创业程度可以理解为一个概念性的连续。一个极端的代表是保守行为,另一个极端的代表则是创业行为。

2. 创业频率。这指的是组织在一定时间采取创业行动的次数。此类创业行动的例子包括新产品或新服务、更高质量的产品或服务、生产或提供服务的新方法以及进入新市场。[31]

莫里斯和塞克斯顿将两方面结合起来后,创建了一个二维矩阵:纵轴表示创业频率,横轴表示创业程度。这一被称为"创业网格"的矩阵如图 2.1 所示。

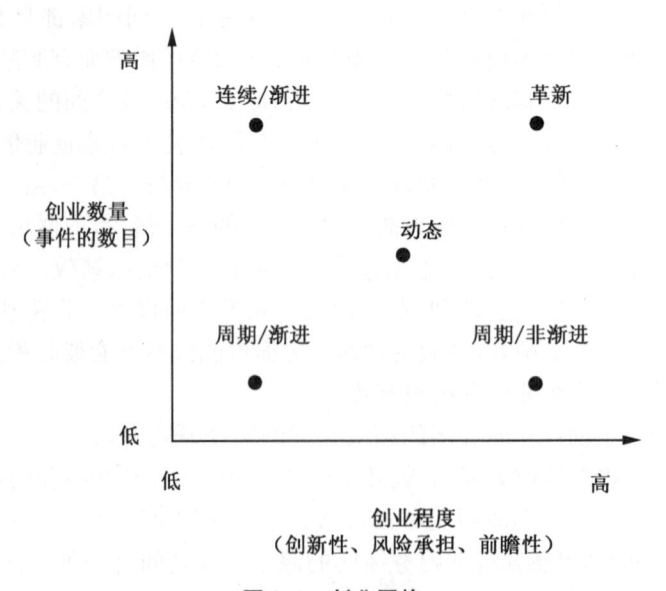

图 2.1 创业网格

正如网格中五个标明的点所展现的那样,五种可能的场景已被凸显出来。标记为周期/渐进、连续/渐进、周期/非渐进、动态、革新的这些情境反映了创业强度的变量性质。例如,一家从事许多创业项目,具有高度创新性、风险性和前瞻性的组织将适合创业矩阵中的革新区段(位于网格中右上角),会展示最高水平的创业强度。与此形成鲜明对比的是,当只有少数项目出现,而且这些项目只是名义上具有创新性、风险性与前瞻性,组织可能被描述为周期/渐进,即以低水平创业强度为特征(位于网格左下角)。

为了更好地理解网格,我们根据莫里斯和同事们的解释提供了一些关于五种场景的例子。[32] 特许经营运作,比如开设麦当劳和必胜客的加盟店就是一个周期/渐进类创业的例子。因为基本操作格式已经由公司总部提供,每个加盟店只需要在周期/渐进的基础上回应变化中的环境趋势,如提供低热量食物和在线订餐服务。自1955年起,可口可乐公司(Coca-Cola Company)一直以相当稳定的速度给顾客增加更广泛的各种饮料选择。绝大多数产品由普通的可乐演变而成,包括低咖啡因可乐、无糖可乐、水果口味可乐及各种容量的可乐。可口可乐公司创业可属连续/渐进类。此类中另一个例子是宝洁公司,该著名消费者产品公司形成一种持续性的消费者包装商品革新。与可口可乐和宝洁形成对比的是宝丽来(Polaroid),它代表了一种相反的模式。因为宝丽来只是周期性地引进新产品,但是新产品具有技术不连续性特征,公司被描述为周期/非渐进类。明尼苏达矿业制造公司(Minnesota Mining and Manufacturing,3M)是一个动态型创业的好例子。明尼苏达矿业制造长期以来享有盛誉,是创新的温床,因为它具有特殊的能力,开发特定技术进入几十种市场,并为这些产品找到新的用处。20世纪90年代,明尼苏达矿业制造公司销售了超过6 800个类型的消费品和工业品。此外,为了加速远离渐进主义,公司连续创造了产品销售增加30%的目标,这在四年前还不存在。[33]

作为最具有创业性的类型,革新型创业在现实中颇为罕见。其中的例子包括AT&T的贝尔实验室(Bell Labs),它以通信领域连续稳定的突破创新著称,还有IBM,在世界各地拥有12个研究实验室,投入巨额资金从事基础研究,保持了一家公司连续20年创造绝大多数专利的记录(截至2013年)。

虽然图2.1描述了五种具体的场景,但应该注意到的是这些场景的界定提供了一个关于创业强度如何变化的例子,是具有主观臆断性的,创业的数目和程度是相对的,因此没有绝对的标准。而且,一个特定的公司经营可能在空间上不止一个地方,一个组织在某个时刻具有创业性,而在另一个时刻不那么具有创业性;造成的结果是,在不同的时间点上它会占据矩阵不同的区段。[34]

我们有理由相信,创业强度水平可能在组织中积极影响绩效结果。莫里斯和塞克斯顿预言,创业强度与组织绩效指标显著相关,他们的调查结论提供证据支持在创业强度与各类绩效指标之间有正相关关系。研究结果还显示,当强调创业程度而不是频率时,创业强度与绩效的相关程度是最强的。[35]

创业导向和创业强度的局限性

隐含在创业导向概念和创业强度概念之中的是假设这些概念可以被运用于所有类型的组织,而不仅是营利公司。但是,之前的研究[36]在公共组织与非营利组织和商业部门的同行之间发现三个重要差异：

1. 动机：在营利组织环境下，组织存在是为所有者和投资者创造财富。但是公共组织和非营利组织的基本目标不是营利或创造财富，而是为诸多利益相关者创造社会价值。它需要在财务上保持可持续性，但是这种需要不应歪曲组织服务其社会使命。由于缺少一种谋利动机，组织失去支持创新、冒险和前瞻的基本驱动力，从而无法激励营利组织从事创业活动。

2. 流程：公共组织和非营利组织不同于营利组织之处在于其主要流程与活动，尤其是形成现金流的一系列活动。在特别情况下，非营利组织比营利组织同行更依赖于广泛的资金来源（例如捐款、拨款和项目服务费，诸如此类），因而不得不把重要资源放在融资流程。

3. 产出：公共组织和非营利组织的产出包括社会绩效指标，如服务的客户，包括收入与资产在内的财务绩效指标。通常情况下，组织的社会绩效并不与其财务绩效挂钩。

考虑到在动机、流程和产出上的差异，创业导向概念和创业强度概念能否直接适用于公共部门和非营利部门的环境尚存在疑问。这些概念看来似乎更有效地抓住了公益创业的"创业"部分，而不是"社会"部分。公益创业行为在其受社会原因驱动（在一家独立公司的情况下）的程度上或在与组织社会使命（在一家既有公司的情况下）的相关程度上会有显著差异，但他们似乎对这一观测数据避而不谈。这算是一个重大疏忽。正如彼得·弗鲁姆金指出，公益创业活动范围涉及"与使命密切相关的活动延展到与使命完全无关的活动"。[37]因此，根据公共组织和非营利组织的中心任务，当创业导向概念和创业强度概念被运用于公益创业环境之中时，有必要将对使命修正考虑在内。

继续本章早些时候讨论过的善意实业的例子。"社会使命"或"社会价值"第四个维度的补充可能有助于在善意实业中区分创业导向的作用。在实现使命（帮助人们获得工作）的背景下，必须看到他们的创新战略以及这些战略是如何提高社会影响力的。创富中心的扩展和新服务提供模式是帮助人们找到工作；但是真正的创新作用是善意实业超越安置数目，去跟踪结果：创富中心成员增加收入、存款，减少债务，月支出预算，获得金融机构贷款的百分比。总而言之，这些结果的文本有助于"我们理解"关于组织使命中这些创新项目的长期作用。

公益创业导向

公共组织与非营利组织不同于商业组织之处在于他们的使命超越了利润。特别是非营利组织必须依赖社会使命才能吸引资金资源、人力资源，以及决策指导。考虑到公共组织和非营利组织的使命，公益创业应该优先考虑创造社会价值，而不是获取经济价值。

虽然之前的研究显示，组织必须坚持将其使命和社会价值放在他们创业活动的中心位置，但组织经常把使命当作一种约束，而不是一个独立的维度。例如，维拉沃德纳和莫特认为那些适应外部环境、使命和实现可持续性的必要性等约束条件,同时还显示出创业导向的非营利组织最有可能获得成功。尽管他们可以用创新的方式去运作和获得资金,但是他们不会允许这种创新损害其组织目标。

没有选择增加"社会使命"这一独立的维度在某种程度上是基于这样的逻辑——创业导向是由可持续行为模式(表现为风险承担程度、创新性和前瞻性)来确立的,而非目标和宗旨。按照这一基本原理,研究者莫里斯、韦伯(Web)和富兰克林(Franklin)通过考虑使命的重要性来重新界定三个创业导向维度(见图2.2)。

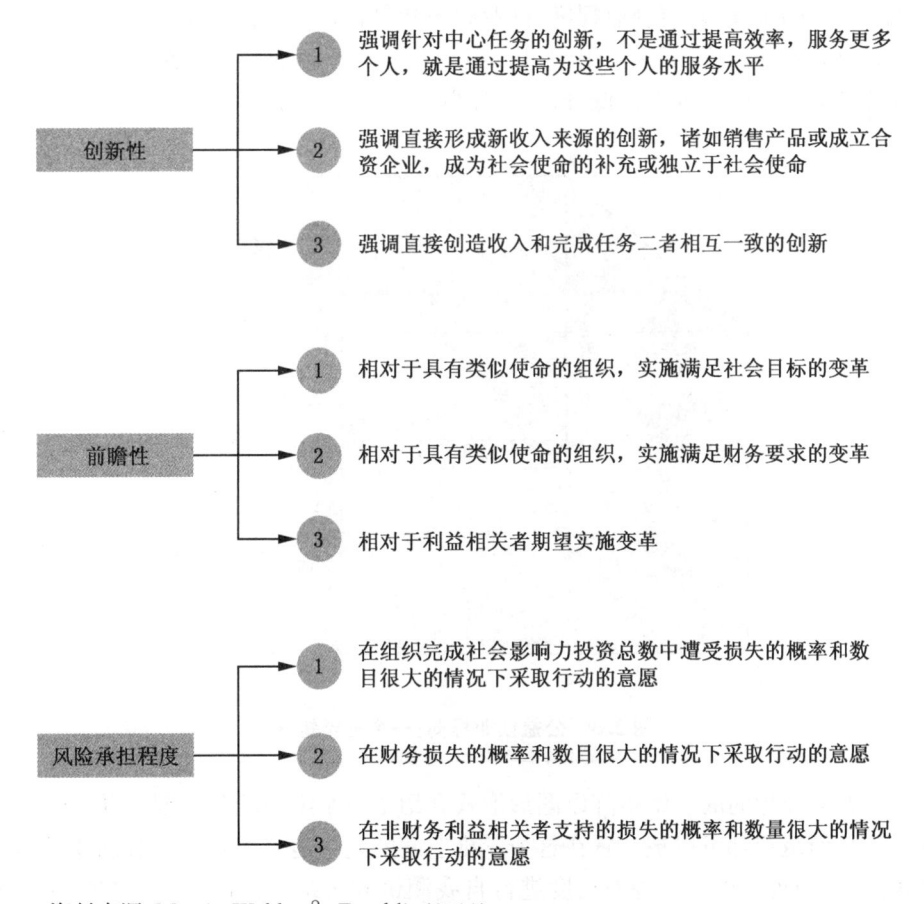

创新性
1. 强调针对中心任务的创新,不是通过提高效率,服务更多个人,就是通过提高为这些个人的服务水平
2. 强调直接形成新收入来源的创新,诸如销售产品或成立合资企业,成为社会使命的补充或独立于社会使命
3. 强调直接创造收入和完成任务二者相互一致的创新

前瞻性
1. 相对于具有类似使命的组织,实施满足社会目标的变革
2. 相对于具有类似使命的组织,实施满足财务要求的变革
3. 相对于利益相关者期望实施变革

风险承担程度
1. 在组织完成社会影响力投资总数中遭受损失的概率和数目很大的情况下采取行动的意愿
2. 在财务损失的概率和数目很大的情况下采取行动的意愿
3. 在非财务利益相关者支持的损失的概率和数量很大的情况下采取行动的意愿

资料来源:Morris,Webb, & Franklin(2011)。

图2.2 创业导向维度的重新定义

正如图2.2所示,莫里斯和同事们区别了"创新"的三种子类型:与使命有关的(创新1),与收入有关的(创新2),旨在增强社会使命与财务实力的混合类型(创新3)。类似地,他们区分了三种"前瞻性"子类型:与使命有关的(前瞻性1),与收入有关的(前瞻性2),以利益相关者为基础的(前瞻性3)。他们还区分了三种"风险承担"子类型:与使命有关的(风险性1),与收入有关的(风险性2),以利益相关者为基础的(风险性3)。

这种区分有利于将社会目标或社会使命合并在创业导向维度之中。然而,从经验上来看,当衡量和评估一家特定组织的创业导向维度时,情况变得模糊不清。比如有两个组织,其中一个在有关使命创新上得分高但在有关收入创新上得分低,而其中另一个则相反。那么哪一个组织更具有创新性?上文述及的创新性概念不能回答这个问题,因为它混淆了创新和使命。

鉴于这种缺陷,我们通过增加"社会使命"作为一个独立的维度引入了"公益创业导向"概念。我们将公益创业导向界定为显示组织偏好从事公益创业的一系列独特且有关联的行为,把公益创业导向界定为一个三维概念(见图2.3)。它由三个相对独立的维度构成:创业程度、创业频率和符合社会使命。组织通过维度衡量就会有显著差异。比如,一个组织可以在创业程度和创业频率的维度上得高分但在符合社会使命的维度上得低分;反之亦然。

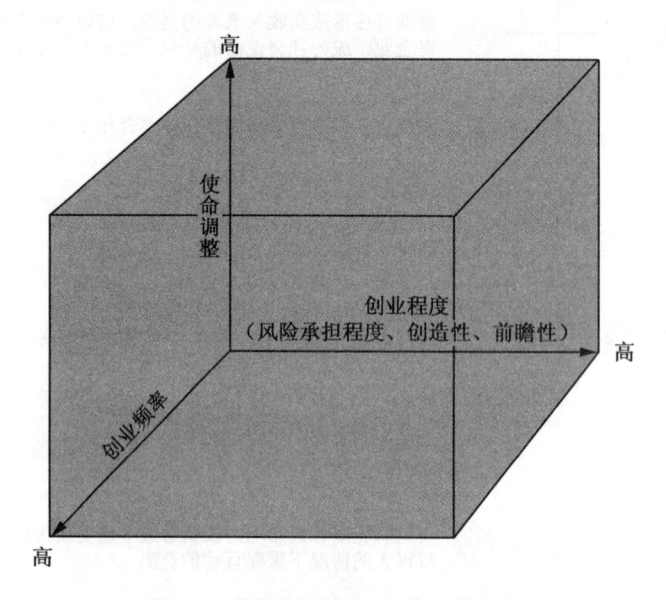

图2.3 公益创业导向:一个三维矩阵

公益创业导向的三维矩阵以图形形式介绍了一个组织的公益创业导向是什么样子。任何组织都可以被放置在这个三维空间的某个地方。有了公益创业导向三维矩阵,组织现在可以用基准尺度进行自我测试和跟踪公益创业导向在时间上的变革。

与三维矩阵一致,并借鉴之前的研究,我们开发了一个包含15个问题的公益创业导向工具(见表2.1)。其中9个问题用于测量一个组织的创业程度:3个问题分别用来评价创新性、前瞻性和风险承担程度。3个问题被设计来测量组织的创业频率。其余的问题测量组织的流程、政策、产品或服务与其核心使命相关的程度。这一衡量尺度旨在确定一个组织的创业导向水平,帮助区分那些具有高公益创业偏好的组织和那些缺乏公益创业偏好的组织。

表 2.1　　　　　　　　　　　　　公益创业导向工具

	强烈不赞同	有点不赞同	有点赞同	强烈赞同
创业程度				
1. 十分重视开发新产品和新服务	1	2	3	4
2. 十分重视发展组织流程	1	2	3	4
3. 进行流程、政策、产品或服务的关键变革	1	2	3	4
4. 经常第一个组织引入新产品/服务、管理技术、运营技术等	1	2	3	4
5. 利用这一领域的变革	1	2	3	4
6. 为类似服务供应商提供指导	1	2	3	4
7. 与经营环境、行业或部门行为标准冲突时自身的应对	1	2	3	4
8. 选择可以改变公司公众形象的项目	1	2	3	4
9. 做出形成员工稳定性变化的决策频率	1	2	3	4
创业频率				
10. 引进许多新产品或新服务	1	2	3	4
11. 引进许多新组织流程	1	2	3	4
12. 在流程、政策、产品或服务方面进行改革	1	2	3	4
公益使命调整				
13. 经常评估流程、政策、产品或服务,确保与核心使命有关	1	2	3	4
14. 开发与核心使命最有关联的流程、政策、产品或服务	1	2	3	4
15. 剔除与核心使命最无关联的流程、政策、产品或服务	1	2	3	4

结　语

　　为什么一些组织比另一些组织更偏好公益创业？在本章,我们通过将公益创业作为组织行为来解决这一问题。在创业文献中创业导向和创业强度的现有概念的基础上,我们引入了公益创业概念,即显示组织偏好从事公益创业的一系列独特且有关联的行为。公益创业导向由三个关键维度构成:创业程度("多少？");创业频率("多久一次？");符合社会使命("如何相关？")。公益创业导向概念及其附带工具提供了一个平衡工具:公共组织和非营利组织的领导可以用来对组织的公益创业偏好进行实践的检验。

练 习

练习2.1

"创业导向"和"创业强度"有什么联系？为什么将创业导向概念和创业强度概念运用于公共组织和非营利组织背景中是个挑战？

练习2.2

根据图2.1中的创业网格，举出一家最符合周期/渐进型描述的公益企业来。另外，举出一家可以描述为连续/渐进型的公益企业以及一家被描述为革新型的公益企业的例子。

练习2.3

选择一个你熟悉的组织，根据三个主要维度——创业程度、创业频率和社会使命调整——来评估其公益创业导向。

第二部分

理解和管理公益创业过程

第三章　发现和创造公益创业机会

由穆罕默德·尤努斯创建的格莱珉银行(孟加拉语中"乡村银行")是一家肇始于孟加拉国的小额贷款金融机构和社区发展银行。它向穷人提供无需抵押的小额贷款。格莱珉银行创始于1974年,也就是孟加拉国独立建国后第三年。那年,吉大港大学(the University of Chittagone)经济学教授尤努斯目睹了孟加拉国北部农村地区四处蔓延的饥荒。尤努斯回忆道,"[难民]出现在火车站或汽车站里——他们瘦得只剩下骨架……他们无处不在。没多久,就横尸街头。"

看着父老乡亲受苦挨饿,尤努斯想弄清楚贫困的原因和贫困的解决方案。两年后,尤努斯发起了一项行动,开始研究大学附近一个叫乔布拉(Jobra)的村庄的经济形势。在同事和学生的陪同下,他与村民交谈,了解到这些辛苦百姓为生存所做的挣扎。"有位21岁的母亲苏菲娅·贝古姆(Sufia Begum)……她用竹条编织椅子。她花了五个塔卡从交易商那里购买材料——大约22美分一把椅子。因为这不是她的钱,她不得不以区区2美分的价格卖给交易商……因为没有机构关注这些极度贫困的人,高利贷者为所欲为,收取每天超过10%利率的利息。苏菲娅的交易商留给她的盈利只够她果腹,因此必须继续向他借钱、为他干活。"

尤努斯和他的团队后来发现了42名与苏菲娅情况一样的村民,总共只需要27美元就可以帮助他们摆脱贫困周期。尤努斯自掏腰包借钱给这些村民,并开始与一些商业银行谈判,试图让现有金融机构把钱借给它们。银行以穷人没有担保,不讲信用为由,拒绝了他的请求。尤努斯没有因此放弃,下决心建立一家新金融机构,以农村穷人为目标群众,提供银行服务。以下几个方面使得这一新金融机构体系与传统银行迥然不同。第一,它选择穷人中最穷的人和最弱的人为对象,尤其是妇女,占据借款人的绝大多数(98%)。第二,与建立在担保基础上的传统银行相反,格莱珉银行免除担保。第三,格莱珉采取以集体为基础的贷款方式:贷款申请者必须建立五人小组,参加意向会议,并通过一项关于他们贷款基础知识的测试。每个人必须通过测试,当整个小组通过测试时,五个人之中也只有两个人能获得贷款。只有在小组前两位忠诚地分期偿还贷款之后,小组其他成员才能取得贷款资格。正因为如此,来自小组中同伴的压力促使贷款人还款。第四,与常规贷款要求贷款人在一个固定日期支付全额利息相反,格莱珉银行的借款人以周为单位分期偿还小额贷款。最后,银行归借款人所有:借款人占有90%的股份,剩下10%的股份归政府所有。

由于绝大多数借钱人及时偿还了贷款,格莱珉银行因而获得了巨大的成功。中央银行的赞助和商业银行的支持,使得这一项目最终扩展到该国其他地区。1983年,格莱珉银行成为一家独立银行。2006年,穆罕默德·尤努斯和格莱珉银行一起被授予诺贝尔和平奖。今天,小额贷款的格莱珉模式在一百多个国家推行。[1]

本章将集中讨论公益创业机会。权威的创业研究者极力主张,创业需要机会和具有进取心的个人并存,未来的研究将集中探讨发现和利用创业机会。[2] 最近一篇文献宣称:"没有机会就没有创业。"[3] 证实了机会对于创业的重要性。类似地,公益创业学者也明确表示,机会是公益创业的关键。[4]

近期的研究将焦点从个体企业家的特征和功能转移至集中研究创业过程的本质和特征。[5] 研究者呼吁研发一种过程导向模式:"抓住创业过程本身的动态性,从而解释如何识别创新机会,以及如何在企业组织内部形成和管理支持创新行为。"[6] 在公益创业环境中,创业过程可以被理解为功能、活动或与机会识别行为等相关,从而促进公益创业事件成立一个新项目、合资企业或组织。[7]

机会识别是公益创业过程中的第一个阶段,也是最重要的一个阶段。正如在格莱珉银行的事例中,一位公益创业家发现了一个具有创造社会价值潜力的机会;接着,他调集资源,承担所有风险去追求机会;然后,他重新评估机会,使其得以为继。没有机会的识别或创造作为第一步,其他都是空谈。但是,机会和机会发展仍是鲜为人知的概念。什么是公益创业机会?公益创业机会在哪些方面与营利公司中的机会不同?公益创业机会是如何被发现、被识别、被创造的?为什么一些人能发现机会而其他人却熟视无睹?在本章中,我们旨在对这些问题进行更好的理解。

界定机会

对于公益创业机会的定义和本质往往无法达成一致。在流行的定义中,机会定义为"新产品、服务、原材料和组织方法得以引进,并以大于生产成本的价格销售的趋势"。[8] 另一种定义把机会看作"由企业家发现或创造的,通过分析显示有获利潜力的想法或梦想"。[9] 最近的一篇文献综述明确了现有研究中创业机会的各种概念性定义和操作性定义。[10] 以下六种复合概念性定义出自综述中,这表明文献中发现了各种各样的概念性定义。

1. 机会是指以获利价格引进新产品到市场的可能性。
2. 机会是企业家设想或创造新手段目的框架的一种情势。
3. 机会是已经发展成为某种商业形式的理念。
4. 机会是企业家关于一种获得或实现利益的可行手段的感知。
5. 机会是企业家形成解决问题方案的能力。
6. 机会是独特且更好地服务顾客的可能性。

在各种各样的定义背后是关于创业机会的两种哲学观:"发现说"和"创新说"。

发现说建立在这种假设之上,即机会是客观现实,不依赖于机警、技巧或幸运且能发现机会的企业家而存在。在这种观点看来,机会是由市场或公司不完美引起的外部冲击而形成的;它们客观存在,作为"埋藏的财富"等待发现和开采。外部冲击的例子包括技术变革、顾客偏好、政策法规、社会人口统计学等。创造说假设机会并非独立于企业家而存在,而是通过社会建设制定出来的:它们通过企业家和环境之间的制定过程而形成。换言之,没有企业家行动,机会就不存在。[11] 研究员莎朗·阿尔瓦雷斯(Sharon Alvarez)和杰伊·巴尼(Jay Barney)用"爬山"(mountain climbing)和"造山"(mountain building)的比喻解释了两种哲学观的差异。根据发现说,机会是客观现象,就像群山矗立,等待着攀爬,企业家的工作就是爬山;换言之,搜寻已经存在的机会。然而,根据创造说,机会不像山峰,没有山峰可爬,因此企业家必须造出山来:"企业家不去找山——因为无山可寻——他们行动起来,观察顾客和市场如何回应他们的行动。"[12]

在最近的一次经验研究中,研究者加特纳(Gartner)、卡特(Carter)、希尔(Hill)分析了早期企业家的话语,以弄清楚发现说和创造说的观点是否和如何表现在企业家的词汇中。他们询问了433位早期企业家一个开放性的问题:"简单说说开始创业的想法是如何发展的?"诸如"看见了"、"发现"或"发现了"、"寻找"和"注意到"等"发现动词"在企业家谈话中百分比很小(不到10%)。单词"发现"没有出现在任何谈话中。更有趣的是对下述问题的回答:"您是先有经营理念还是先做开始某种生意的决定?"35%的受访者表示一种经营理念或机会首先出现,但几乎45%的受访者表示开始一桩生意的决定先于一个机会的"感知"。剩下20%的受访者注意到经营理念或创业机会与做生意的愿望同时而至。[13]

因此这些研究结果表明:发现说和创造说应该结合起来,从而才能更好理解机会。发现说适用于创业过程始于机会识别的情况,而创造说则适用于企业家与环境之间的意会过程导致机会产生的情况。发现说强调追求机会与资源无关,而创造说则注重当前掌握什么就能做什么。总而言之,这意味着一些机会是被发现的,而另一些则是被创造的。

管理大师彼得·德鲁克(Peter Drucker)识别了创造性机会的七个来源:发生意外——成功、失败或其他外部事件;不协调——出现在"事实上的现实"和"被假设是"或"应该是"的现实之间;过程需要——如果问题被理解,那么知识是可以运用的且符合解决问题的方式;工业结构或市场的变革;人口统计学的变化(人口的变化);感知、情绪和意图的变化;科学或非科学领域的新知识。[14]

类似地,在公益创业的背景下,机会的定义缺乏相当程度的共识(见表3.1现有定义的样本)。一些人定义机会为"不同于现在的、理想的未来状态,并相信这种状态的实现是可能的"。其他人则界定机会为"一种利用市场无效率,并在不饱和市场提供创造社会价值的革新性产品或服务的可行性情况"。还有人提出,机会表现为社会问题或未满足的社会需求。[15]

表 3.1　　　　　　　　　　公益创业机会的定义

定义	定义的提供者
不同于现在的未来理想状态,并相信这种状态的实现是可能的。	奥斯丁、史蒂文森和魏—斯基勒恩（Austin, Stevenson & Wei-Skillern, 2006）[16]
机会具有产生积极社会效果的潜力,证明是值得花时间、精力和金钱去认真追求的。	古克鲁、迪斯和安德森（Guclu, Dees, & Anderson, 2002）[17]
一种利用市场无效率,在不饱和市场提供创造社会价值的革新产品或服务的可行情况。	克拉金、迪尔德弗和加拉格尔（Clarkin, Deardurff, & Gallagher, 2012）[18]
市场机会在被利用起来时将会让企业家创造增加的社会价值。	蒙洛尔（Monllor, 2010）[19]

古克鲁、迪斯和安德森提出,公益创业中的机会倾向于创造,而不是发现。他们写道:"尽管那些说法很流行,但诱人的创业机会不会来敲完全成形的门。它们在那里也不是像丢失的财宝那样,等待着幸运的人或目击者发现。相反,它们不得不在一个动态的、有创造力的、充满谋略的过程中想象、设计和提炼出来"。[20]

类似地,保罗·莱特（Paul Light）也指出了公益创业中机会的社会建构的本质。他解释说:"创意可能会先于创意支持者出现这一概念是商业思维和非营利思维的共同主题。公益创业可以遵循非常类似的轨道:创意找到支持者,或反之亦然,或方案找到资源,或反之亦然。如果这些能成真,那么最有成效的公益创业家可能会是那个仅仅将两股源流连接在一起,而后袖手旁观的人。"[21]

研究人员蒙洛尔从经济学的角度出发,将公益创业机会归结于市场失灵和政府失灵。他识别了五种类型的市场失灵:不完美信息、垄断权力、公共物品、外部性和错误的价格机制,以及三种类型的政府失灵:政治家和公务员追求自我利益、短期方案和不完美信息。这些形式的市场失灵和政府失灵导致了资源分配的无效率和帕累托次优结果,但是它们为公益创业家提供了机会来源。[22]

在继承和发展经济学家约瑟夫·熊彼特（Joseph Schumpeter）思想的基础上,J.格雷戈里·迪斯（J. Gregory Dees）发现了公益创业中七种类型的创新机会。[23]

1. 创造一种新的或改良的产品、服务或项目。例子之一就是格莱珉银行的小额贷款项目:向穷人发放小额贷款而无需抵押。

2. 引进一种新的或改进了的战略或经营方法。作为一种复制其项目的战略,某些非营利组织中社会特许权的实践符合这一类型。

3. 进入一个新市场,为未满足的需求提供服务。例如,格莱珉银行在美国开办了一间办公室,为那些传统上不能从常规银行体系中贷款的人们提供贷款。

4. 利用新的供应和劳动力来源。《街头新闻》（Street News）,一家在纽约市出版的街头报纸,雇用无家可归者来写作、生产和销售报纸。

5. 通过并购、拆分、结盟和其他合约安排来建立新公司或新组织结构。

6. 与客户、消费者、供应商、投资者或雇员一起设计合约的新条款。

7. 开发新的融资结构。一个例子是苏珊·G. 科曼（Susan G. Komen）和有医疗伙伴关系的优诺酸奶,发起了一年一度的"拯救乳房、拯救生命"的活动,用以为乳腺癌研究筹集资金。

如何区分公益创业机会?

许多学者探讨了公益创业和他们商业创业中机会的差异。[24]这方面的研究形成了以下几个主题。

1. 焦点。公益创业机会的焦点是创造社会价值,而不是获取利润。有机会创造增强社会价值的潜力是决定机会是否值得追求的重要因素之一。社会价值创造的中心将社会当作一个整体受益者,而不只是机会的主人或投资者(如通常商业企业的情况);但是,这个中心对追求公益创业机会形成了一种挑战,因为社会价值通常难以界定和衡量。更进一步,当公益创业主体包含所有者和投资者时,坚持关注社会价值创造和增加会更加困难。一些企业家选择采用营利组织的形式,在他们的商业模式中纳入一些公益创业的元素。例如,汤姆斯鞋业是一家营利公司,它同时经营旗下的非营利子公司汤姆斯之友(Friends of TOMS)。2006年由得克萨斯企业家布莱克·麦考斯基(Blake Mycoskie)建立的汤姆斯鞋业公司根据阿根廷帆布轻便鞋设计来设计和销售鞋子以及眼镜。汤姆斯鞋业主要在两个方面创造社会价值:当汤姆斯鞋业卖掉一双鞋子的同时,一双鞋子会送给穷人小孩;当汤姆斯鞋业卖掉一副眼镜时,其中部分利润会用于挽救和恢复发展中国家人们的视力。对于此类商业模式而言,在最大化所有者及投资者价值(即最大化利润)和创造社会价值(即给别人捐赠物品和服务)之间可能存在权衡。

2. 背景。一个公益创业机会深深地嵌在当地环境之中。嵌入被界定为个人与环境关系的本质、深度和程度。有些学者把它看作创业过程中的一个构造元素:"嵌入在本地社会结构之中为企业家提供了丰富的知识、接触、咨询、资源、信息和支持。这意味着通过嵌入更容易认识和理解需要什么以及利用什么。"[25]

3. 利益相关者。公益创业机会的发现或创造通常出现在集体之中,与商业创业机会相比牵涉到更广泛的利益相关者。尤其是,利益相关者的认同对公益创业机会的成功发展十分重要。

公益创业机会是如何被发现或被创造的?

与所有非营利和志愿活动一样,公益创业从根本上受两种力量的驱动:需求与供给。公益创业可以理解为一种对社区未满足需求的回应,或一种满足其自身需求的重要供给。在需求方面,公益创业的存在是由于其所嵌入的更广泛的社会环境,及回应公众或其成员的需求。在供给方面,公益创业"受流向它的资源和理念驱动,这些往往来自公益创业家、捐赠者和志愿者"。[26]

阿尔迪威利(Ardichvili)、卡多左(Cardozo)和雷(Ray)设计出了创业机会识别理论,并在这一领域得到广泛认可。[27]他们的理论提出,有五个主要因素影响机会识别和发展过程:创业警觉性、信息不对称和先验知识、社会网络、人格特质和机会自身类型。阿尔迪威利及其同事的理论指出,机会识别是各种因素和特征的结合,让企业家看到其余的人所忽略的机会,而不只是一个特例。

机会识别过程与对市场需求的感知有关:察觉到市场需求与专用资源吻合,继而创造一种新模式来满足这种察觉到的需求。例如,项目7(Project 7)(即一家制造日常消费品的公益事业公司)认为地球上有七种不同类型的人类根本需求(洁净水、药品、住房、教育等)。他们的组织销售个人购买的现有的产品(咖啡、口香糖、薄荷糖等),并通过支持那个地区非营利伙伴使用销售上述产品产生的收入满足七个"商品区"中的某一个需求。这是种简单的创意,但是项目7察觉到了这个机会,并以一种原创的方式利用了这一机会。

阿尔迪威利及其同事们认为一些个体对于这些感知更加敏感,在每一场景中看到市场机会,而其他人则几乎根本看不到。阿尔迪威利及其同事的多维模型要求个人具有创造和识别潜在价值的先天能力。他们的模型建立在这样一种认识的基础上:个人可以看到过去的个人事实,并在脑子里把它们放在一起以创造出一个可行的机会。这个理论为推动研究进步提供了基础,但是理论本身没有给出我们关于机会识别的完整图像。

古克鲁、迪斯和安德森通过创建一个有价值的机会的过程,提供了另外一个指导公益创业家的有用框架。他们的框架将机会创造过程分解为两个主要步骤:第一,公益创业家形成有前景的创意。第二,公益创业家试图将这个创意发展成一个诱人的机会。[28]

基于这些框架,我们提供了一个关于机会识别过程的两阶段模型(见图3.1)。

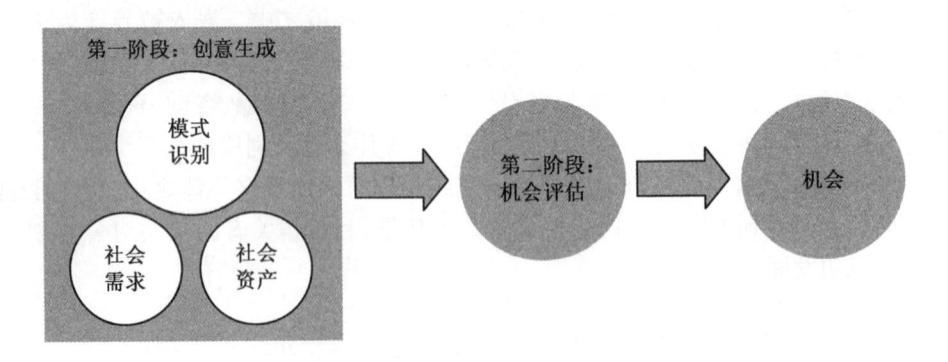

图3.1　机会识别过程

第一阶段:创意生成

在这个阶段中,一个有前景的创意生成源于三个重要因素:社会需求、社会资产和模式识别的相互作用。

社会需求

社会需求可以理解为社会理想条件与既有现实之间的差距。例如,《大问题》(*Big Issue*)是英国一家街头小报,由专业新闻工作者撰稿,无家可归者销售。该报纸于1991年9月成立,从而迎合社会需求:伦敦有越来越多的无家可归者。正是企业家对援助无家可归的人们(或面临无家可归风险的个人)重返主流社会的需求的感知引发了创新点子,他们创办街头报纸,雇用无家可归者销售。

社会需求的变化可能开辟新的可能性,激励有发展前景的新点子。一个例子是美国近来劳动力的变化:美国当下有几乎1/3的工人在从事非标准化工作,包括自由职业者、咨询顾问、独立承包人、临时工、兼职者、应急工、个体户。[29] 因为他们受雇于非传统协议,所以这些独立的工人无权获得以雇员身份为基础的保险。为此,一家符合501(c)3条款的非营利组织今日工作(Working Today)在2001年发起自由职业者联盟(Freelancers Union),以满足这种需求。

然而,社会需求只是单独地描绘了机会发展的一幅不完整的图画。研究人员西罗斯(Seelos)、梅尔、巴蒂拉娜(Battilana)、达辛(Dacin)指出:"如果明显的······社会需求几乎规定了公益创业导向的自然机会空间,那么我们需要解决的问题是为什么这些明显的机会都没有被企业家系统地抓住。"[30] 的确,一种未满足的需求不会单独形成可望实现的机会,除非一位公益创业家(或一群公益创业家)找到一种创新且可行的方式来满足这种需求。此外,在某些情况下这种需求尚未成熟,因此不存在清晰的形式:这种"尚未充分发展的需求"只有通过企业家采取行动提供新产品或服务才能得到满足。[31]

社会资产

尽管一些重要的理论家认为公益创业家坚持不懈地追求新计划,不用留心当前掌握的资源,但是追求对一个社区有形资产和无形资产的规模和水平的更好理解,是发展解决社会需求的有前景的创意的关键。城市之年是一个非常好的例子。由迈克尔·布朗(Michael Brown)和后来成为他哈佛大学法学院室友的艾伦·卡寨(Alan Khazei)在1988年创建城市之年是基于这样的认识:服务青年是解决美国最紧迫问题的一种强有力的资源。因此城市之年不是为服务年轻人而创建,而是吸引年轻人去服务他人。成立伊始,组织一直动员年轻人为社区康复、美化邻里和发展社区意识而工作。最近,他们正在寻找解决辍学危机的办法。

模式识别

罗伯特·A.巴伦(Rorbert A. Baron)把模式识别界定为:个人在复杂系列事件或趋势中识别出有意义模式的认知过程。根据他的模式识别理论,企业家利用相关认知框架,将看似无关的事情或趋势点点滴滴串联起来,检测出新产品或服务中暗含的连接模式,就识别了新的商业机会。更具体地说,个人关注外部世界的各种事情(诸如技术变革、经济、政治、社会、人口统计学等变化),利用他们实践发展出的认知框架判定这些事件是否以某种方式关联——简言之,他们是否形成一种可识别的模式。

公益创业背景下模式识别的另一个例子是钻石力量慈善基金会(Diamond

Empowerment Fund),一家与珠宝零售商一起销售钻石产品的非营利组织。他们用部分收益去帮助像博茨瓦纳和南非那样的钻石开采国的孩子们。他们与珠宝零售商一起工作,捐赠从这些国家钻石销售中的部分利润作为奖学金赞助,试图消除贫困。钻石力量慈善基金会由拉塞尔·西蒙斯(Russell Simmons)创办,他是一位拥有唱片、珠宝、服装和生产公司的企业家。他深谙如何寻找机会和必要的联系来利用他的资源。他的先验知识已被证实是其组织超越生存阶段,走向繁荣和扩张的一个重要因素。

模式识别在钻石力量慈善基金会的成功中起到了重要作用。正如先前所讨论的那样,模式识别是一个非常复杂的过程,通过个人察觉到无关事件或变革之间的链接或连接以便发现商业机会。当消费者逐渐意识到他们所购买的产品如何生产,以及这些产品如何影响那些生产产品的人时,就会有一种寻求"清洁"产品的普遍运动。尽管钻石交易早就建立起来了,但是更多的人现在考虑的是这些钻石如何生产出来以及这些钱如何在它们的原产地国家使用。这在很大程度上归因于诸如电影《血钻》(Blood Diamond)之类的大众媒体,将这些信息带给了主流社会。钻石力量慈善基金会看到能利用消费者对清洁产品的需求,连同对钻石的永恒欲望,共同推动钻石贸易商和零售商通过钻石力量慈善基金会去参与捐赠部分收益回馈钻石原产国。此外,还可以通过创建他们自己的珠宝生产线来扩展业务,从高端的"绿色手镯"到更便宜的小饰物。这些既有助于推动他们的使命,同时使公司获得收益。由于察觉到消费者偏好中的这种变化,许多企业家在他们各自的市场中开始创业,其中一些(如汤姆斯鞋业)被证明相当成功。

每个企业家都会问的一个问题是:我们如何学习才能更好地认识那些导致机会形成的不同模式?巴伦和其他学者强调了以下几个有助于模式识别的因素:

1. 主动搜索信息:通常,隐藏的,不引人注目的机会会被主动搜索机会的人所识别。

2. 警觉性:任何机会识别都是从企业家对信息的高度警觉状态开始的。[32]有时机会会被那些具有"专门准备在机会出现时就会识别机会"意识的人识别。这不是必须寻找出机会的问题,而是当机会出现时当场识别机会——潜在的公益创业家是积极的观察者。一位潜在的公益创业家必须警惕市场需求,积极寻找方法将自身技巧和资源结合起来以满足那种需求。穆罕默德·尤努斯成立格莱珉银行,发放小额贷款。他察觉到了极度贫穷的人对发放贷款替代方法的需求(即警觉性),并利用他的资源去满足那种需求。

3. 先前经验:除了"主动搜寻",大多数"经验丰富的企业家"(那些拥有四家或四家以上企业的企业家)将他们的研究锁定在其已具备专业知识和经验的领域和学科之中。

4. 社会网络:个人的社会网络可以看作企业家对商业机会警觉性的前提之一。

基于这些因素,学者们提供了许多实践建议。例如,学会如何保持"警惕"下列问题,"这会有效地服务于其本来宗旨吗?""这要怎么做才会更好?""我要如何才能更好地做成这事？"这些问题不可能每次都恍然大悟，但它们也许会帮助形成提问的习惯，通过识别那些潜在的机会来训练思维方式。迪斯及其同事们认为机会识别是一种技巧，并非一种天生的能力。[33] 为了更好地识别公益创业机会，他们总结出了一些实用技巧：从不同角度看待形势，改变基本假设，与同事或竞争对手头脑风暴，与顾客集体讨论，寻找机会与现有组织建立合作关系。这些是实用技巧，任何人都可以用来提高在任何领域的机会识别能力。

为了更好地理解"怎么办"的问题，我们集中讨论在模式识别过程中起重要作用的两个因素：(1)先前经验，(2)社会网络。

先前经验

来自商业创业领域中的大量研究表明先前经验或知识有助于模式识别。具体地说，在一家企业工作或具有建立商业企业的经验，无论成功与否，都会增加一个人发现机会的概率。研究人员巴伦和恩斯利(Ensley)比较了新手(第一次)企业家和重复(有经验)企业家的"商业机会"原型——他们对于机会基本性质的认知表征。[34] 他们发现有经验的企业家原型比新手企业家原型更加容易清晰界定，更富有内涵，更关注与实际创办和经营新兴企业有关的因素和条件。肖恩(Shane)和维卡塔拉曼(Venkataraman)认为发现机会依赖于具有识别一个机会所必要的先前知识和个人认知能力。[35] 任何特定创业机会并非对于所有潜在企业家都显而易见，而只会发现那些与他或她的先前知识有关的机会。

两个事例显示有前景的创意常常来自公益创业家的个人经验。"东山再起"(Back on My Feet)是一家以费城为基地的非营利公益企业，通过让无家可归者参加跑步作为一种建立自信和自尊，增强力量的方式来推动他们自给自足。创建人安妮·马兰(Anne Mahlum)16岁开始跑步，并一直坚持了下来。最初她将跑步作为一种处理家庭问题(包括父亲赌博拖累家庭)的发泄方式。安妮长大了仍继续坚持跑步，她经常路过一处流浪者收容所，在那里她与一些居民成为朋友。由于每天跑步经过收容所，安妮意识到有机会利用跑步帮助这些无家可归的人。他们经常让她想起父亲。她认为跑步既然是她的发泄方法，也可以是他们的发泄方法。于是，她联系了无家可归者收容所，询问她是否可以邀请这些人与她一起跑步。2007年7月3日，他们进行了第一次跑步。那年年底，"东山再起"诞生了。显然，她的个人经验(她的跑步，家庭问题)是形成通过跑步来改善无家可归者身心健康这一创意的关键。

另一个例子是莎拉·霍洛维茨(Sara Horowitz)，她创办了今日工作和自由职业者联盟(一个独立工人的领导机构)。在成立今日工作和自由职业者联盟之前，她是一位私人劳工律师和工会组织者。她的祖父是纽约国际妇女服装工人协会(International Ladies Garment Workers Union)的副主席，她父亲则是一位工会律师。

尽管先前经验的重要性在商业创业环境中以经验被证实，但是这种积极作用能否在公益创业中得到证实尚不清楚。埃默里大学(Emory University)教授彼得·罗伯茨(Peter Roberts)最近的几个项目得出的结论显示情况并非如此。他使用参与由不可思议讲习所(Unreasonable Institute)运作的 2010 年或 2011 年夏季加速器项目的公益创业家作样本,检验具有先前创业经验的企业家是否比那些从未建立过新公司的企业家表现得更好。研究结果表明有经验的公益创业家并未享有更优越的社会影响力,获得更多的商业成功(早期收入,投资效益),或更大的在线追随者。[36]

罗伯茨探讨了公益创业中先前经验作用不显著的可能原因,推测公益创业家正在创办一些混合组织:既不遵循营利组织模式,也不遵循非营利组织模式。混合组织利用营利组织技术以满足传统非营利组织具体的社会和/或环境愿望。来自两者之中任何一个领域的创业经验未必能帮助创建者指导这种新模式所要求的诸多权衡。[37]

社交网络

社交网络充当个人识别潜在创业机会的途径。[38]根据社交网络理论,保持大量社会关系的人更有可能形成新的创意,发现新的机会。[39]网络提供的信息和建议有助于创业过程;根据希尔(Hills)、兰普金(Lumpkin)和辛格(Singh)的研究,几乎半数企业家都通过他们的网络获得新的创意。[40]

有人更容易成功识别机会的原因还源于他们嵌入的网络结构本质。在个人网络中有强关系和弱关系。强关系是那种以紧密个人联系和高昂维持成本为特征的关系。反过来,弱关系则是更加泛泛之交,要求较少资源和时间来维持。总的来说,弱关系看起来似乎比强关系更有可能将个人与不同社交圈子联系起来。[41]较弱的关系还通过提供接触更广泛的人和更多的非冗余信息而促进创造力。[42]此外,那些嵌入在一组不同的网络关系中的人,他们有着强关系或弱关系,与那些只依赖单一关系的人相比,更有创新性。[43]

第二阶段:机会评估

一旦一个机会被识别或创造出来,下一步就是评估利用这一机会的收益和成本,并决定是否继续。换言之,在机会评估阶段,企业家甄别被识别出来的机会以判断其利用的吸引力。鉴于以前关于评价新兴商业机会的研究,杰瑞·科茨(Jerry Kitzi)研发了一个评估公益创业机会的有用模型。这个模型包括三个主要维度:社会价值潜力、市场潜力和可持续发展潜力(见表 3.2)。[44]

表 3.2　　　　　　　　　　机会评估的三个标准

社会价值潜力		
增加值	高	低
战略任务	服务/产品创造与使命一致的社会价值	服务/产品创造社会价值,但与使命关系松散或间接
实现结果	服务/产品将在使用者行为、条件或满足水平上产生显著变化	服务/产品将在使用者行为、条件或满足水平上产生最小变化或与变化无直接联系

续表

社会价值潜力		
增加值	高	低
伙伴关系和/或联盟	附加的伙伴关系具有协同作用,提高或增加理想结果——社会价值的概率 ←→	服务/产品具有最小的变革潜力,不会通过伙伴关系或联盟战略受益
组织效益	成功的服务/产品将会增加或产生积极的社区知觉和/或组织的政治支持 ←→	不成功的服务/产品将对组织的社区知觉和/或政治支持产生负面影响
市场潜力		
需求	高	低
用户需求	显示社会需求,开启机会之窗 ←→	没有社会需求的数据或其他证据或关闭机会之窗
用户愿望	显示用户利益的证据或显示其他社区类似服务的成功证据 ←→	没有用户利益的数据或其他证据,其他社区服务参与减少
投资者利益	在为类似服务的资助或政府合同中显示利益的证据或可观察到趋势 ←→	没有类似服务利益的数据或其他证据或研究结果
市场份额	显示出开放市场,几乎没有竞争 ←→	显示市场高度竞争,没有市场中竞争的利益或关系的数据或其他证据
可持续发展潜力		
资金需求	高	低
创意开发	研发资源可用或易于获得 ←→	资金或工作时间不可用或不易获得
启动	启动成本低和/或易于获得资金 ←→	启动成本高和/或缺乏可用资源或利益
成本—收益比	相对高公共利益而言,总项目成本低 ←→	相对低边际公共利益而言,总成本高
组织能力	董事会、工作人员或志愿者能力是现成的且与潜在服务或项目一致 ←→	现有的董事会、工作人员或志愿者之间能力缺失
潜在收入	目标人群具有可支配的潜在收入和/或显示出付费能力和意愿 ←→	目标人群几乎没有可支配的收入或显示出支付最少费用的能力和意愿
组织能力	内部结构、空间、技术等井然有序或易于根据新服务或扩张服务调整 ←→	内部结构有限或需要升级以支持现有机会
投资者利益	在三至五年内投资者利益的趋势或其他证据 ←→	投资者利益不明确或过去三至五年内有利益缩减的迹象

在最近的一项研究中,沙克尔·扎赫拉(Shaker Zahra)及其同事为评估公益创业机会提出了五项标准:[45]

1. 普遍性:机会的普遍性是指机会旨在解决的社会需求在多大程度上是普遍存在的或突出的。

2. 相关性:机会的相关性是指机会的突出性与企业家及其个人经历、专业知识、技巧、资源和人口统计学特征之间的匹配度。

3. 紧迫性:机会的紧迫性是其本来的不可预测性(比如自然灾害的情况)。一件不可预料的事情产生一种紧迫感,造成机会窗口,以及时的行为解决一种特殊的社会需求。

4. 易达性：机会的易达性是指通过传统福利机制，比如政府或慈善事业来解决社会需求的可感知的困难水平。当机会在某种程度上无法用传统福利机制利用时，就会为公益创业家寻求创新方案创造细分市场。

5. 激进性：机会的激进性是指一项重大创新或社会变革必须要解决某一特殊问题的程度。当机会到了激进和创新的程度时，创业组织和其他现有组织区分开来。

结　语

在本章中，我们集中讨论了公益创业家借以发现或创造机会的过程，我们提出了两阶段的机会发展流程模型：创意形成与机会评估。在下一章，我们将讨论公益创业家如何利用机会，并将其转化为成功的企业。

练　习

练习 3.1
什么是机会？"发现说"和"创造说"是如何推进我们对公益创业中机会的理解的？

练习 3.2
公益创业家机会识别过程涉及两个主要阶段：创意形成和机会评估。第一阶段中的三个核心元素是什么？请逐一描述之。

练习 3.3
创业机会来自哪里？详细描述影响特定公益创业家发现特定机会概率的因素。

第四章 从机会到行动

伯克利奥克兰支持服务(Berkeley Oakland Support Services,BOSS)1971年成立于加利福尼亚州的阿拉梅达县,提供从应急避难所到过渡房与永久住房的一系列服务。[1]BOSS认为就业是成功获得住房的关键。1988年BOSS启动就业项目,为项目参与者提供建议指南,诸如清晰目标、准备履历、求职技巧、信心重建工作室以及个性化服务等活动。这一项目计划帮助客户获得和维持工作,并发展BOSS自身业务,聘用有资格的项目参与者为带薪员工。这一就业支持尝试在1991年扩大为两个新项目:一个是清扫街道,另一个是清除涂鸦。此项目提供给无家可归者六个月有偿岗位培训,以此当作去开启市场其他职业的垫脚石。在1991年到1995年之间,这些项目得到了商界和伯克利城的好评,他们与BOSS签订了价值50万美元的合同。

为了利用这次成功,将项目推上更高水平,BOSS下决心从推进就业转向发展企业,其目标是建立营利公司,为BOSS创造收入,同时也培训无家可归者。这将有助于扩张到其他地区和市场。此外,加强项目创新,提升能力,增强可持续性正符合BOSS的战略计划。为了开展这一计划,董事会发起了一项由公司委员会通过的集中力量、循序渐进的工作计划。BOSS从旧金山基金会(the San Francisco Foundation)得到支持,商讨建立企业的主张。这就需要调查其他开始创建企业的机构的经验,并查阅有关这一主题的背景材料。这使得罗伯茨基金会无家可归者经济发展基金(the Roberts Foundation's Homeless Economic Development Fund,HEDF)承担更多责任去推进和支持可行性研究与制订商业计划。可行性研究通过一项"聚焦"流程管理选择了两家公司。这就需要:(1)为成功的BOSS企业发展建立标准,(2)集体讨论由外部利益相关者和BOSS参与者提出的选择方案,(3)匹配和缩小评价标准与选择方案。通过这一过程,一份22类方案中91种可能的清单变成了在物业维护类型中的3家企业。接下来是一个商务筹划过程,包括市场营销、运作、融资以及企业的价值维度。商业计划书得到了董事会的批准,HEDF在1996年授予BOSS创办权,建立自己的企业。

在第三章中,我们通过企业家发现或创造机会发展了一种关于创业过程的稳健观点。然而,重要的是要注意到并非每个机会必然意味着公益创业尝试的成功。机会识别是一个必要的开端,识别的后续工作是公益创业的一个重要组成部分。在本章中,我们探讨公益创业家如何利用机会,并将机会转化为成功的企业。

BOSS 的开业情况诠释了这一过程。显而易见,无家可归者需要就业,BOSS 察觉到了一个向其客户提供就业服务的机会。BOSS 将这个机会发展成一系列越来越重要的项目。对于从事这一行的其他企业家而言,许多问题必须解决。一个机会如何才能进一步开发和明确以便增强利益愿景形成的预期?当筹划为社会影响力所需要的项目或服务时,应该考虑哪些因素?

本章讨论将一个公益创业机会转化为可行的项目或组织的过程。有关这一过程的基本元素归纳于图 4.1。

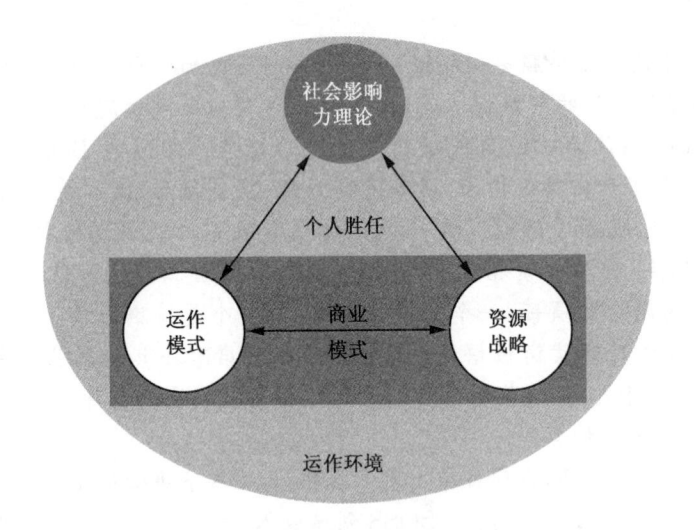

资料来源:古克鲁及其同事(Guclu and Colleagues, 2003)。[2]
图 4.1 机会发展过程

简言之,社会影响力理论是一种关于公益企业如何实现预定社会影响力的理论或模型。这个理论将推动新兴企业的战略,解释组织的使命和价值。理论阐述包括明确理解被创造出来的社会价值,还包括从项目投入到最后产出令人信服的一系列活动。此外,机会需要合理商业模式的支持,包括有效的运作模式和可行的资源战略。商业模式的这两种因素共同作用,给社会影响力理论带来活力。本章深入描述了这些因素,并提出了实现它们的方法。

运用社会影响力理论精心谋划机会

公益创业家必须清楚地知道他们想要的公益创业的结果是什么。被创造出来的社会收益应该用社会价值主张来阐述。反之,这应以现实主义的概念或理论为基础,即如何才能成功带来个人表现和社会条件中的预定变化。

企业的价值取向

奥斯丁和同事们注意到:价值的创造建构形成了一切组织运作的基础。[3] 这可以用价值取向来表达,强调如何改善组织活动受益人的生活。价值取向通过强调服务谁及如何服务来描述被创造出来的价值类型。价值取向在本质上是组织的起点,因为它将决定组织的战略中心,显著影响结构、流程以及达成战略的资源分配。

对于公益创业而言,社会价值取向应该以与某种有关"取得社会理想结果,并非由私人市场同时生产"的方式推动。[4] 社会价值取向应该是关于组织的社会使命。魏—斯基勒恩和同事们描述了社会价值取向如何将机会、人员、资金与环境联系起来从而起到核心作用。[5] 只有整合这些元素,才能创造理想的社会价值。计划与组织设计的目的就是确保这种整合(如图4.2所示)。

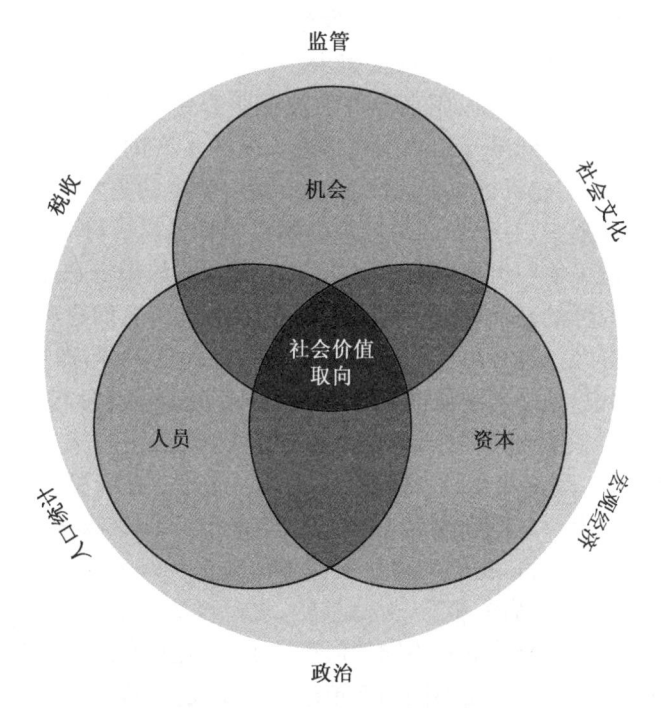

资料来源:魏—斯基勒恩及其同事们(Wei-Skillern and Colleagues,2007)。

图4.2 公益创业中价值取向的中心

在建构他们的价值取向时,公益创业家应当通过解决什么是使命,谁是受益人,他们的价值是什么三个问题来回答"服务谁"。[6] "如何为他们服务"的问题可以通过考虑生产的社会价值解决。正如早先提到的,在这个构想中,社会价值是市场不能同时提供响应价值需求的供应品时产生的。BOSS的社会价值取向包括为难以找到工作的人提供就业培训和工作。此外,无论怎样公益企业都可以创造收入(通过销售产品或服务给有购买力的人从而获得经济价值)。因此,对于公益企业而言,经济价值和社会价值都应该列入价值取向之中。一家公益企业也许能够将社会价值和经济价值整合成一个单一的一揽子计划,同时提供经济价值和社会价值,由此解决社会与经济的"双重底线"[7],创造"混合价值"[8]。比如,它可以对经济条件不好的客户打更大的折扣,由此减少服务障碍。BOSS扩展其价值取向,建立营利企业,以推进其使命。通过提供两种类型的价值,公益企业可以在营利企业与非营利企业参与的竞争市场上运作。此外,包含在价值清单中的经济价值强调了同时考虑使命聚焦与财务可持续性的需要。

创投变革理论

正如安德森所解释的,变革理论是一种针对复杂社会问题设计方案的有用工具。[9] 在其最基本的理论上,变革理论解释了理想的长期变革是如何发生的。它建立在个人行为或社会行为模式之上,由理论支持,或为经验或研究所证实。这一模型由描述一个复杂的变革开端将如何以随着时间演变的一系列步骤展开,详细说明了如何以及为何期望变革以某种方式发生。它预测谁或什么将发生改变,什么时间段改变,以及过程中每一步会改变多少。

一个反向映射的过程可以用来推进公益企业的变革理论。[10] 这一过程从细化企业长期目标或理想的结果开始。这在本质上是要生产的社会价值,并要求出现一些变革。比如,我们的目标可能是降低城市高中学生的失学率。在利益相关方设计的一个公益计划中,对于什么是理想的终极目标通常有许多协议。这一理论接着解释如何才能采取一组早期或中间的行动、干预或步骤带来理想的长期变革。这些将构成项目战略的基础。关于战略选择,利益相关方之间有可能有更多分歧,有时甚至是严重分歧。这是由于利益相关方潜在假设的差异,即变革通过过程才得以发生;具体地说,这是与实现理想的长期变革有关的所有必需的早期和中间结果的方式的差异。这些重要的假说建立在信仰与知识上对人类行为本质的解读。[11] 知识来自研究、理论或实践。然而,假设也可能建立在经验、习惯和没有反映在知识中的价值之上。最糟糕的是,假设也许会来自信条、错误信息或无知。

对于我们的例子而言,我们的项目应该为那些在年级表现水平不好的人提供家庭教师、提供更多智力启蒙服务、家庭监护、更严格的学校纪律或单一性别教室吗?这其中的每一项都是建立在不同的假设之上,即是什么因素在驱动学生行为。它们之中每一项在本质上都是不同的变革理论。发展变革理论的一个价值是使利益相关方之间的差异表面化,并提供一种清晰考虑且理想地解决他们之间差异的机制。虽然不同利益相关方进行谈判是一种挑战,但如果双方达成共识或折中方案,这将增强项目设计和运作的后续支持。如果差异一直存在,至少采取行动的标准是明确的,并在取得项目结果时需接受后续审查。

正如先前所描述的,看准机会做好准备之后,紧接着可以开始设计更加详细的工作计划,从而创建公益企业利用机会。

将理论付诸行动:设计运作模式

这一运作模型解释了社会影响力理论在实践中如何实现。它是一种由具体活动、结构和支持体系组成的结合体,旨在使其共同作用,带来预期影响。这一模型应该从逻辑模型的清单开始,追踪资源和项目活动如何产生结果。此外,这一模型可以用来分析评估活动链中社会价值是如何创造的。一旦确定了关键的活动,就必须做出关于实现这些活动的执行结构及支持系统的决定,以确保创造出有效和高效的社会价值。由于结构和支持体系是具体的,且对于每个企业各不相同,我们将会给出讨论逻辑模型和社会价值链分析的限制条件。

此外,社会创业家可能会有几种附加选择方案。她可能会选择企业这种组织形式。一开始,她将充分考虑采用非营利组织或营利组织形式的优缺点。公益创业家也可能选择以新组织或项目的形式在现有组织中发起创业。这里要再次考虑每一种选择方案的优缺点。

项目逻辑模型

从本质上说,项目逻辑模型是一个系统性的和可视化的方式,提出了项目资源、活动与结果的联系,正如图 4.3 所示。它能描述带来变革的系列活动以及这些活动如何与项目期待取得的结果相联系。

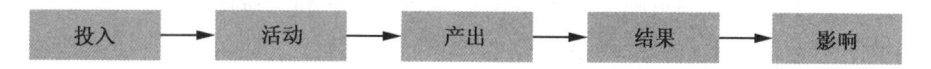

投入 → 活动 → 产出 → 结果 → 影响

图 4.3　基本项目逻辑模型

在这一模型中,资源包括可用于项目的人力、财力、组织和社区的投入,包括客户以及从公益企业中获得收益的其他人。项目活动预期可以带来理想项目变革或结果的过程、工具、事件、技术以及行动。产出是项目活动的直接结果,包括服务的类型、水平和目标。对于 BOSS 而言,项目活动包括工作培训以及后来的企业发展。BOSS 的项目产出包括具有就业能力的客户和预期良好的企业。结果是项目参与者的行为、知识、技巧、地位或作用水平的变化。这些可以根据考量的变化类型的准确时间框架分为短期变化和长期变化。作为项目活动的结果,影响是发生在组织、社区或制度中更具有革命性意义的变化。比如一个社区居民不是很穷,就有望更好地发挥作用。就 BOSS 的就业培训项目来说,客户结果将包含就业后生活条件的改善,这最终将有利于社区稳定。

项目逻辑模型涉及早先发展的变革理论。[13] 逻辑模型始于变革理论所展示的结果。这些是逻辑模型结果与作用的基础。变革理论的策略和前提可用于发展逻辑模型的投入、活动和产出。

由于与变革理论具有特定联系,逻辑模型实际上是从右到左来建构的,即从影响和结果开始。但是,当从左到右解读时,逻辑模型让你遵循了将项目各个部分连接起来的推理链条。这种推理可以用下述一系列连续的"如果……那么……"来表达,先从投入开始。

1. 投入:需要有一定的资源来运作你的项目。
2. 活动:如果你接触到它们,那么可以利用它们来完成你的活动计划。
3. 产出:如果你完成了活动计划,那么将提供一定数量的预定产品或服务。
4. 结果:如果活动计划完成到预定的程度,那么你的参与者将在一定的程度上获得收益。
5. 影响:如果实现了参与者的收益,那么组织、社区或制度中的某种变革就有望发生。

创造一个项目逻辑模型有许多收益。这一逻辑模型充当了发展项目的计划工具。它可以作为项目战略、结构和设计的基础。此外,它更容易与内外利益相关方解释和说明清楚项目的概念和方法。项目逻辑模型帮助识别需要来监控和改善绩效,从而有助于项目执行。逻辑模型致力于项目方面跟踪和报告最为关键的数据收集。此外,这可能构成了项目评估和报告的基础。

在价值链中创造社会价值

在商界,价值链用以分析一家公司如何才能通过为顾客创造价值而形成竞争优势。迈克尔·波特(Michael Porter)设计了一个通用模型,将公司看作一整套把投入和顾客所购买的产出连接起来的创造增加值的活动。[14]这些活动被用来分析它们对于成本和收益的贡献。这一模型包括基本活动和支持活动。

基本活动直接关系到产品或服务的创造、销售、维护和支持;它们得到优先排序。入站物流是一个有关获取投入的过程。它的运作是将投入转化为销售给顾客的产出活动。出站物流是将供货商的产品或服务传送给顾客的活动。市场营销和销售是说服顾客向供货商购买的过程。其中服务涉及产品或服务被购买之后为顾客维护产品或服务价值的活动。

支持活动包括以下主要活动:公司基础设施、人力资源管理、技术开发和采购。

虽然模型最初设计用来分析公司利润活动,但是公益创业家也可以用价值链来分析组织创造社会价值的活动。波特和克莱默(Kramer)主张公司考虑它们价值链的社会作用。[15]这既包括减轻从价值链中受到的伤害(比如减少污染),也包括将价值链活动转化为造福社会(比如使用当地供应商或劳动力)。

萨默洛克(Sommerrock)探讨了价值链,并描述了基本价值链活动是如何创造社会价值的。[16]由某种价值链活动产生的社会价值可能成为公司的主要社会目标。其他价值链活动也应该用来分析是否可以创造附加社会价值。

社会价值链可能包括以下方面:

1. 采购供应品:从弱势供应商采购产品部件;使用可持续发展的或支持性服务。
2. 运作:雇用弱势群体(比如残疾人、无家可归者、老年人);设计解决特殊问题的产品或服务,以便确认现有产品和服务没有考虑到的本土条件和要求;更有效地生产常规产品和服务或生产穷人买得起的产品或服务。
3. 市场营销与配送:利用现代技术或当地传统习惯。

企业可行性和计划

刚才描述的活动阐明了公益企业的使命、目标、目的和主要活动。现在将有更加具体的评估与计划来评估企业的可行性,这也是检验一整套原始标准是否可行的一种手段。如果判定企业是可行的,那么应该制订更详细的商务计划。这将涉及更详细的内部和外部因素的分析。在这一部分里,我们将评论应为可行性评估和商务计划所考虑的一些因素。在接下来的一部分中,我们将描述公益创业家如何支持这些活动。

评估企业的可行性

可行性研究旨在研究创建一个新公司的实用性。这要评估新企业的实用性。应该在一个相对短的时间内完成(建议四到八周)。[17] 必须对市场进行研究,决定企业产出的需求,企业需要的资源,潜在的缺陷和问题,竞争以及扩张的可能性。BOSS 利用其可行性研究作为一个达成共识的过程,按照标准评估潜在企业,随着评估流程的逐步进行,对企业的认识越来越清晰。顾客和利益相关者是这一过程中的重要参与者。

可行性研究并不试图推进企业或发展具体战略计划;相反,其目标是评估企业发展过程中的优势和劣势。它会提供给管理部门和董事会一项关于企业风险和收益的分析。如果决定进行风险投资,那么应该进行更详细的分析和计划,包括商务计划。

下面是包含在公益企业可行性研究中的重要因素:[18]

1. 公司描述:包括清晰描述提供的产品或服务及其创造社会和经济价值的目标。

2. 行业信息:当前行业参与者,新进入者的威胁,来自代替产品的竞争,来自客户和投资者的需求,供应商讨价还价的权力。

3. 目标和利基市场:一项关于客户或顾客、基本的人口统计学、采用产品或服务的激励和障碍,竞争者在做什么以及你个人竞争优势的评估(组织所拥有的独特或不寻常的优势对客户和市场发生重大影响)。

4. 成功创造产品或服务所需的资源:人力资源、物力资源和财力资源。

5. 政策或政治环境:机会或障碍。

6. 收益评估:对一般组织和社区的增值服务,增长和近期潜力。

7. 财务评价:费用预算及盈亏平衡,财务预测与风险。

8. 劣势评估:障碍,潜在的负面影响和问题,投资和法律地位的风险,政治复杂性。

9. 建议:基于具体评估是否应该或不应该进行企业发展。

公益企业的商业计划

根据可行性评估,一旦做出决定进行企业投资,就要撰写商业计划,安排好需要解释和证明企业经营正当性的所有细节。商业计划使用从之前的步骤中获取的信息,并添加更多操作细节。一般来说,商业计划既包括目标描述、运作细节和财务预测,也包括将企业在大环境中定位。商业计划与战略规划不同,起草战略规划是为引导业务活动和实现企业产出提供一个内部路线图。相比之下,商业计划也是为外部观众而写,以向局外人解释企业的基本面,创建者为何认为企业值得去做,且企业会获得成功。[19] 同样,商业计划可以用来争取盟友、筹集资金、建立伙伴关系以及吸引新领导。

谷歌搜索将会显示可用来为企业制订商业计划的诸多指南。[20] 营利商业企业的目的在于生产可以分配给公司所有者的经济价值(营利)。因此他们的商业计划集中在企业的营利前景。但是正如我们所注意到的,当公益创业家设计生产经济价值的企业时,公益企业的基本目标是生产社会价值。公益企业商业计划必须解决其目标、运作和结果的重要方面。因此除了考虑商业、经营和财务之外,公益企业商业计划还需要考虑要解决的社会问题、企业的愿景和使命、社会影响力理论以及如何衡量社会影响力等。[21]

正如先前所强调的,沃尔克(Wolk)和克莱兹(Kreitz)提供了一份对公益创业企业特别有用的计划指南,充分利用之前在机会发展和明确社会价值上所做过的工作。[22]我们粗略总结的商业计划要点如下:

Ⅰ. 执行概要
Ⅱ. 需求与机会
    A. 社会问题概述
    B. 当前趋势:影响问题的社会、政治、法律和经济趋势
    C. 问题的根源
    D. 环境条件:其他组织解决这一问题的方案
    E. 阻碍:解决问题中取得进步的挑战
    F. 机会:以上信息如何确定处理问题的机会
Ⅲ. 社会影响力模型
    A. 组织的概述:包括以使命为基础的活动
    B. 社会影响力模型:包括社会问题界定、使命、指示和成功前景
    C. 经营模型描述:项目逻辑模型、所需员工和资源
    D. 社会影响力战略描述:执行使命,强化经营模型,获得成功前景的战略
Ⅳ. 执行战略
    A. 商业计划时间表:试点(第一阶段,12～24个月),推出(第二阶段),缩放(第三阶段)
    B. 第一阶段战略目标:在一系列具体行动中的基本社会影响力战略
    C. 组织能力建设
        1. 团队和治理:工作人员、董事会成员和志愿者的角色、职责和技能
        2. 财务可持续:包括财务预测和资本化战略
        3. 市场营销:打造品牌、沟通、目标市场和建立伙伴关系
        4. 技术:当前使用技术、将来需要技术和获取资源技术
        5. 公共政策:与问题有关的当前政策,可能有助于项目的政策,通过立法扩展影响的机会
        6. 绩效和社会影响力标准:包括衡量指标、目标与提升绩效的反馈回路
        7. 风险减缓:可能限制成功的风险,减轻风险的计划
Ⅴ. 第一阶段行动计划:分配责任,建立活动时间表
Ⅵ. 附录:支持性文件和做出假设

正如这个框架所展示的,大量信息必须包含在商业计划中。研究和分析需要获取信息。不同组织和企业的目标和经营细节大部分是明确的,但几种类型的分析在企业之间具有相似的元素。同样,我们可以考虑它们的共同特征。我们接下来考虑这些特征中的几种,尤其是识别风险和承担风险,分析市场,调动资源。

支持性分析

作为计划过程的一部分,应该进行许多支持性分析,从而提供影响企业的重要因素信息。这包含评估与企业有关的风险以及企业环境的主要方面:市场、政策领域和资源环境。

风险评估

在前面的章节中,我们清楚了风险概念如何存在于创业之中。接下来将讨论在企业规划中如何考虑风险问题。一切新兴活动都与风险有关,在某种意义上实际结果未必如人所愿。根据莫里斯、库洛特克(Kuratko)和柯维(Covin)所说,"风险承担与追求机会的意愿有关,这有可能造成损失或重大绩效差异"。[23]但他们也注意到,"创业并不需要鲁莽决策。它涉及与风险有关的理性意识……以及管理风险的一种尝试"。虽然商业界比非营利部门更多关注风险,但是最近几项工作解决了公益创业中的风险问题。他们考虑到了风险承担,并将企业所遭受的风险类型列成表格。我们利用他们的工作将风险分类,并在评估过程中提出了一些问题。

1. 财务风险。(1)企业的财务风险是什么?(2)捐赠或挣得多少收入时,企业在财务上还很脆弱?(3)在企业计划中财务危险点在哪里?(4)最糟糕的财务情况会是什么?

2. 组织或经营风险。(1)管理团队:技能组合恰当吗?团队工作良好吗?员工离开的可能性与后果?(2)劳动力:技巧、知识和能力胜任吗?一切必需的支持可用吗?员工流动可能性与后果?(3)文化:企业文化支持创业吗(承担风险、创造性、前瞻性)?(4)基础设施:资金充足吗?

3. 企业或公司风险。(1)概念:企业战略是经得起检验且可靠的还是新兴且不确定的?这家企业是否比其他类似企业更有风险?什么使得企业特别有风险?(2)资本化:企业创办或发展能否及时获得资金?能否提供足够债务?(3)基础设施:人员、设备等可用吗?(4)使命:企业对于使命是否极为重要?组织是否清晰地集中力量完成使命?或有其他议程与使命竞争吗?

4. 外部环境风险。(1)市场:竞争者、资本、人口统计学、消费者或捐赠者口味或偏好以及商业周期如何影响企业?(2)政治与政府:政策、法规或资金上的变革会影响企业吗?(3)技术:技术转型会如何影响企业?(4)利益相关者抵制:如果卖掉产品或服务,那么利益相关者是否会做出负面反应?如果一家非营利组织开始为之前的免费服务收费的话,就可能出现这种情况。

此外,迪克森(Dickson)和吉格里拉诺(Giglierano)探讨了与创业时机有关的风险。[26]伴随不同时间预估,有两类风险要考虑。

1. "沉船"风险("Sinking the boat"risk)：由于创办的企业不能运转,糟糕的理念,错误的时机,或不充分的市场营销造成的失败。这种风险刚开始很高,但会随着获得较好信息而减少。对于 BOSS 而言,行动仓促、可行性差或市场分析糟糕可能会导致它在一个无法盈利的市场中建立一家企业。

2. "误船"风险("Missing the boat"risk)：没有着手一家本可以取得成功的企业的风险：由于优柔寡断迟迟未行动,竞争者率先投资或市场发生了变化。这种风险一开始低,但由于延误累积,会随着时间的推移增加,或许同时会获得更多信息。BOSS 分析了 91 种可能的企业,需要及时评估这些行为以便缓解风险。

3. 总风险是两种风险的总和。当将两种类型风险纳入考虑之中,总风险开始增加,即高"沉船"风险和低"误船"风险相加。总风险将会随时间的推移下降,由于"沉船"风险下降,"误船"风险上升。当"误船"风险上升到"沉船"风险之上时,总风险再度上升。公益创业家必须意识到创业时机引发的上述后果,判断何时总风险超出了有问题的程度。

市场分析

非营利组织市场营销是一个颇具建树的领域,也有许多优秀教材用来指导实践者。[27] 市场营销利用可控元素的组合来为消费者和组织生产价值。这些元素通常被称为市场营销组合或 4P：产品(包括服务)(Product)、价格(Price)、地点(Place)和促销(Promotion)。几种市场营销理念与新企业的形成尤其有关。正如图 4.4 所示,产品或服务具有可预测的生命周期。在这一点上我们特别关注的是产品的开发和引进阶段。

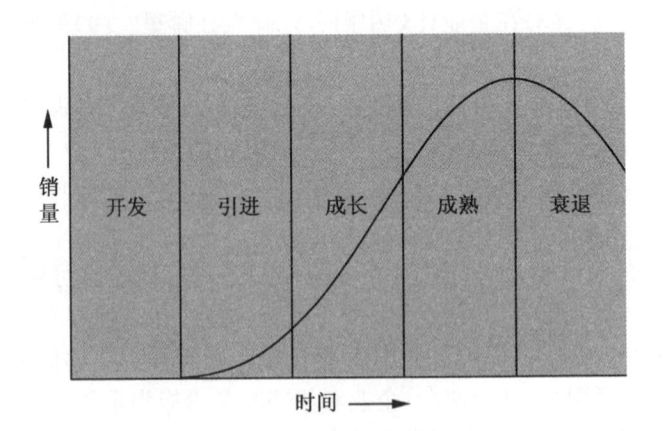

图 4.4　产品或服务生命周期

我们已经讨论过的关于机会发展、变革理论和社会价值取向等活动发生在产品生命周期的开发阶段。在这一阶段将确定公益企业的受益人及其将要接受的产品或服务。在市场营销的术语中,这些被称之为目标受众,市场调查和市场细分有助于具体识别它们。使用各种数据收集技术才能进行市场调查,包括现有信息、焦点小组、市场调查、观察和试销。市场细分是根据某种有意义的标准来确定用户或消费者群体的。在这种情况下,市场细分标准与要生产的社会价值有关。市场细分将告诉你目标受众是否具有同质性,或更大的可能性是,目标受众各部分是否截然不同,如果是,那么他们不同的基础何在。细分市场应该彼此具有明显差异,应对信息做出不同的反应,并且规模足够大从而值得采用不同的市场营销方法。[28]市场细分可以根据人口统计学标准(比如年龄或性别)、地理学标准(比如人们居住的地方)、产品或服务标准(比如需要的利益)或心理学标准(比如生活作风或价值观念)。

一旦企业最有相关性的细分市场被确定,那么将会研发吸引他们的市场营销组合。几种广泛的战略目标选择皆有可能。[29]无差异(大规模)营销策略为整个市场提供一种产品和一种营销组合。差异化营销策略为每个细分市场提供一种产品和一种营销组合。集中营销策略为一个选定的细分市场提供一种特殊产品和一种营销组合。

产品生命周期的引进阶段涉及产品或服务的首次采用。有关创新采用的研究已经建立了使用者类别。最早 2.5% 的使用者被标记为创新者。[30]在这些人之后,13.5% 被称为早期使用者,34% 是早期多数,另一个 34% 是晚期多数,最后的 16% 是落后者。创新者以冒险为特征,因为他们喜欢尝试新的甚至是冒险的想法。市场营销者不应该过分专注这一群体,因为这一群体太小,其成员极有可能独立找到新的投资,他们很少甚或没有影响后来的使用者。影响不大是由于其他使用者认为创新者有一种任何事情都要试一试的态度。相反,最初的市场营销计划应该确定以早期使用者为目标。这一群体的成员将占据社区或行业的重要地位,并在事实上可能被尊敬为意见领袖。他们将采用某一创新,如果这一创新会增强他们作为弄潮儿的身份,设计新公司的促销力度可以考虑这一点。这一群体可以通过自我报告或他人报告(声誉)来识别。研究员还可以描绘出某一人口成员之间交互作用,并确定最有影响力的成员(社交计量法)。

政策领域分析

因为公益创业家正在处理社会和公共问题,他们经常发现自己卷入受公共政策和政府机构行动影响的领域。例如,提供教育服务的公益创业家将不可避免且严重地受到教育体制的影响。这些领域中,公益创业家在许多方面与公共机构有关。他们可以与政府机构合作,与政府机构作对,又或者独立于政府机构之外。但是,无论什么关系,公益创业家必须理解公共政策如何直接或间接地影响他们的环境。这也许会十分复杂,因为来自政府许多层级的公共行动者可能卷入某个特定的服务领域,这些公共行动者可以起到许多——有时是复杂的——作用,比如,立法、调控、出资以及提供服务。

斯通(Stone)和桑德福特(Sandfort)研发了一种方法,由此公益创业家可以分析组织在政策领域中起到的作用。[31]在他们的框架中,"政策领域——某一特别地方现实的公共政策或项目领域中公共机构和私人机构——塑造国家和地方行动者如何致力于解决公共管理问题,以及他们对方案目标的追求,反过来塑造政策领域"。[32]一个关于明尼苏达州早期儿童教育政策中的组织和关系的例子显示在图 4.5 中。它描述了当地早期儿童教育非营利组织如何受到当地、州、地区、国家层面的公私组织之间的关系和流动的影响。组织之间的连接与流动通过比如资源、行政权威、信息或引荐等事情体现出来。

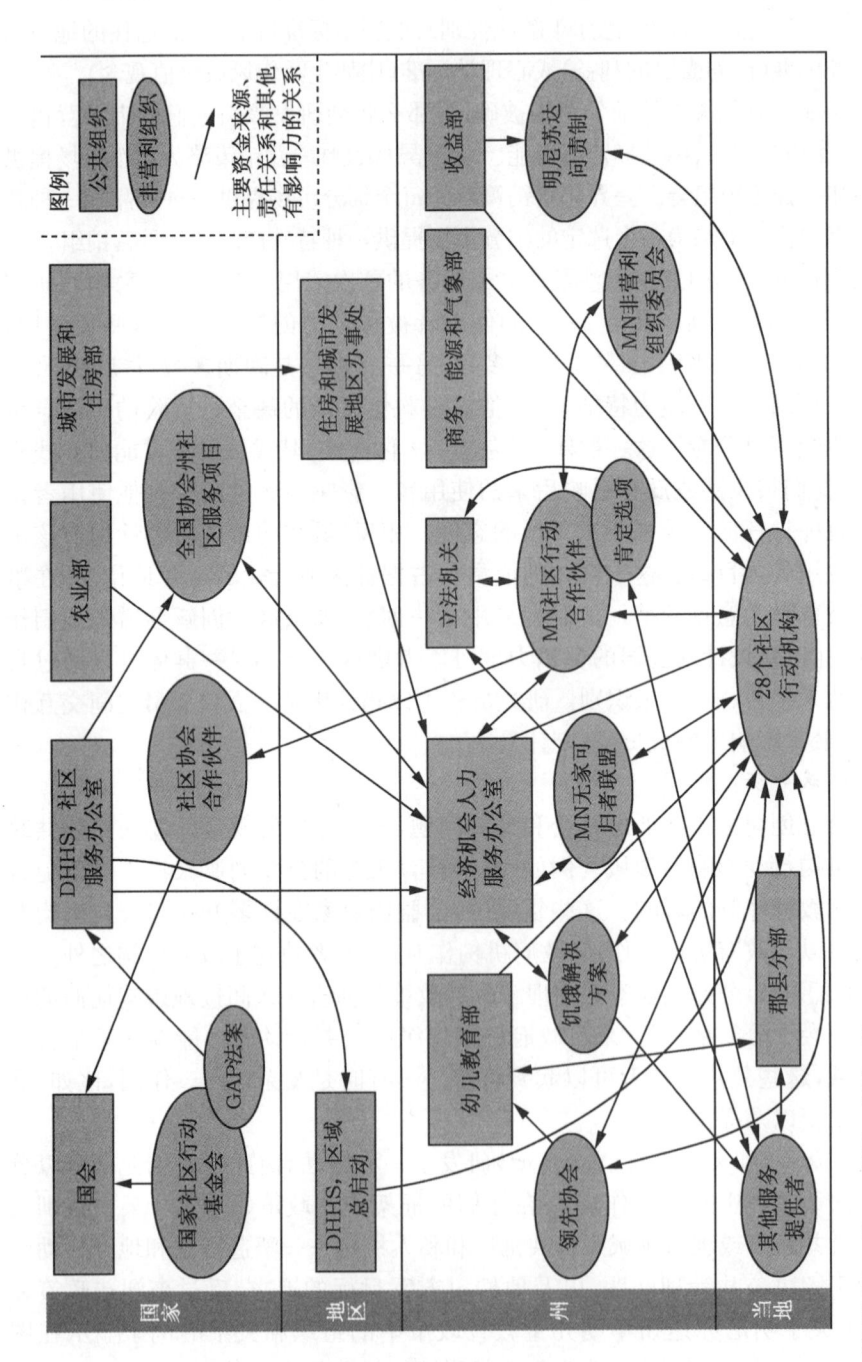

图 4.5　2008 年明尼苏达州早期儿童教育政策领域

资料来源：桑福特（Sandfort, 2010: 640）。[33]

为了系统地分析政策领域,公益创业家应该完成一系列任务:

(1)决定组织运作的政策领域。政策领域由实际问题(教育、保健和福利)来界定。

(2)识别法律法规、国家项目以及领域中的资金流。

(3)在州和地方背景下,判定对这些问题有兴趣且具有影响决策权力的组织。

(4)列举出这些组织之间的联系与关系。

(5)分析当地结构如何限制和促进组织和个人行动。[24]

资源分析

资源的明智利用对于商业企业的成败关系重大。所有成功的企业都懂得如何运用较少的资源来获得较多的收益。这些资源包括人力资本、融资、工业资本、结构网络和知识。一旦识别公益创业机会,企业家便开始利用他们的资源,并以可能最有效的方式分配它们。企业家必须具有创造性。比如,肖(Shaw)和卡特(Carter)注意到公益创业家经常使用交易(技巧、时间和资本)而不是金钱来获得理想的结果,增强自给自足的能力。[35]由于持续的政府资助(以拨款的形式)变得更加不确定,自给自足和有效利用资源变得更加重要。[36]

迪斯认为一家公益企业所需资源的评估应该从理想结果和带来理想结果所要求的组织能力开始。[37]比如,援助社区再开发企业可能需要社区经济分析能力、住房振兴能力和商业援助能力。此外,这是管理组织所需要的能力,比如说项目管理、书写申请拨款建议、文书支持等。这些能力将有助于决定一种合适的运作结构和人力资源计划。尤其重要的是是否从内部(比如员工)或通过外部资源(比如承包)来发展能力。例如,我们的企业扩大再生产,将雇用管理员工和技术支持人员,而不是将精力放在分析服务上。

一旦公益创业家确定了能力与经营项目,他们就可以研发经济模式和资源战略了。每一种能力及其相关结构要求金钱和时间等资源来运作。此外,企业家还该考虑资源所需要的时间框架。例如,在第一年和三年以上期间可能需要哪些能力和资源?一旦他们为全部能力指定了资源,就可以识别这些资源的可能来源,并制订获取它们的财务计划。这一过程归纳为图4.6。(我们将在以后章节中探讨增加收入和获取其他资源的细节。)

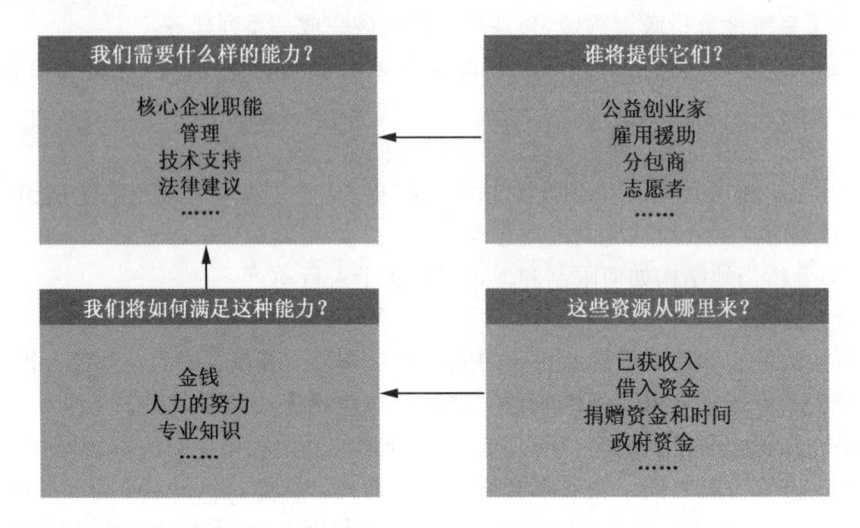

我们需要什么样的能力？	谁将提供它们？
核心企业职能 管理 技术支持 法律建议 ……	公益创业家 雇用援助 分包商 志愿者 ……
我们将如何满足这种能力？	这些资源从哪里来？
金钱 人力的努力 专业知识 ……	已获收入 借入资金 捐赠资金和时间 政府资金 ……

资料来源：布鲁克斯（Brooks，2009）。[38]

图 4.6　能力—资源模型

结　语

本章中我们讨论了公益企业的开端——从机会识别到公益企业建立，再到创造有前景的社会价值。在许多方面，这是公益创业过程的最关键阶段。一方面，一个伟大的创意如果不发展成为企业，那么这个创意就无关紧要。另一方面，企业可能建立在不切实际的想法之上，违背了其初衷。我们提出了一个系统过程来评价如何解决社会行为的机会，以及如何推动带来社会变革的项目。

在下一章中，我们将考虑一家公益企业应如何证明其价值，增加其影响力。大多数企业从小规模项目开始，这些项目的价值需要检验，并评估提供更大作用的潜力。

练　习

练习 4.1

考虑一个特别的社会问题（比如，提供低收入者住房，就业援助，戒毒服务）。识别一个可行的机会去改善这种情况。什么因素使其成为一个可行的机会？这一机会是基于什么变革理论的？其社会价值取向是什么？

练习 4.2

根据你在练习 4.1 中了解到的机会，提出一个公益企业运作的模式。这些活动与结果和影响力有怎样的联系？

练习 4.3

哪些市场分析因素与公益企业有关？它们为什么有关？在多大程度上政策领域分析会帮助改善你提出的运作模式？

第五章 从行动到影响力

2000年,年年向上(Year Up)成立于波士顿,它通过创新劳动力发展项目来服务城市地区失业年轻人。其前提是如果城市社区年轻人迎接挑战,并受到支持在公司环境中学习实际工作技巧,获得实习工作经历,那么他们更有可能得到好工作和上大学。[1] 年年向上与公司和教育合伙人通力合作,提供全面培训和教育项目。年年向上项目包括六个月的技术、沟通和职业技能培训。课程安排井井有条,以便学员能获得学分圆满修完课程。接着学员在年年向上的合作伙伴企业参加六个月的实习。在项目的学习阶段和实习阶段学员每周获得拨款。学员支持是项目的一个重要组成部分,由实习地点的教工顾问、监督人、项目外专业导师、社会工作者提供。最后,学员在求职过程和/或项目前大学招生中可以得到帮助。

年年向上制订了一份三阶段成长计划。[2] 第一阶段(2000~2006年),年年向上确定了模式的可行性,在另外几个城市中发起项目,增加服务学员的数量。在这一阶段的末尾,即2007年,开展了项目结果的重点评估。研究利用随机样本比较了年年向上项目毕业学员和没有通过项目的年年向上申请者(控制组)。[3] 研究表明项目对工资具有积极影响。第二阶段(2007~2011年)的目标是在这个国家的更多城市建立项目,增强模式的可持续性,创造更多项目影响力的证据。第三阶段(2012~2016年),年年向上将关注影响有关失联年轻人效果不好的劳动力培训、企业参与度不足、公共政策不完善三个系统性因素。成长计划会在以后章节中进一步讨论。

在第四章中我们讨论了从机会识别到提供社会价值,再到建立新公益企业,最后到创造和分配价值。这个过程可以通过建立新组织,或在现有组织中建立新项目来完成。在本章中,我们将讨论公益创业家如何向前推进以确保这一家新兴公益企业的成功。年年向上的经历诠释了这一过程。年年向上通过这一过程,回答了所有公益创业家必须解决的许多重要问题:公益创业家如何才能评估公益企业是否有效实现其目标?公益企业的效果如何才能确定?效果如何才能加强以及公益企业如何才能提高到更显著的水平?

本章的讨论已在图5.1中大致介绍。图5.1解释了社会价值提供的过程——从机会识别到广泛的社会价值提供。我们将这一过程划分为两个阶段。在第一阶段,当机会出现时,就可能发展成为公益企业(正如第四章讨论的),其有效性也建立起来,也就是我们下一步要讨论的。这通常是以小规模或在地方层面进行。如果公益企业在这个层面上是成功的,就会评估公益企业扩大再生产的前景;如果前景好,就会提供供应品以扩大影响力。这将在第二阶段中描述。图5.1考虑到了一种扩大影响力的可能路线:升级换代。这种方法和其他方法在本章后面还会提到。在每个阶段的所有过程中,环境因素和内部因素都很重要,必须纳入考虑中。

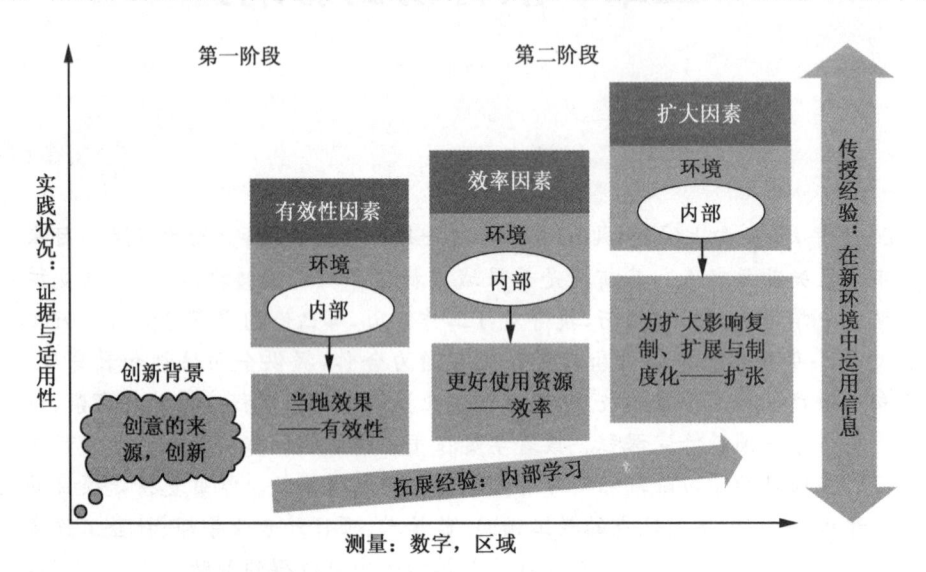

资料来源:改编自汉库克(Hancock,2003:14)。[5]

图5.1 产生和扩大社会影响力的过程

公益企业的有效性

从最普遍意义上说,组织的有效性可以被定义为在某种标准下做得好。[4] 因此,有效性总是与比较有关,要么在组织之间,要么在特定组织的时间段或标准之内。有效性是一家组织成功最重要的决定性因素之一。多少年来,设计评估和评价有效性的方法一直是组织学者和从业者的主要关注点。虽然听上去简单,但是评价有效性却是复杂的,因为组织内部的人以及组织外的人为评价提出了各种各样的标准。此外,这些标准可能相互冲突,使得评价有效性降低。尤其是对于非营利组织,利益相关者众多,他们的价值观念和成功标准迥然不同,有效性实质上是一种社会建构。[6]

企业评价框架。组织评价的早期尝试倾向于着眼衡量组织绩效的某一特定方面,比如资源获取、内部过程或目标完成。虽然这些提供了关于组织功能某一重要方面的信息,但是他们本身也是有局限性的。[7] 核算投入可以揭示一个组织在利用环境方面有多么成功,但核算投入没有告诉我们这一投入的机会成本。诸如已完成工作数量之类的内部活动可以衡量努力程度或没有情况,但是不会告诉我们工作或产出变成了什么。它可能倾向于依赖实现目标,但是这一测量也有附加问题。它的使用要求组织目标清晰稳定,并具有优先性和可测量性。[8] 这给非营利组织造成了困难,因为非营利组织具有多元的、抽象的、变动的或竞争性的目标。此外,由于各种超出组织控制的原因,目标可能不会实现。例如,社区贫困的大幅度增加可能增加对非营利组织的需求,迫使它降低能供应给个体客户的服务水平。因此,尽管目标完成应该成为有效性评估的一部分,但是应该谨慎考量,并与其他指标相结合。

一般来说,鉴于整个绩效和有效性建立在许多内部和外部因素、价值观念和客观事实之上,因此单因素评估方法通常并不充分。这需要一种更加有包容性的有效观点。一项关于33家公益企业的研究在经验上证实了这一点。这项研究发现他们在目标实现和资源获取上的成功依赖这些因素:[9](1)创业经验和管理经验。(2)在建立阶段的可用资本和员工。(3)接受市场测试(收费或签订合同)。(4)公益企业促销。(5)公益企业的社会网络。(6)与其他组织的长期合作。(7)公益企业在公众话语中的接受度。

正如我们所强调的,公益创业家的使命就是提供社会价值。因此,社会效果和影响应该是用来评估公益企业有效性的最终标准。但是,这些取决于组织项目的成功运作。因此,要理解公益企业成败的原因,需要评估内部运作和外部结果。如果遵循了第四章所概括的原则和程序,那么这些评估所需的大部分基础工作已经完成了。评估的特定效用是推进发展变革理论和逻辑模型。如上所述,这些是一系列的"如果……那么"的期望;比如,"如果执行正确的组织活动,那么就会获得期望的组织结果"。这些期望从投入扩展到影响力,然后利用评估来判断这些期望实际上是否产生。

这些评估是对我们内部过程和变革理论的重要检测。如果结果和影响力如人所愿,那么我们会更加自信我们懂得如何去积极影响人类和社会的行为。如果结果和影响力不能如人所愿,我们必须首先确保在我们对变革理论失去信心之前正确开展项目。通过内部过程评价,我们可以评估设计和开展项目的方式。

图5.2解释了逻辑模型如何与内部活动、外部结果以及评价模式相关联。

内部组织活动发生在区域1。在这个区域中,内部过程评价可以用来评估是否已经根据变革理论适当地建立了项目。例如,一个教育项目有具备符合要求的专业知识的教职工吗?必备教学资料够用吗(活动)?还有,必要的课时数目分给了适当的学生吗(产出)?管理记录和其他数据可以用于这些评价。

组织项目结果发生在区域2和区域3。组织结果是项目参与者带来的改变。结果可能发生在短期,也可能在长期。作为项目活动的结果,影响是发生在组织、社区或体制中更加根本性的改变。这两者都应该在变革理论中阐述清楚。一个重要的考虑就是如何才能衡量结果和影响(在本章后面我们将进一步探讨这一点)。这里值得注意的是,组织通常收集一些关于短期结果的信息;例如,修完一门教育课程之后的学生成绩。年年向上通常会收集这类数据。在图5.2中这被描述为常规数据区。长期的结果产生时间较晚,因此很难测量或测量成本高。例如,在第一阶段结束后的评估中,年年向上比较了其毕业学员获得的工资和非参与者获得的工资。这不是年年向上日常收集到的数据;因此这在常规数据区之外,影响可能更

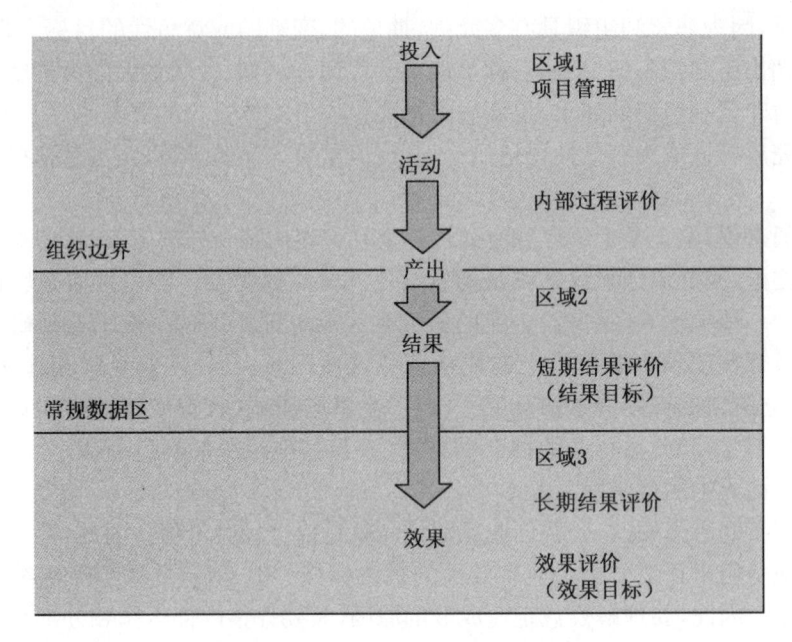

```
            投入        区域1
             ↓          项目管理
            活动
             ↓          内部过程评价
组织边界      产出
             ↓          区域2
            结果        短期结果评价
                        （结果目标）
常规数据区
                        区域3
             ↓          长期结果评价
            效果        
                        效果评价
                        （效果目标）
```

资料来源：摘自魏—斯基勒恩、奥斯丁、伦纳德和史蒂文森（Wei-Skillern, Austin, Leonard, & Stevenson, 2007）。[10]

图 5.2　逻辑模型和内部过程与结果的评价

难于评估。因为它们的获取时间相对滞后，并可能与更难测量的因素有关。例如，参加教育课程会帮助学生获得更好的工作，取得更高的社会经济地位吗？还有，从影响力的角度看同样重要，这会有助于他们的社区吗？年年向上将进行另一个更加详尽的研究来评价项目对这些因素所产生的影响。

鉴于我们概括出来的框架，下一步考虑诸多更具体的方法或模型来评价公益企业的有效性。

公益企业有效性的路径

各种评估有效性的模型和技术已被研发出来了，并将许多因素纳入考虑之中。我们在这里会提到许多模型和方法，探讨如何运用它们去评估公益企业的有效性。如果它们适合公益企业那种特别的环境，它们应该被看作公益创业家可以利用的潜在可供选择的工具。

多因素模型建立在这种想法之上，即一家走向成功的组织必须综合平衡地考虑内部和外部因素。这种想法可以用一个三角形来说明，这个三角形代表一家组织的三个组成部分：使命和授权、内部能力和外部支持。[11]过分专注三角形上任何一点都会打破一家非营利组织的平衡，导致种种问题。比如，过分关注外部支持可能会导致使命变动。或者，过多地将精力放在提升内部能力将会是一种浪费，仅仅关注使命可能导致不切实际的结果。[12]我们下面提出两种平衡方法，一个关注主观因素(价值),另一个关注各种主客观因素。

以价值为基础的模型

正如前面所述,评价标准具有社会基础。因此,在评估有效性中,必须考虑主要组织赞助者和利益相关者的价值。对于公益企业而言,这是更重要的,因为它们是建立在社会价值生产的基础上的。竞值架构(the competing values framework)这一模型将组织有效性看作一种关于组织绩效,以价值为基础的判断。研究已经确定了组织内部人通常在价值之上做出判断的基础。[13]正如图 5.3 所示,竞值架构交互分类了两个价值维度:置于灵活性与集中性的价值以及置于内部系统和外部定位的价值。

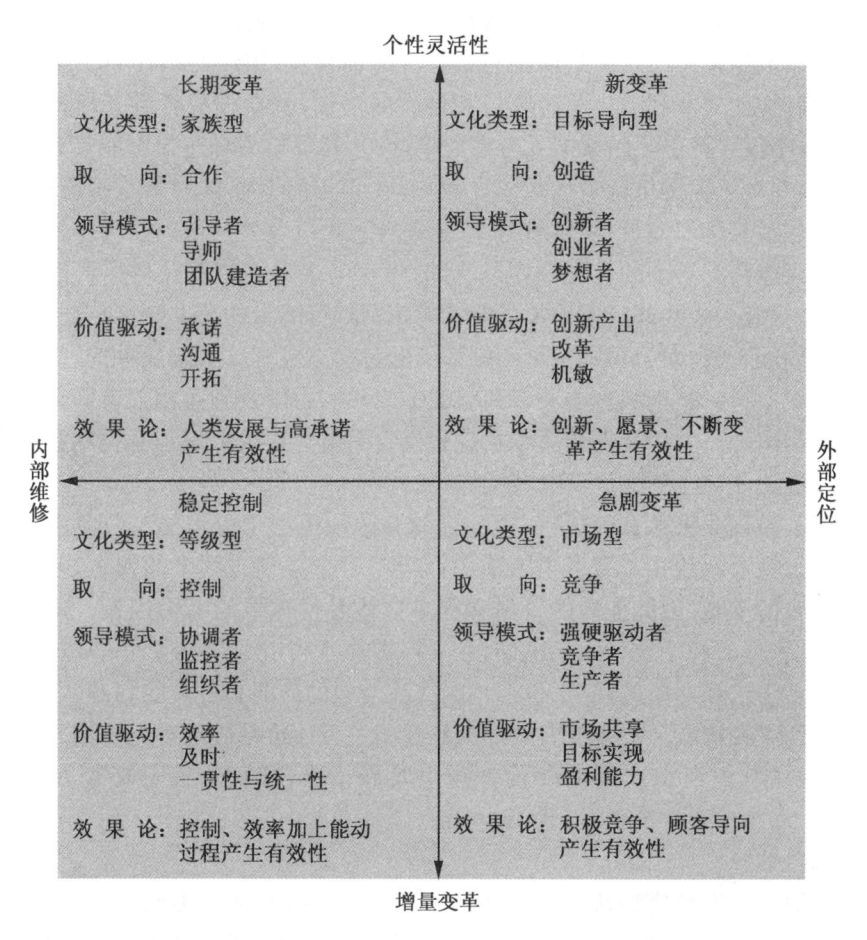

	个性灵活性	
长期变革		**新变革**
文化类型:家族型		文化类型:目标导向型
取　　向:合作		取　　向:创造
领导模式:引导者 导师 团队建造者		领导模式:创新者 创业者 梦想者
价值驱动:承诺 沟通 开拓		价值驱动:创新产出 改革 机敏
效 果 论:人类发展与高承诺 产生有效性		效 果 论:创新、愿景、不断变革产生有效性
稳定控制		**急剧变革**
文化类型:等级型		文化类型:市场型
取　　向:控制		取　　向:竞争
领导模式:协调者 监控者 组织者		领导模式:强硬驱动者 竞争者 生产者
价值驱动:效率 及时 一贯性与统一性		价值驱动:市场共享 目标实现 盈利能力
效 果 论:控制、效率加上能动过程产生有效性		效 果 论:积极竞争、顾客导向产生有效性
	增量变革	

(左:内部维修　右:外部定位)

资料来源:卡梅隆(Cameron:4)。[14]

图 5.3　竞值架构

图中象限确定了组织绩效的四个模型。每个模型以文化类型、取向、领导风格、价值驱动因素、效果论为特征(这是我们的关注点)。模型下面的各个因素将因组织中不同的个人和联盟显示出不同的加权分量。每一个因素将由此偏好某一特别模型或模型排名,由此偏好某一有效性标准。假设组织联盟必须经常进行讨价还价，组织很可能必须采用每个模型的某些方面。但是，组织模型和由管理层支持的有关有效性标准显然最为重要。查验四类模型显示右上象限的模型最适合创业。这一模型被标签为"新变革"；它也指一种"开放系统模型"。[15] 利用这一模型的组织以创新、创业、愿景、回应和变革为特征。这些由此将成为有效性评价的标准。因此，关注使命和社会价值界定与供应的公益创业家应该确保这一模型强调组织绩效与评价。

一种更为普遍的利益相关者满意模型可以将利益相关者的价值纳入考虑之中。[16] 除了刚才考虑到的管理者，其他各种利益相关者对于组织也相当重要。对于非营利组织而言，一张不完整的清单将包括雇员、志愿者、董事会成员、客户群、政府监管机构、捐助者、顾客、合作伙伴以及竞争对手。任何或所有利益相关者的满意程度可以被用来评估一家组织的有效性。显而易见，组织必须注意重要的利益相关者；当然，伴随着利益相关者数目和种类的增加，利益相关者满意模型会变得更加复杂：不仅要将更多因素纳入考虑之中，而且利益相关者还很可能具有相互冲突的利益，并对组织提出竞争性需求。例如，在年年向上项目的第三阶段中，利益相关者将包括其管理人员、项目参与人、公司合伙人以及公共部门领导。这些利益相关者很可能具有不同的优先顺序。比如，年年向上可能打算获得尽可能多的其公共资金。相反，公共部门领导很可能希望花费尽可能少的公共资金。还有，项目毕业生希望涨工资，而公司则很可能打算降低劳动力成本。要解决冲突，组织可以勾勒出组织中每一类型利益相关者利益的本质和实力以及利益相关者影响组织的能力。绘制出每一类型利益相关者利益和权力图谱会让组织识别哪类利益相关者值得最多的关注，并优先回应这些利益相关者。

对于公益创业家而言，以价值为基础的有效性模型十分重要。公益企业的受益人应该是主要利益相关者。虽然他们在组织中未必具有太多的权力，但是他们是企业存在的基础，因此他们的价值和利益应该是最重要的考虑因素。这一点与赫尔曼(Herman)和伦兹(Renz)的建议一致，即非营利组织有效性评价应该依据对利益相关者需求和期望的回应，包括社区或社会中的最弱势群体的利益。[17]

除了建立在构成公益企业有效性的利益相关者评价基础的多元价值之上的模型，许多关注其他组织属性的评价方法也发展出来，我们下面会讨论其中几个模型。

多属性路径

已经研发的大量模型认为有效性源于需要同时参与的许多因素。比如，库什纳(Kushner)和普尔(Poole)主张，组织有效性评估必须考虑到绩效的五个维度，包括赞助者满意、资金充裕、运作效率、目标实现以及适应不断变动环境的能力。[18]

平衡计分卡由卡普兰(Kaplan)和诺顿(Norton)制定，将组织的使命和战略转化为可以用来评估有效性的目标和措施。计分卡最初是为营利组织而设计。它假定公司的主要目标是长期利润最大化，这一目标可以通过绩效属性的平衡来实现。计分卡认为组织绩效基于四个维度或视角，它也是目前和将来成功的驱动器。[19]

1. 财务维度。概括已采取行动的容易测量的经济结果。显示公司的战略、实施和执行是否有助于财务的改善。

2. 顾客维度。确定公司竞争的顾客和细分市场,测量这些细分市场的绩效。倾听顾客的声音,启用以市场为基础的战略,在未来提供优越的经济回报。

3. 内部业务流程维度。确定组织必须突出的关键内部流程。专注于那些最能影响顾客满意程度和实现财务目标的因素。

4. 学习与成长维度。确定组织必须建设的基础设施(人口、系统和程序),以实现在其他维度的长期成长和改善。

设计诸多维度同时使用是为了在短期与长期目标之间、理想结果与驱动器之间、主观指标与客观指标之间提供一种平衡。每一维度与其他维度有关联,战略应该同时渗透和加强四个维度。比如,在营利环境中,资本回报是财务维度的一个指标。[20]如果这受到了顾客销售额的驱动,那么造成这种销售额的市场因素,比如顾客用忠诚来回应及时供货,会包含在顾客维度。这将导致内部维度中确定所需要的内部流程,比如低生产错误率。最后,这将得到学习与成长维度中技巧提升的支持。通过这种方法,维度可以确定战略成功所需要的因素,确定绩效所需要的目标,确定评估和报告所需要的测量。

平衡计分卡已经在营利组织之外使用。图5.4显示计分卡如何被应用到公共组织或非营利组织。[21]图5.4中的平衡计分卡在几个重要方面与营利组织不同。如图5.4所示,在非营利组织或公共机构中,使命移动到计分卡顶端,成为组织活动的目标。这与营利组织环境不同。为了增加利益者相关的价值,营利组织中所有计分卡指标应该设计为致力提高利润绩效。虽然社会使命,比如消除饥饿,是一个长期目标,而且其实现可能超出某个单一组织的控制,但它却是非营利组织或公共机构必须包括在计分卡中的终极目标。计分卡中其他维度与之有关,因为它们有助于推动组织完成使命。它们可以被用来评估中短期为了使命而取得的成就。例如,当年年向上在第二阶段和第三阶段寻求扩张时,重要的是确保财务、内部流程以及有助于战略计划(顾客)目标实现的学习和成长。

这一使命渗透在模型的其余部分,且具有显著的效益。在营利组织模型中,通过财务维度中的结果来监控利益相关者的责任,由此达到计分卡中的基本重要性。[23]在图5.4中,聚焦使命使顾客维度具有基本重要性。如果没有提供社会价值给客户、顾客或其他受益人,使命就不算完成。接下来,应该在其他维度设计能增加社会价值和完成使命的活动和指标。

组织仪表盘(Organizational Dashboards)是另一种评估有效性的平衡方法。仪表盘是一种绩效评估工具,它能提供主要活动与计划所得成就的高水平综述,而它们是为了实现每年客观目标和战略优先而采取的。仪表盘被设计用来识别和报告主要关键目标、指标、引导组织走向其使命的项目或任务。[24]使用仪表盘是因为指标能让管理人员密切注意引导组织最重要的是什么。正因为如此,它们改善管理流程,以增强绩效与有效性。佩顿(Paton)为非营利组织研发了仪表盘框架。[25]这一方法既能评价组织的结果,又能评价组织经营的好坏程度,因为这些是独立的事情,评估整个组织的绩效都需要纳入考虑。仪表盘包括跨越短期长期指标的五个

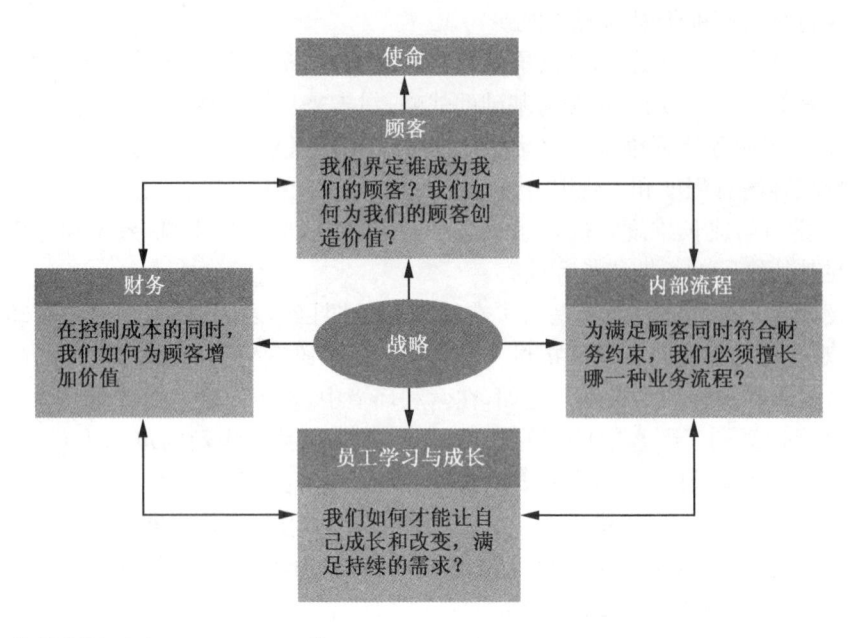

资料来源：奈文（Niven，2003）。[22]

图 5.4　非营利组织平衡计分卡

维度：[26]

　　1. 当前结果：针对主要目标每月检查进展，比如总结成果、财务、营销。

　　2. 潜在绩效：项目和支持功能适当性的成本效益的年度回顾，比如服务和业务结果、外部趋势、比较。

　　3. 风险：检测可能置组织于危险之中的方式，比如流动性危机、法律威胁或主要关系的破裂。

　　4. 资产与能力：提供未来绩效的年度回顾，比如实物资产和金融资产、外部声望和关系、专业知识和流程知识。

　　5. 变更项目：定期报告受托人或资深团队直接监控的计划。

　　公益创业家可以利用仪表盘给组织领导提供绩效概述。在提供关于当前活动和绩效、随着时间推移引发的变革以及朝目标前进所得进步的情况方面，仪表盘十分有用。仪表盘也可以向外部利益相关者展示业绩，比如投资者或社区领导人，提供关于项目和结果的总结性信息。年年向上采用仪表盘方法，跟踪 7 个主要项目领域中的 19 个指标：学生流程培养、学生持续支持、教学营销技巧、向合伙人提供质量服务、学生的成功、员工招聘和保留、可持续基础设施项目。[27] 图 5.5 表明仪表盘显示了这些元素中的两种，与向合作伙伴提供服务有关。仪表盘显示三个城市中每个合作伙伴的学徒平均数目在随时间增长。但是，马萨诸塞和罗德岛上的最新数字处在"黄色"范围（每个合作伙伴 2～4 个学徒），意味着需要进一步关注。此外，哥伦比亚行政区处在"红色"范围（不到 2 人），标志着需要重点关注。另一方面，对年年向上表示满意的数目全部处在"绿色"范围（90％以上满意），意味着年年向上正在这一地区执行目标。

要点
G · 绿色表示该区域正在执行目标
Y · 黄色表示警告,有必要进一步关注和分析
R · 红色表示有重大问题,当务之急是采取后续行动

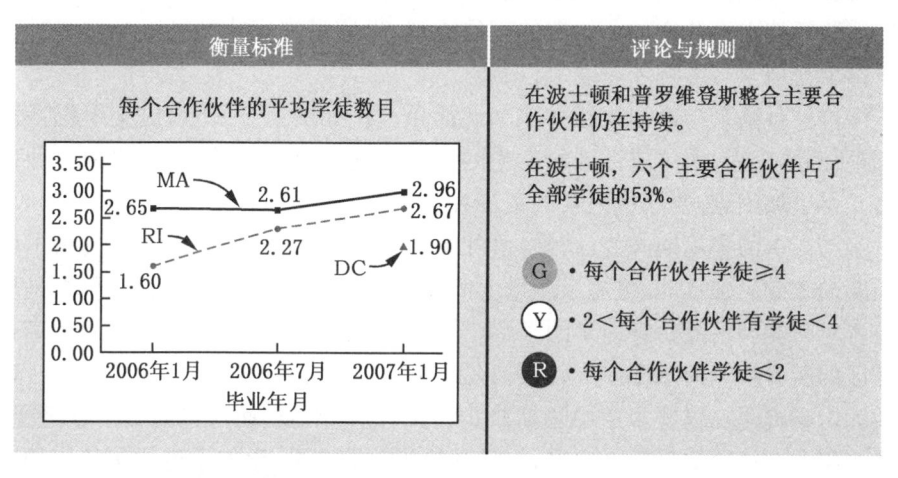

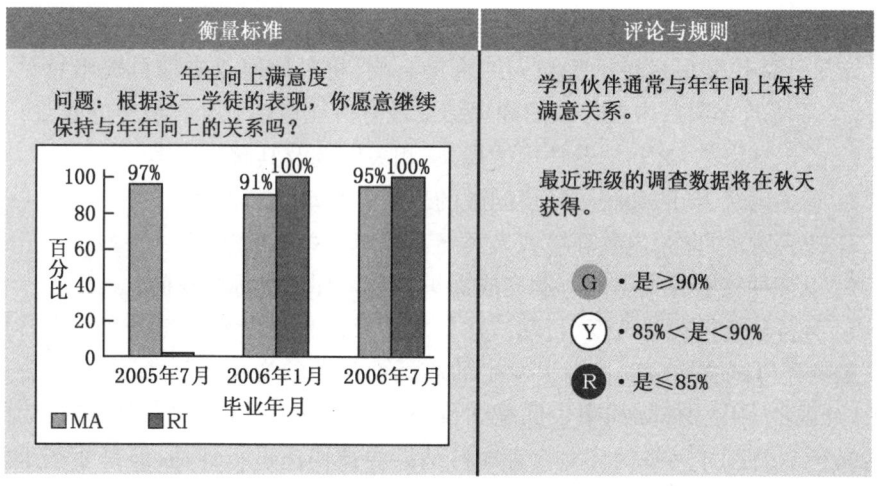

衡量标准	评论与规则
每个合作伙伴的平均学徒数目 （MA: 2.65 → 2.61 → 2.96；RI: 1.60 → 2.27 → 2.67；DC: 1.90） 毕业年月：2006年1月、2006年7月、2007年1月	在波士顿和普罗维登斯整合主要合作伙伴仍在持续。 在波士顿,六个主要合作伙伴占了全部学徒的53%。 G · 每个合作伙伴学徒≥4 Y · 2＜每个合作伙伴有学徒＜4 R · 每个合作伙伴学徒≤2

衡量标准	评论与规则
年年向上满意度 问题：根据这一学徒的表现,你愿意继续保持与年年向上的关系吗？ 2005年7月：MA 97%；2006年1月：MA 91%, RI 100%；2006年7月：MA 95%, RI 100%	学员伙伴通常与年年向上保持满意关系。 最近班级的调查数据将在秋天获得。 G · 是≥90% Y · 85%＜是＜90% R · 是≤85%

资料来源：年年向上。

图 5.5 年年向上仪表盘要素

前文讨论解决了在一切组织评价中考虑内部流程和外部结果的必要性。我们也注意到非营利组织以使命为中心的本质,这使得项目结果和影响评估成为一个主要焦点。我们将在下面段落中更加详细地探讨结果和影响评估。

结果和影响评估

评价结果和影响对于创业企业尤为重要。这些新项目以创新的方式提供社会价值。这些公益企业赖以建立的变革理论的最终检验是社会价值实际供应给受益人的程度。按照计划,项目可以设计,组织产出可以供应,但问题仍是所预期的社会收益是否有缺陷。例如,职业教育项目被提供了,但是学徒实际掌握了新技术吗?这些新技术真的增加了他们的工作成就,巩固了家庭或社区吗?这些只有通过评价项目结果与影响才能确定。

评价项目结果与影响往往并非如此简单。正如图 5.2 所示,提交组织计划之后,需要测量个人、团体或社区所发生的一切。随着时间的推移,这些因为种种原因会变得更加困难:要测量因素的范围在扩大,所需要的数据变得更加难以收集。项目参与人中的中短期改变(结果)很可能比社区或系统(效果)所导致的根本性的或长期的改变更加具体,更易于测量。例如,环境意识项目的结果目标可能是增加参与者对河流和河流污染因素的了解。另一些理想的结果可能是参与人承诺在他们社区的所有溪流河水中减少污染,以及他们在此项活动中的实际参与度。这一活动的影响将是在这些水道中长期减少污染,改善水质,而这将使整个社区受益。虽然一年左右可以测量污染水平,但是其他收益的测量,比如水道休闲使用的增加或社区质量的增强,将对评估构成一个更大的挑战。

结果评估检测项目对于参与人的直接影响,将对如何改进项目提出意见。例如,一个环境教育项目中参与人的理想结果最有可能包括五个领域中的收益:[28]

1. 关于环境的知识,塑造环境的现象,相关问题及其解决方案。
2. 有关确定、预防和解决环境问题的思考和行动技巧。
3. 改善对大自然、内置环境或人类与其环境的关系的态度。
4. 以某种特别方式采取行动完成保护或改善环境目标的意向。
5. 有益环境的行为改变(行动),比如生活习惯改变或参与恢复活动。

影响评价试图评估项目结果发生的广泛而长期的变化。例如,影响评价可以显示,社区范围内固体累积率较低是学校环境计划促进社区回收和堆肥行为的直接结果。[29] 尽管刚才列举的环境教育项目结果会被快速进行评估,但是要产生影响还需要很长时间。对于这一项目,可能有教育影响、环境影响和健康影响。[30]

教育影响将有助于实现长期教育目标。本项目可以激励学生和教师在其他课程上表现得更好。此外,作为项目的一部分,学校的场地应该改善。

环境影响将包括环境质量某种程度的改善和环境损害预防,比如不在校园乱扔垃圾,或社区回收比率。环境效果将作为参与人行为变化的结果出现。

健康影响包括人类健康的积极变化和来源于项目的医疗保健。医疗保健结果可能包括更环保健康的医疗保健设施、提高环境健康问题正确诊断的比率、医患之间对于环境健康风险的更多沟通。

评估研究设计

结果和影响评价需要项目目标实现程度的资料。这些目标与接受者、团体或社区通过项目活动带来的改变有关。因此,必须获得基于项目活动所带来的改变的资料。各类资料收集设计皆为可用。他们将结果与影响和没有项目的条件下的情况做比较。哈勒尔(Harrell)及其同事提供了关于设计的完美综述:[31]根据因果关系可以被推断的程度而推断。为了说明项目活动引起行为变化,必须说明行为变化—前—后地根据项目活动改变(共变关系),项目发生在行为改变之前(正确时间顺序),行为改变并非其他因素引起(真实关系)。通过项目设计前面两个条件通常被处理为相当直观的行为。当然,最后的必要条件也许难以解决。

早已研发了实验设计来明确地解决三个必要条件。个人或小组被随机地分派到两个小组中的一个。这会确保两个小组在实验初始阶段具有相似性。每一个小组都进行预先测试,测量兴趣行为。然后其中一组收到参加实验的邀请(项目属于这种情况)。另一组或控制组不参加实验。两组在接受测试后不参加测试,两组中的任何差异可以被归因于实验的作用。虽然实验是评估因果关系的黄金准则,但是在实际环境中其使用有限。主要问题是保证控制组和处理组随机分配的能力与适当性。某些项目,比如说年轻人宵禁,不能有选择性地施加给系列目标人群。此外,违背控制组利益的伦理问题可能会被提出来。

年年向上在其项目评价中使用实验设计。[32]年年向上职员招募求职者,确定大量符合资格的年轻人,并将符合资格的求职者的名单提交给研究人员,研究人员随机分派年轻人到处理组或控制组。在影响研究中登记的195名年轻人中,135名被随机选中到处理组,并被邀请参加年年向上项目,其他60名被随机选中到控制组。那些被分派到控制组的人被告知他们已被放在一张待选名单上,并可能在10个月之后再次用到项目中。因为年轻人被随机分派,处理组和控制组的成员同样有资格申请项目,同样有机会在登记时参加项目。因此,他们在就业或教育结果上的差异可能是因为处理组参加年年向上。研究发现,一年之后在劳动力市场,年年向上毕业生比控制组具有更高收入。此外,年年向上经历并未阻止年轻人追求深造——项目参与人与控制组成员一样,很可能参加高等教育。

通常,实验设计的必要条件难以满足。因此,评估经常采用准实验设计,放宽了实验设计的一些必要条件。最普遍的变量就是放宽随机分派处理组或控制组。通常而言,评估者出于比较目的使用尽可能相似的小组。比如,可以使用同一学校的两个班。多变量统计技术因此被用来控制组间剩余差异。此外,有许多非实验设计,他们远离理想实验。这些实验设计不包括未曾接触到实验的比较小组或个人。尽管他们群体广且价格便宜,但是有很多方法上的缺陷。其中一个主要缺陷是他们不能评估项目的全面影响,因为缺乏未接受服务者的可用资料。这些设计包括:

1. 项目参与人的前后对比。
2. 时间序列设计:建立在项目组(包括项目参与人的)前后结果的反复测量基础之上。

3. 面板研究:建立在同一小组参与人结果反复测量基础之上。
4. 参与人小组之间项目后对比。

例如,促进节能项目的结果与影响评估可以利用前后设计。这些评估可能涉及获得各种评价。[33]

1. 总能量节约评估:能量消耗或需求的变化直接起因于项目参与人采取的行动,比如安装节能灯。
2. 净能量节约评估:归因于项目的总能量节约中的一部分。这一点要求分离其他因素结果的影响。
3. 协同效应评估:协同效应可能是积极的,比如不再产生污染。又或者是负面的,比如新技术成本增加。

节能和避免排放不能被直接测量。它们是由比较执行项目后能量的使用和需求(报告期)与不执行项目会发生什么(基期)来确定的。这一点显示在图5.6中。在图5.6中,基期的图线显示了执行节能项目之前的能量使用情况。在执行节能项目之后,下面的线条显示了实际能量使用情况,上面的线条显示了没有执行项目时的能量使用情况。两条线之间阴影面积显示了由于开展项目而节约的能量估计。

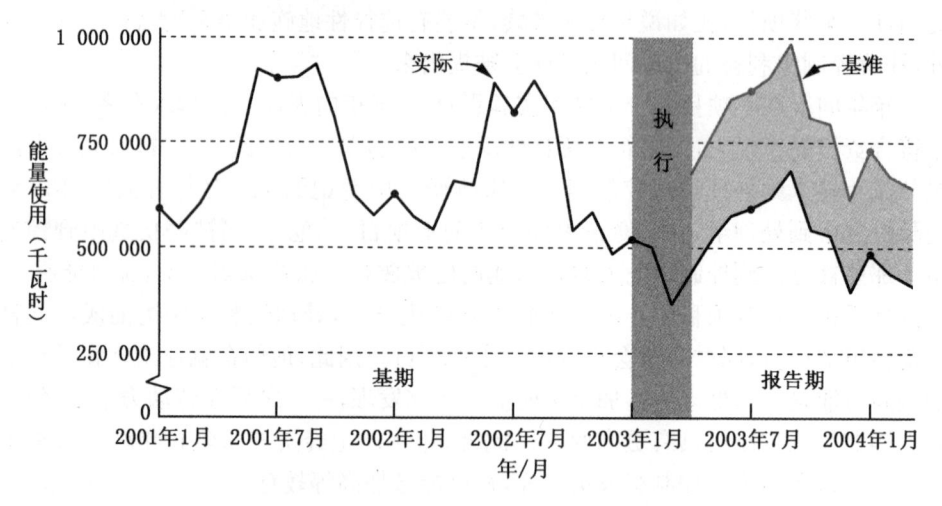

资料来源:全国能效提升行动计划(National Action Plan for Energy Efficiency,pp.4—2)。[34]

图5.6 项目执行前后能量使用比较

货币化结果与影响

公益企业可以在医疗保健、教育、社会福利、休闲、艺术与文化、就业、住房等领域中看到。这些企业所创造的结果与影响的价值可能具有高度的客观性,比如一份工作,又或具有较大的主观性,比如理解美国宪法。通过分配一份货币化价值给某些企业收益是有可能的,比如从工作中得到工资。货币化有许多优势。货币化创造了一个指标,让人们在某一企业或企业之间、某一组织内部或不同组织之间跨越时间做比较。几家企业的价值可以被合并成一个整体的货币价值。它允许用标准的会计术语将收益与成本做比较,对效率与有效性进行测量。用这种方法,一个货币指标可以协助管理人员进行决策和其他内部运作。它还有助于与外部观众沟通。捐赠者和投资者很熟悉财务成本与收益的术语,用货币术语表示企业收益有助于他们理解企业服务的意义和投资回报。但是要注意到并非所有的收益都可以被货币化。例如,工作既可以提供收入又可以提供自尊。前者可以被货币化;后者则不能。这不是说其中一个天然比另一个更有价值,仍然需要去判断其相对价值。

有时不可能确定某一具体活动的准确的货币价值。如果是这种情况,也许可以使用财务代理来帮助评估这些价值。财务代理是预先计算的财务价值评估;比如,平均来说,与一名高中毕业生相比,一名大学毕业生收入高多少。但是,由于项目结果与影响要求更多定量测量,货币分析变得越来越困难。当不能货币化某一价值或某一价值货币化不理想时,可以计算其成本效益。这是成本与非货币化收益的比率。该方法的局限性在于它对于每一被考虑的收益具有独特性,因为它是用那种收益的自然单位来表示的。例如,一家寻求增强环境意识的非营利组织可能提供关于再循环教育手册给特定社区的家庭。这一努力的成本收益可能是每本发放手册 5 美元。这不能与一种不同类型项目的成本收益做比较或合并——例如,给同样家庭提供垃圾回收服务的成本。

如果可能使收益货币化,那么几种分析方法是可用的。成本收益分析将企业成本和收益货币化,并加以比较,从而得到广泛使用。它是分析成本和影响的最严苛的方法,因为它要求全面测量成本和项目影响(比如主要影响与次要影响、直接影响与间接影响、明确影响与模糊影响),不同利益相关者对项目影响赋予的美元价值的能力。[35]通过这种方式,它说明了特定利益相关者与作为一个整体的社会二者的净收益。对于大多数项目而言,成本可以被合理确定,因为它们由组织生成。但是,项目结果或影响的价值可能却更加难以评估。对于年年向上来说,项目收益将包括项目毕业生的工资。成本效益分析可以帮助决策者比较项目和分配资金。成本效益分析的输出可以是净收益的测量(效益成本),也被称为净现值(NPV);收益与成本的比率(费效比);或内部回报率(IRR),这是利用可期望的将来成本与收益来计算项目预期的增长率。[36]

投资社会回报(Social Return On Investment,SROI)使用了一种不同的方法。它最初在 20 世纪 90 年代末由一家旧金山非营利公益企业——罗伯茨企业发展基金(Roberts Enterprise Development Fund,REDF)——开发。SROI 计算一家公益企业的"混合价值"。混合价值由被称为企业价值和社会目的价值组成。混合价值是企业业务方面的净收入,通常而言是指销售额减去成本与开支。社会目的价值是企业为社会带来的货币化价值,具体来说,就是由社会节省的成本或由企业积极影响为社会创造的收入。从积极方面说,这可能包括赠品和拨款、社会成本节约以及增加税收。例如,一名找到工作、不再接受社会救济的年年向上毕业学员将会节省公共资金。从社会目的价值来看,筹资成本和社会运作成本被削减了。[37]为了让捐赠者比较任何企业之间的混合价值,REDF 定义了三项"价值指数":(1)企业报酬指数:企业价值除以企业收到的捐赠额。(2)社会目的报酬指数:社会目的价值除以企业收到的捐赠额。(3)混合报酬指数:混合价值除以企业收到的捐赠额。

SROI一直被广泛使用,目前正由新经济基金会(the New Economics Foundation, http://www.neweconmics.org)、伦敦商学院(the London Business School, http://www.eroi.london.edu/)、英伦SROI网络(the SROL Network U.K., http://www.eroi-uk.org/home-uk)以及欧洲SROI网络(the European SROL Network, http://www.eroi-europe.org/)等推广和进一步发展。

影响测量的许多其他可用资源包括:

(1)罗宾汉基金会(The Robin Hood Foundation's Benefit-Cost Ratio, http://www.robinhood.org/metrics)的收益—成本比。

(2)聪明人基金会最佳可用慈善选项比率(The Acumen Fund's Best Available Charitable Option Ratio, http://www.acumenfund.org/knowledge-center.html?document=56)。

(3)威廉和弗洛拉·休利特基金会的预期回报(The William and Flora Hewlett Foundation's Expected Return, http://www.hewlett.org/uploads/files/Making-Every-Dollar-Count.pdf)。

(4)高影响慈善事业中心每单位收益成本(The Center for High Impact Philanthropy's Cost per Impact, http://www.impact.upenn.edu)。

(5)基金会中心评估社会影响的工具和资源网站(the Foundation Center's Tools and Resources for Assessing Social impact website, http://www.trasi.foundationcenter.org)。

在公益企业的有效性被证实之后的某一刻起,公益创业家将面临何时和如何增加企业影响的问题。我们下一步将讨论增加企业影响的各种方案。

提升公益企业影响:增加社会影响力

我们现在考虑图5.1的第二阶段。在这一时刻,公益企业开始建立,最初的评估显示它是有效的。通常来说,新建公益企业是在一个或少数几个地区引进,比如,某个城市或少数邻近地区。假如它是成功的,那么扩张问题将自然地出现。公益企业有许多理由增加社会影响力或扩大规模,包括想去实现更多使命,满足更多受益人要求,回应更多投资人压力。[38]当然增加社会影响力应富有谋略地加以处理,因为计划糟糕或支持不足的增加社会影响力可能会导致组织面临压力,更严重的是项目失败,这将引来对企业价值的质疑。

除了企业有效性的证据,增加社会影响力要求组织能力与资源。保罗·布鲁姆(Paul Bloom)设计了评估组织增加社会影响力的模型。[39]他的SCALERS模型包括七个领域的有效性(其第一字母形成首字母缩写词)。根据增加社会影响力的细节和类型,可能需要这些:

(1)人员配备(Staffing):填补需要应对任何变化的职位。

(2)沟通(Communicating):劝说主要利益相关者,变革战略获得采纳和/或支持。

(3)建立联盟(Alliance-building):建立联系,以带来理想变革。

(4)游说(Lobbying):拥护有利于组织的政府变革。

(5)收入生成(Earning-generation):创造收入以支持变革。

(6)再造(Replicating):复制组织发起的项目和倡议。

(7)刺激市场力量(Stimulating market forces):创造鼓励私人利益的动因。

企业扩大规模有很多方法。卡拉法塔(Kalafatas)在图 5.7 中提出了一个技术概览。[40]

扩大社会影响力的框架

组织面临着选择扩大什么以及如何扩大其社会影响力。为了创造和扩大社会影响力而制定的目标与战略范围,包括直接服务的社会影响力与间接影响的社会影响力。通过这一"工具箱"选择目标与战略组合,组织可以精心制定扩大社会影响力的战略。

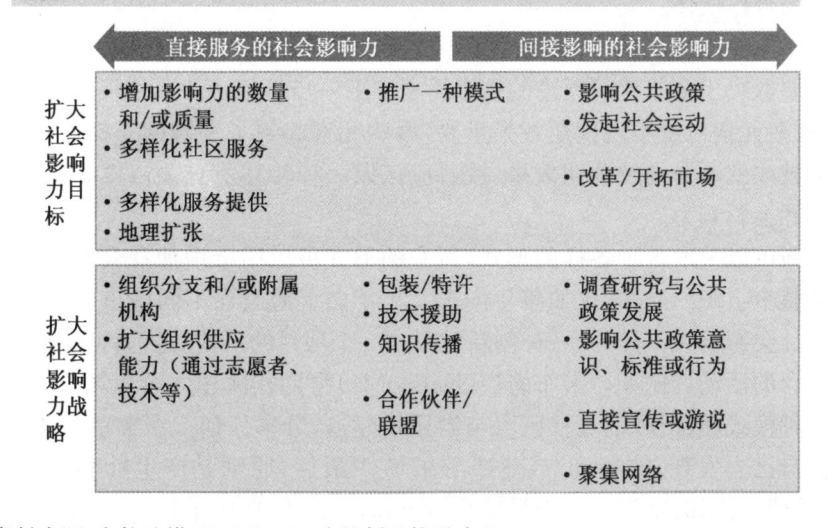

	直接服务的社会影响力		间接影响的社会影响力
扩大社会影响力目标	• 增加影响力的数量和/或质量 • 多样化社区服务 • 多样化服务提供 • 地理扩张	• 推广一种模式	• 影响公共政策 • 发起社会运动 • 改革/开拓市场
扩大社会影响力战略	• 组织分支和/或附属机构 • 扩大组织供应能力(通过志愿者、技术等)	• 包装/特许 • 技术援助 • 知识传播 • 合作伙伴/联盟	• 调查研究与公共政策发展 • 影响公共政策意识、标准或行为 • 直接宣传或游说 • 聚集网络

资料来源:卡拉法塔(Kalafatas),公益创业推进中心。

图 5.7 扩大社会影响力框架

如图 5.7 所示,根据技术与服务提供或间接方法的关联程度,扩大规模技术可以有所差异。它们还会依据原始组织保持控制的程度而有所区别。间接方法和模式推广比直接服务方法更加简单快捷。调查研究及解决相关问题所需知识的获得、提出或反对法律或公共政策都可能影响公共政策。这可进一步促进宣传和游说。通过沟通、教育和影响关于某一社会问题的公共意识、观点或行动的宣传活动,公共意识将会提高。例子包括电视或收音机上公共服务广告,劝导我们不要吸烟或不要在开车时发短信。最后,受问题影响的组织或个人可以被组织成支持共同目标的网络或协会。所有这些方法涉及提升思想或升级模型,试图激励和吸引别人带来与这些想法或相关模型的有益变化。

其他技术涉及部分创新组织更直接的行动,让其将影响扩散到其他地理区域。

这被称为扩张或升级。迪斯和安德森为这种扩大社会影响力的评估方案提出了一种有用指南。[41]我们将归纳概括他们的方法。必须对许多问题做出决定,增加社会影响力主要应该在这个时候考虑吗?正如我们先前所概述的,增加社会影响力要求资源和组织的能力,它具有其他成本和风险:[42]

(1)它可能将组织抽离其最初使命、愿景和价值。
(2)过分估计项目的需要与需求是容易的和危险的。
(3)如果中心是增长,而不是质量,那么有效性可能受到损害。
(4)在某一地点声望可能受到糟糕表现的伤害。
(5)关注控制可能导致官僚主义和扼杀创新。
(6)增加社会影响力可能导致不恰当的千篇一律的方法。

应该仔细分析和规划确保避免或减缓这些成本与风险。如果增加社会影响力不应该在这个时候尝试,那么组织可以增加其在住家社区的影响或"增加社会影响力深度"。它还可以增强其未来的前景,或者寻找一个愿意扩大规模或可以弥补自己劣势的合作伙伴。

如果能保证进一步增加社会影响力,那么哪些方面可以用于增加社会影响力?答案主要取决于企业变革理论的核心元素。第一步是确认什么使得这一方法与众不同:哪些元素对于实现预期效果重要,哪些元素起到了关键的支持性作用,哪些元素能被改变不会伤及预期效果;接着应该以一种转移所有关键核心元素的方式来增加社会影响力。

创新可以采取各种各样的形式,所有的形式可以用于增加社会影响力。创新可以是整个组织的形式,比如年年向上。年年向上通过在不同城市建立类似组织来增加社会影响力。另外,一种创新可以是一个项目的形式,是为特定结果设计的一套综合的活动。比如,"卡布姆!"(KaBooM!)帮助社区建立游乐场。"卡布姆!"推广一种模式,吸引和动员社区参与游乐场建造,分享任何人所需的知识和工具,让他们自己去发现、改善和/或建造游乐场。[43]最后,原则是产生社会效益的方针和/或价值。比如,知识就是力量项目(Knowledge Is Power Program,KIPP)是一个免费的、公开注册的大学预科公立特许学校的全国性网络。KIPP学校共享一套被称为五大支柱的核心运作理念:学业成绩的高期望;学生、家长和教师的选择和承诺;延长教学时间;教学管理的灵活性;专注成绩。

创新的可转让性必须得到确定。这取决于两个维度:创新的普遍适用程度及其被采纳程度。这里有许多关键问题需要去解决。这些核心元素在其他地方或环境中有效吗?这些核心元素容易理解吗?比方说,如果其他人容易完成或采用这些核心元素,那么需要哪些不寻常的技巧?

如果创新是可转让的,那么应该确定一种增加社会影响力机制。正如图5.7所示,主要机制包括推广一种公益企业模型、附属或分支。向别人推广模型可能包括提供技术援助、培训或咨询;通过分享信息传播知识;包装或特许创新;或其他协作以提供服务或满足需求。这一方法是三种方法中最快捷和最便宜的,但也是最松散的,因为原始组织对采用这种模式的人缺乏控制。

其他两种技术涉及服务供应中最直接的关联。

利用分支机构实现增长的方式是在其他地区复制组织,接受中心或总部办公室的指导,给原始组织提供最大限度的控制。但是这种扩展模式需要重要资源并付出努力,这包括购买或租赁设备、招聘人员、协调多个操作。这使得分支成本费用高、时间消耗长。年年向上扩大社会影响力计划需要广泛的分支机构。

附属结构是由许多组织组成的,它们在宽松或紧缩的安排中相互协调。这一点与分支机构不同,尽管组织可能共同享有使命、商标或生产标准,但是当地办公室享有很大程度的自由裁量权。这使得就金钱与努力而言附属结构花费较少。例如,国际人类住房项目(Habitat for Humanity International)已经通过建立本土附属机构网络成长起来,每一独立非营利组织都能本土化管理和本土化运作。[45] 国际人类住房项目总部向附属机构提供信息、培训以及其他支持性服务。

结　语

在本章中,我们探讨了公益企业一旦建立如何才能证明其价值,增加其影响。投资者、客户和社区领导人不断地要求公益企业证明它们有影响,即它们是有效的。然而我们有许多方法去思考有关有效性的问题。公益创业家需要理解如何最佳界定和测量企业有效性。公益创业家还希望最大化其企业具有的社会影响力。我们已经为他们提出了一种方法,让他们系统地分析企业是否准备好增加社会影响力,如果准备好了,那么如何才能做到最好。

在下一章中,我们将探讨公益企业建立和成长中所有阶段共有的一个必要条件——筹资。公益创业家需要安排足够资源去建立其企业;即使一家企业的融资非常成功,资金的缺乏也会使其增加影响力的机会减少。

练　习

练习5.1

为什么评估对公益创业而言是重要的？请描述一家真实或假设的容易评估的公益企业。描述另一家具有挑战性或难以评估的公益企业。你会如何应对这些挑战？

练习5.2

为什么在公益创业评估中考虑以价值为基础的模型是重要的？在评估公益企业时,只使用这些模型就足够了吗？如果不,那么还有哪些因素是需要纳入考虑的？请用一家真实或假设的公益企业来说明你的观点。

练习5.3

列举一家可能通过影响公共政策来增加社会影响力的公益企业。列举一家可能通过推广一种模式来增加社会影响力的公益企业。列举一家通过地域拓展来增加社会影响力的公益企业。请问是否有任意一家企业可以通过一种以上的代替方案来增加社会影响力。

第六章 资助公益创业

1988年,一位叫戴维·李(David Lee)的企业家,同时也是个厨师,他注意到一种需求,要用有营养和文化吸引力的食物去服务西雅图无家可归者和弱势群体。为实现这一目的,李创立了"公共用餐"(Common Meals)——一家带有社会使命的营利企业。[1] 公司利用教堂厨房,用卡车运送食物,在教堂地下室出售便宜食物。四年之后,李将这一项目扩大为职业培训,获得了场地,接着将组织改造成名为现在用餐(FareStart)的非营利组织。2003年现在用餐发起了咖啡师培训与教育计划(Barista Training & Education Program),向高危青年提供机会,训练工作技巧,重新回归其社区。2007年组织搬迁到更大的地方,也就是当前的位置。现在用餐的使命是提供"一个让无家可归的和弱势的男女与家庭,凭借在食品服务业中的生活技巧、工作培训与就业来达到自给自足的状态,从而改变生活的平台"。[2] 其网站也宣称:"过去的20年中,现在用餐为近6 000人提供了改变生活的机会,同时为弱势男女和儿童提供超过500万份食物"。[3] 现在用餐除了提供食物,还为无家可归者和弱势群体提供教室和在职培训。现在用餐推出了一份16周计划,一年向三百多名学员传授基本工作技巧和餐厨技巧。超过80%的学员在食品服务和酒店业获得了能够维持他们生活的工作。

为了提供在职培训,现在用餐经营两家企业:膳食承包服务和餐厅。为了自我维持,现在用餐使用了捐赠资金、政府资金以及自创收入组合。这一组合对于支撑社会使命来说是必要的。做出成为非营利组织的决定,在某种程度上是因为营利餐厅较低的利润率(通常大约3%)不足以支持培训项目。为了提供培训,需要另外的资金来源。

现在用餐有多渠道的资金来源,包括捐赠和政府收入。现在用餐的2007年国税局表格990显示其总收入总计4 192 902美元。此项收入中近44%来自其膳食承包、咖啡零售和餐饮等创收活动;另外的45%来自慈善、实物捐赠和其他来源。实物捐赠来自杂货店和其他食品加工公司。拨款和捐赠来自80个基金会(包括38家公司基金会)和150多名个人。政府收入提供了剩下的11%。政府资金来自金县人力资源发展理事会(the King County Workforce Development Council)、华盛顿州社会和健康服务部(the Washington State Department of Social and Health Services)、华盛顿州惩教部(the Washington State Corrections Department)等机构。但是,政府支持比这些图表显示的更重要。如果有人考虑到创收活动的一大部分资金实际上源于政府,那么政府投资者角色的作用会比990表格上显示的要大。例如,80%的膳食承包、小托管所以及收容所所收的资金来自公共资源。这些资金被认为是间接的政府支持。在此基础上计算,现在用餐从纯粹非政府来源所获收入是27%,从直接和间接政府资金中获得的收入是28%。

所有组织不仅需要资金去维持进行中的项目,而且需要为项目启动与扩张筹措资本。正如现在用餐的经历所表明,非营利公益企业可以利用各种各样的资金来源。此外,可以运用公共资金与私人资金的组合来实现这一使命。给缺乏经济能力的人提供膳食与职业培训需要从其他资金来源得到拨款。现在用餐发现仅仅使用商业资金,它不能完成其使命,为了获得其他资金,它需要成为一家非营利组织。这会引发诸多问题。不同资金类型的优势和缺点是什么?公益创业家如何才能决定一种资金组合对他们而言是否是最好的,如果是,那么要追求哪一种组合?我们在第四章中提出的能力资源分析可以为公益企业用来确定所需财务资源的水平。而企业接下来必须估计能否获得这些资源。资金需求与技术还可以根据公益企业是否在政府部门、营利部门或非营利部门中进行而改变。

资助公共部门和营利部门公益创业

在本节中,我们考虑在公共机构和营利组织中为公益创业企业融资做选择。与非营利组织相比,它们的融资选择更加有限,我们将在本节后讨论。

公共部门创业

政府创业可以通过政府可以利用的、与税收有关的正常渠道来提供资金。在这些情况下,税收收入将被分配给机构预算。政府新兴创业项目也可以用新费用或收费来融资。数据显示2012财政年度的美国政府费用或收费总计为4 430亿美元,绝大多数由州政府和地方政府开支。[4]

此外,公共部门创业还会采用更多的以市场为基础的活动形式,由政府经营的商业企业来实施。国有企业是政府实体,它们从需要物品和服务的个人收费。[5]它们必须保持账户独立,与非企业账户分开。比如,一个国有垃圾企业的费用和收入必须与国家政府的费用和收入分开。还有美国邮政服务(U. S. Postal Service)、美国铁路公司(Amtrak)以及地方政府废物管理运作的例子。在对消费者的购买与销售这点上,国有企业与私人企业是被平等对待的。

图6.1显示了2012财政年度从"企业和其他来源"中的政府收入。它表明在2012财政年度各级政府获得了8 290亿美元的企业和其他收入。这占到直接收入总额的16%。此项收入的一半以上为州政府所得,另1/3为地方政府所得。不到10%为联邦政府所得。

一项关于州政府与地方政府创新的研究提供了有关这些层级政府使用资金的数据。这一数据来自于福特基金会—肯尼迪政府学院(the Ford Foundation-Kennedy School of Government,Ford-KSG)的州政府和地方政府创新奖。[7]这一奖项在1986年设立,平均每年收到1 500份申请。1995年这一奖项将联邦政府机构纳

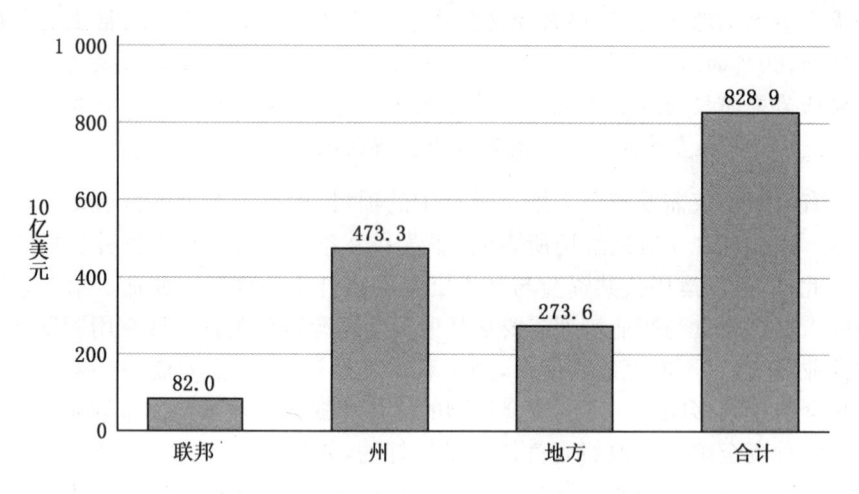

资料来源：usgovernmentrevenue.com。[6]

图 6.1　2012 财政年度国有企业与其他收入

入范围。[8]人们详细研究了一个关于 1990～1994 年半决赛获奖者的样本，包括预算和融资创新。尽管这不是一个有代表性的样本，但是它真正提供了一个可以资助政府创新的选项。一项关于创新项目经营预算的分析显示：85%的项目使用了政府资金。应该注意的是所有奖项申请者不得不从州政府和地方政府获得其大多数资金，而结果是这一发现有可能低估非政府资金的数目。不过，24%的项目增强了他们由用户收费产生的经营预算，这些费用平均占 58%项目预算。最可能使用费用的项目是环境/能源、住房/邻里以及经济发展和交通项目。当可以识别项目受益人或当企业或公众就是受益人时，费用最有可能被使用。这一数据显示当可能收取费用时，他们资助了很大一部分——甚至是大多数——创新成本。

此外，32%的项目增加了他们由捐赠产生的经营预算，这些捐赠占了其平均预算的 24%。最可能获得捐赠的是经济发展和交通项目、住房/邻里以及社会服务项目。捐赠数目相对较少，平均大约20 000美元。尽管对于大项目而言并无实质性意义，但是它们对于小项目却至关重要，尤其当它们是种子资金的时候。有些捐赠是以来自 IT 生产厂家的硬件和软件的形式，另一些捐赠是慈善捐款。例如，基金会拨款是给予波士顿某一项目第一年的启动资金，为遭受家庭暴力的孩子们提供咨询。在培养政府创新上，捐赠可以看作公共部门与私人部门之间的合作伙伴。

营利组织公益企业

对于营利组织的公益创业而言，主要问题是这些计划被整合在企业使命、愿景和战略中的程度。企业创造公益价值的趋向高于与市场有关的交易，包括从对社会事业进行的日常捐赠，到将经营公益企业作为企业战略和市场营销的一个完整部分。更多企业采取后一种取向。关于一项公益企业的研究总结说："在我们研究过的公司中……有一种正在增长的趋势，即公司彼此之间与公司内部活动之中各种公益计划有了更大的整合。更确切地，人们可以说已经有一种趋势……走向更大的公司社会创新。换言之，在社会目标与经济目标之间有一种不断增长的协调，旨在其他方面创造更大的公益价值。"[9] 此外，在美国，现行若干新公司法律文件规定提供公益价值应该是公司的首要考虑问题。这些我们将在第十章中讨论。

一项关于20家托管在私人公司的公益企业的研究提供了关于这些公益企业筹资机制的信息。[10] 许多企业使用一种以上的筹资来源。

(1) 10家企业使用了内部预算分配。

(2) 9家企业使用了1%的企业收入（销售额、总收入或营利）或善因营销。

(3) 8家企业使用了捐赠。这些捐赠大部分都是来自雇员，但也有些来自公司基金会、供应商、合伙人、政府、社区团体或个人。

绝大多数资金来自内部企业资源的结论证明公益企业对公司决策和战略的依赖性。企业将会与其他工程、项目和计划为获取财务支持而竞争。由企业安排给公益计划的战略作用不仅将决定资金的可利用性，还将决定随之而来的公益企业的设计与内涵。

资助非营利部门公益创业

现在我们转向非营利组织公益创业企业的资金选项。我们会看到，这些选项包括来自慈善家、政府资助者的资金和已获收入。

非营利组织的收入来源

非营利组织比政府部门和营利组织具有更多的资金来源选择。非营利组织可以从慈善、政府拨款、合同以及基于市场的销售中获取收入。国家慈善统计中心（National Center for Charitable Statistics）报告称2010年各类非营利组织所得收入约为22亿美元。[11] 根据向美国国税局汇报的公共慈善机构显示，两股最重要的资金来源是通过费用和慈善所得收入。这些收入有以下来源：(1) 来自私人来源的服务与物品费用：49.6%；(2) 来自政府的服务与物品费用：23.9%（医疗保健、医疗补助、合同）；(3) 个人捐赠：13.3%；(4) 政府拨款：8.3%；(5) 其他收入：4.9%。

有几种方法来解释这些数字。到目前为止，服务费用收入是非营利组织最重要的收入来源，占总收入的68.5%。慈善只提供了总收入的适中部分。区分公共资金和私人资金也十分有用。利用这一方法，私人部门费用将提供非营利组织收入的一半。政府将成为第二大资助者，提供32%的收入。

公益创业家需要决定哪一资金来源将维持和发展他们的公益企业。这将根据企业界别分组，领域中的可用资金，企业所具有的对界别分组中资助者的吸引力来决定。就第一因素而言，图6.2显示非营利组织收入来源根据非营利组织活动领域大幅度改变。尽管分解后的收入也会在每个领域中改变，但是图6.2显示整体而言，费用是每个领域中十分显著的资金来源。它们在教育领域中提供了72%的收入，在艺术与休闲方面提供53%，医疗保健中提供47%，社会服务中提供45%。政府资金在医疗保健中非常突出，其次是在社会服务中。慈善在城市和其他领域中提供了54%的收入，在艺术和休闲领域中提供了37%。

此外，非营利组织收入在增长。1997~2007年间，非营利组织收入增长53%，

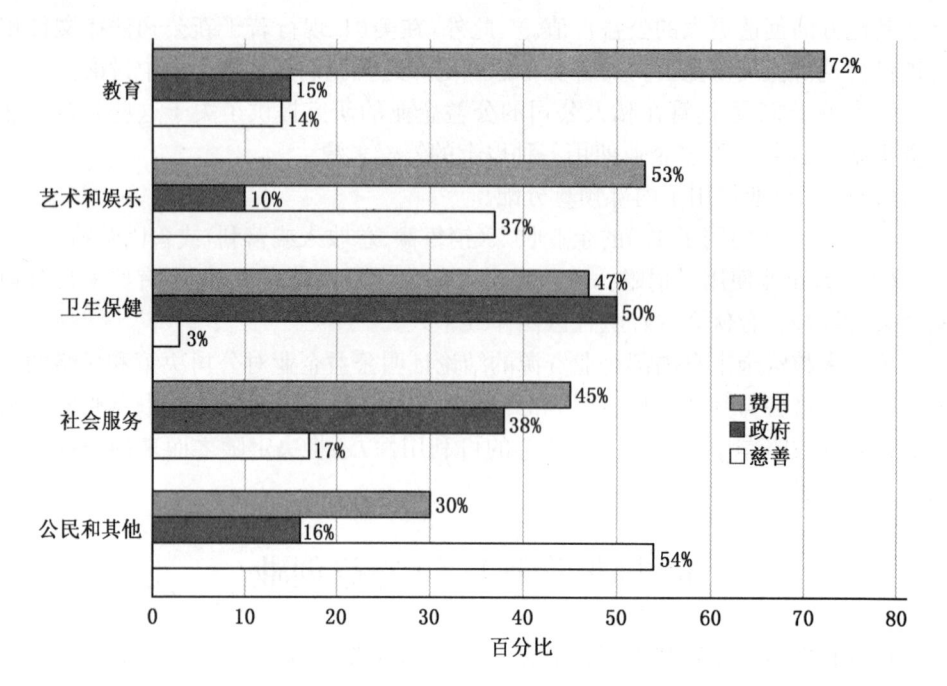

图 6.2 各领域非营利组织收入来源（2007年）

领域	费用	政府	慈善
教育	72%	15%	14%
艺术和娱乐	53%	10%	37%
卫生保健	47%	50%	3%
社会服务	45%	38%	17%
公民和其他	30%	16%	54%

资料来源：萨拉蒙(Salamon：41)。

图 6.2　2007 年各活动领域中非营利组织的收入来源

因为年增长率 4.3% 超过了同期美国经济 3.0% 的增长率。[12] 在此期间，费用收入增长了 64%（通货膨胀调整后），占了整个非营利部门收入增长的大约 60%。慈善收入也增长了 64%。因为它是 1997 年总收入的一小部分，其增长仅仅占了总部门收入增长的 12%。尽管政府资金增长变得更加缓慢了，但是它们仍占了非营利组织收入增长额外的 30%。[13]

图 6.3 显示各方面收入增长的变动很大。该图显示服务收费再次占了该增长的大部分。对于健康、教育与研究非营利组织，绝大部分收入增长来自服务收费。此外，健康非营利组织收入增长的 1/3 来自政府资金。对于文化与休闲非营利组织，绝大部分收入增长均等地来自服务收费和慈善捐赠。对于社会服务非营利组织，绝大部分收入增长均等地来自服务收费和政府购买服务。只有环境非营利组织，其收入增长绝大部分来自慈善捐赠。

我们刚才看到的数据意味着公益企业可以从许多来源获取收入，包括捐赠款、政府拨款或合同、服务收费、投资所得。企业对于各类资助者的吸引力将会是获取资金的关键因素。为他人所生产的社会价值将会是慈善资金的基础，因为捐赠者并没有从其赠品或捐款中得到任何直接收益。政府拨款和合同将会详细说明产出和结果。对于已获收入，付费用户所需要的物品或服务是至关重要的。这些市场驱动的商业交易是建立在买家需求与厂家产品或服务价值匹配的基础上的。最后，投资者将会得到一个自我利益与社会关怀的混合体。在这种情况下，企业将需要提供社会价值和经济回报——所谓的"混合价值"。

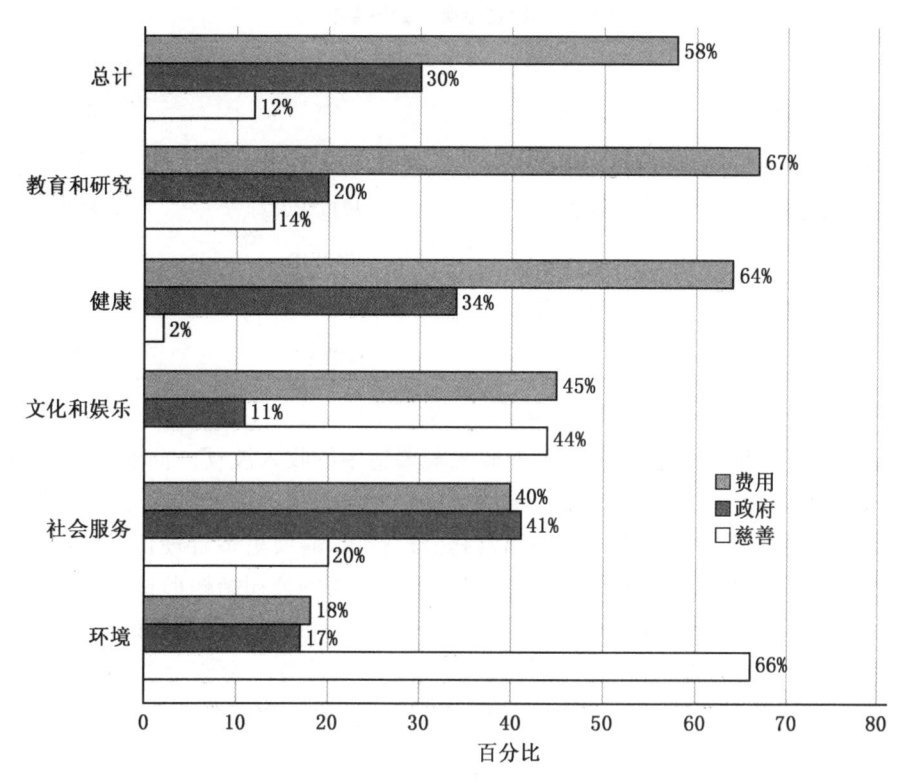

图 6.3　1997～2007 年各活动领域中非营利组织的收入增长来源

领域	费用	政府	慈善
总计	58%	30%	12%
教育和研究	67%	20%	14%
健康	64%	34%	2%
文化和娱乐	45%	11%	44%
社会服务	40%	41%	20%
环境	18%	17%	66%

资料来源：萨拉蒙(p.106)。

凯伦·弗勒利希(Karen Froelich)根据许多标准描述了非营利组织主要资金类型的特征。[14]其中波动率是指每年收入的起伏。当目标与活动被修改以满足资助者的期望时，目标位移就发生了。资金还可以对非营利组织过程与结构产生影响。规范化是清晰定义过程与位置程度的一个标准。标准化涉及利用准则、规则或规范以确保行为的统一性。职业化是指许多要求专业认证的岗位。当活动受客观理性的标准指导时，合理化则显而易见。表 6.1 显示这些因素与三个主要资金类型是如何相关联的。

表 6.1 显示私人捐献与其他筹资策略相比，有更高的收入波动率。由于捐赠者可以通过其大幅捐赠或者附带限制条件来利用权力，因此目标位移也较高。此外，基金会和企业捐赠的规范化和专业化导致对非营利组织的容纳造成压力，要求他们去采用规范化过程和标准化管理。

政府资金显示低收入波动率是多年拨款、合同，以及继续提供资金可能性的结果。由于政府规定项目特性和客户选择，目标位移强度适中。此外，如果项目资金不足，那么内部资源分配需求也可能导致目标位移。政府资金还要求详细绩效、监管和报告，这使得高度专业化、标准化程序以及减少管理自治成为必要。专业化的官僚机制变得与政府机构相似。

表 6.1　　　　　　　　　非营利组织资金类型的主要特征

	私人捐赠	政府资金	商业活动
收入波动	高	低	中
目标位移效应	强	中强	弱
过程效应	规范化	规范化，标准化	合理化
结构效应	专业化管理	专业化的官僚主义	专业化的商业形式

资料来源：弗勒利希（Froelich,1999:265）。

最后，根据组织和企业因素，商业收入需要适中的收入波动。商业活动或强或弱与非营利组织的使命相关。本章稍后将探讨使命漂移的可能性。企业战略对组织过程与结构的影响包括更多地使用营利公司技术，需要更多合理化（诸如成本—收益分析），扩大商业人士的作用，或采用如下属公司的公司结构形式。

正如我们的讨论显示，每一资金类型都具有优势和劣势，需要特殊的机会与约束条件，要求不同的管理任务。此外，非营利组织通常有一个资金类型组合，正如我们在现在用餐看到的。这将使整个筹资过程复杂化。我们在下一节中讨论这种影响。

收入组合

一些人赞同公益创业应该为100％的费用收入而奋斗。[15]但是，研究表明对于处理弱势群体的公益企业而言，这一费用收入水平是不现实的；而长期的可持续发展是建立在多元化战略之上的。[16]一个融资策略的良好起点就是所生产的公益价值的本质以及受益人的支付动因与能力。为确定融资前景，丹尼斯·扬（Dennis Young）认为，筹资"受益法"要回答以下两个问题以确保足够资金：[17]

（1）带给受益人的利益是通过适当收入来源获得的吗？（2）何种输出调整可能产生更强的受益人和相关收入组合，从而改善组织的财务状况？

考虑多个资助者构成创收来源组合颇有益处。现在用餐打造了令人印象深刻的公私资金来源收入组合。许多收入组合的考虑十分重要，包括资金组合、平衡、角色与交互作用。[18]一个基本考虑就是确保所有资金来源与使命、核心资产以及组织结构与能力匹配。如果不是这种情况，那么内部压力和紧张将显露出来。

收入组合均衡是由资金来源数量、大小、稳定性以及增长潜力等因素决定的。另一个重要因素就是由此产生的多样化和依赖性。这取决于体现在收入组合之中的不同资金类型（慈善捐赠、服务收费、政府购买服务所得以及贷款）有多少以及每一类型来源（资助者）的数量。适中的多样化需要有多种类型但来源较少，相反显著的多样化需要有众多的类型与来源。[19]现在用餐具有高度多样化，从许多不同类型的资助者和每一类型中的许多资助者获得资金。适中的依赖性需要有少数类型但多种来源，相反显著的依赖性需要有很少的类型与来源。虽然多样化可以缓解由于失去资金来源引起的严重后果，但是不应该假定最大化多样化就是理想的。每一收入类型和每一资金来源均带来交易成本，企业需要考虑权衡获得一种收入来源的交易成本与收益。[20]

考虑资金所起到的经济作用与资金类型之间的交互作用也很重要。资金可以设计覆盖项目运作成本或产生剩余，这可以用来计划或投资别的项目。如果资金不能覆盖或超过运作成本，就会削减项目对其他资金类型的依赖性。如果收入与使命无关，那么它可以用来补贴与使命有关的活动或覆盖固定成本。此外，应该避免资金不匹配。从费用获取收入对于一些捐赠者可能意味着慈善不再不可或缺。从某一特定来源获取资金可能被视为与使命背道而驰；例如，从酒精企业获取资金可能伤害药物康复计划的形象。

在本章的下文中，我们将详细考虑公益创业的主要资金来源。

慈善事业与公益创业

慈善事业在历史上一直是支持非营利组织的重要来源，尽管费用收入近年来已经有大幅增长，但是慈善事业仍然十分重要。正如之前所显示，2011年捐赠款提供了非营利部门总收入的大约13%。正如图6.2所示，非营利组织在其对慈善事业的依赖性上差异甚大。例如，2007年，艺术和文化非营利组织从慈善事业中获得37%的收入，相反社会服务非营利组织获得17%，健康非营利组织只获得3%。[21] 2011年捐赠美国（Giving USA）报告，捐赠总计2 984亿美元。[22] 这些捐赠的大部分来自个人捐赠者。个人捐赠占总数的73%，基金会捐赠占14%，遗产捐赠占8%，公司捐赠占5%。就这些慈善分布而言，捐赠美国报告如下：[23]（1）宗教：32%；（2）教育：13%；（3）人文服务：12%；（4）健康：8%；（5）国际事件：8%；（6）公众—社会利益：7%；（7）艺术、文化与人文：4%。

此外，非营利组织从自愿奉献其时间给组织的人们中获得巨大的利益。根据国家慈善统计中心报告，2011年6 430万人在该年中志愿服务至少一次。美国人当年志愿服务预计达152亿小时。[24] 除了他们给非营利组织项目运作做出的贡献之外，他们的劳动力还节省了非营利组织不得不雇用有偿员工完成这一工作的费用。以这种方式，他们成为非营利组织非常有价值的财务资源。2011年由志愿者提供的工作时间等同于890万全职工人的工作时间。如果非营利组织不得不为这一工作付费，那么它将花费其2 962亿美元（假设一名全职员工以19.50美元的计时工资一年工作1 700个小时）。

慈善事业可以在非营利组织中起到不同的作用。[25] 福格尔（Fogal）区分了筹资发展中的三个阶段。在形成阶段，筹资在组织中起了次要作用，专注筹集必要资金所需的技术，比如通过直接邮件请求公众捐款。其想法就是把组织卖给捐赠者，通常来说这是通过雇用筹资公司进行的。在规范阶段，捐赠者与组织保持着更紧密更持久的关系，比如作为会员或客户。因此他们更认同组织。筹资由组织员工来做，维持关系则成为一个重要目标。在整合阶段，慈善事业处在组织的中心，捐赠者被看作组织工作和生活的主要参与者。比如,他们是组织的赞助者,参与筹集资金。他们成为主要捐赠者,慷慨大方的形象会成为他人的一个榜样。

捐赠者倾向于保守,这意味着他们将捐赠给现有的非营利组织和成功项目。[26]因此,新兴公益企业,或那些处于传统上没有得到慈善事业支持的地区的企业,可能遭遇争取慈善事业支持的困难。但是,有几种公益企业可以采用的新方法去吸引捐赠者。近些年来,捐赠者越来越喜欢将捐赠看作投资。捐赠者—投资人正在致力于社会变革,有力地分享着他们所支持的非营利组织的价值,他们将自己看作社会价值形成的合伙人,希望捐赠获得可示范的社会结果。这很有可能使得精心设计的创业型公益企业对他们而言特别有吸引力。捐赠者—投资人的特征影响着其接受的行为,包括:[27]

(1)培养:关注投资者的需求、价值和兴趣。

(2)募捐:强调社会结果,以及捐赠如何通过组织产生的社会结果上实际成为一种投资。

(3)管理:提供关于投资对社会结果的影响和他们推进捐赠者—投资人价值的方式的及时反馈。

培养所需要的伙伴关系意味着要求一种规范化的筹资战略。当一种成功的关系随着时间的推移扩大和深化时,一种综合的筹资关系变得更加有可能。

企业慈善

企业慈善是投资者方法的结果,利用企业资本模型来筹集资金。对于公益企业而言最重要的是,企业资本模型需要多年资金、管理费开销、能力建设,以及组织援助。例如,1997年,一群慈善家在西雅图建立公益企业伙伴关系(Social Venture Partners,SVP),他们希望做比签发发票更多的事情。这需要他们越来越多地参与到其所资助的非营利组织中来。现在在北美、日本和印度30个城市有2 600多个SVP组织成员。在每一个SVP组织中,成员合伙经营他们的资金,并在通过审查的非营利组织中投资。非营利组织从志愿者和付费顾问中获得三至五年非约束性资金与援助,用于能力建设。SVP成员志愿服务其时间与才干来援助非营利组织或SVP,一同面对组织的问题,并提出相应的解决方案。

此外,2009年4月联邦政府建立了社会创新基金(Social Innovation Fund,SIF),作为国家与社区服务公司(Corporation for National and Community Service,CNCS)的一个项目。[28]社会创新基金将公共资金与私人资金结合起来,资助下面三个优先领域——经济机会、健康未来与青年发展——中任何一个有证据显示有效的社区解决方案。SIF给社区中定位良好、能识别有前途项目的中介机构拨款。拨款数额通常是每年100万到500万美元不等,多达五年。中介机构提供与联邦资金相等的配套资金,坚持以事实为基础的公开竞争来确认最有前途的创新型非营利组织。非营利组织如果被选中,必须提供有效性证据,还必须配套资金。受让人也从国家与社区服务公司接受重要技术援助以支持其项目的完成。此外,他们必须参加项目影响力的评估。

社会创新基金的最显著的特征是三大著名成果:

(1)依赖现有的杰出拨款"中介机构"选择高影响力社区组织,以此代替构建新政府基础设施。

(2)要求联邦捐赠的每一美元由受让人1∶1配套,再由次级受让人用私人和其他非联邦资金按照1∶1配套,以增加纳税人美元的回报,加强当地支持。

(3)强调严格评估项目,这不仅能提高责任心,而且用影响证据打造更强大的组织市场。

社会创新基金在2010年发起第一次比赛,选出11家中介机构受让人。这些2010年的受让人给服务于该国低收入社区的150多名次级受让人颁奖。2011年比赛选出了另外5名受让人;2012年第三次比赛计划预定三到五名新受让人。2012年2月被授予9 500万美元联邦资金,这包括可利用的额外的2.5亿美元私人资金。150多名个人慈善资助者与社会创新基金建立伙伴关系,包括个人基金会、社区基金会、公司以及个人捐赠者。最后,33个州与哥伦比亚行政区的一百多个城市受到了社会创新基金的直接影响。

政府资金

2009年美国联邦政府、州政府和地方政府花费了总计3.1万亿美元用于社会福利服务,包括健康、教育、福利与社会服务、社会保险以及住房和社区服务。[29]正如我们早先注意到的,非营利组织大约接收到这一费用的32%。政府资金可以通过各种各样的途径到达非营利组织。资金可以由某一层级政府的一个机构直接提供,或经由其他政府机构或其他层级政府提供。例如,一家非营利组织可以直接从联邦政府住房与城市发展部(the Federal Department of Housing Urban Development, HUD)获得资金。或者,联邦住房与城市发展部的资金可能被分配到州或当地政府机构,由此依次提供给当地非营利组织。州政府或当地政府也可能用自己的资金和联邦这笔资金一起提供给非营利组织。附加资金可能源于州政府和当地政府。非营利组织还可以通过政府项目间接获得为个人提供援助的政府资金,这些个人再从非营利组织购买服务;这一援助可能是抵用券、税收抵免或人均补贴。[30]例如医保支付、大学贷款以及住房券。

政府资金有优势也有挑战。政府可能被要求负责向缺乏个人或市场支持的选民提供服务。例如,为穷人提供生殖健康服务的非营利组织可能难以获得慈善资金。政府资金可以提供一个稳定的收入来源。但是,政府资金对非营利组织有要求。承包合同比拨款或间接资金具有更多的条件限制,因为后者带有更少的附加条件。"大量的交易成本通常与建立和维持必要的能力、技巧以及政治家智慧有关,以此来确定政府系统融资资格、维护规定报告和评估程序。政府还账慢的特点也名声在外,这要求非营利组织留出流动资本以管理现金流"。[31]

非营利组织可能采取许多步骤来应对政府合同的挑战:[32]

(1)增加董事会成员在获取政府合同中的作用,加强董事会宣传,董事会中增加社区代表。

(2)确保行政领导对政府合同与合同管理了如指掌。

(3)扩大该机构的选区以便抵消政府合同的狭隘关注。这一点可以通过扩大董事会组成、与其他组织联手、改变会员资格规则或创建顾问委员会来实现。

(4)通过代表客户和社区需求、支持主要社区领导、唤醒领导关注组织活动等方式来参与政策过程。

已获收入、贷款和股本

公益创业家可以从各种与市场有关的来源中获得资金,包括他们在市场中获得的资金、来自各种来源的贷款以及新进入的私人投资者。

已获收入

尽管非营利组织已获收入并非一个新现象,但正如早先引用的图表所示,它近来变得更重要了。这一点源于需求增加、政府资金削减、慈善事业受限、竞争加剧以及强调公共部门和非营利部门中以市场为基础的解决方案导致的保守意识形态。[33]

我们要着重考虑进行活动的程度,一方面创造有助于使命的收入,另一方面生成财务盈余。图 6.4 揭示了四种可能性。如果收入水平低,创造收入的活动仅仅与使命有细微的联系,这一收入可以被看作"可任意处理",组织应该评估它是否值得继续。如果活动所生产的收入水平有望增长,那么继续活动十分明智。此外,也许还有非财务目标,比如社区期望中希望将服务提供给特定的受益人。如果生产低收入的活动有助于使命,那么低收入将起到补充作用。组织应该评估在同样的使命作用下,是否可以增加收入或能否通过无偿活动来增加使命的影响。

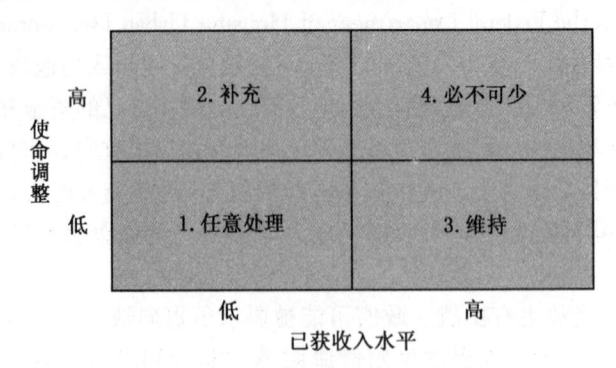

使命调整	低已获收入水平	高已获收入水平
高	2. 补充	4. 必不可少
低	1. 任意处理	3. 维持

资料来源:魏—斯基勒恩、奥斯丁、伦纳德和史蒂文森(2007:14)。

图 6.4　产生与扩大社会影响力的过程

与使命无关但是生产重大收入的已获收入活动起到了维持作用。例如,一家博物馆可能出版一份带有广告的杂志,且这则广告与其艺术教育与保存的使命无关。又或者一所大学可能经营一家面向大众的自助餐厅。我们必须注意到非营利组织被要求为与其使命无关的业务收入纳税,即非相关业务所得税(UBIT)。此外,尽管没有固定准则,但是如果一家非营利组织无关收入水平高,它可能面临法律问题。一名法律顾问建议,"如果一家组织的无关业务收入超过其总收入的20%,那么就应该慎重评估和监控组织的法律风险和可用选项。一旦组织的非业务收入超过50%,那么它可能很难继续向美国国税局说明组织需要进一步豁免的原因。"[35]在这种情况下,非营利组织应该评估是否太多的活动已偏离了使命。一个选择就是将这一活动作为一家营利组织的下属单位。最后,已获收入活动可能是组织必不可少的一部分。在这种情况下,活动非常符合使命,并创造实质性收入。例如,善意实业从二手商品的销售中获得其大部分收入。我们还看到现在用餐从与使命相关的商业活动中获取44%的收入。鉴于其与使命一致,非营利组织这一收入没有被征税。虽然这一制度安排克服了其他限制,但是使命与市场活动的关系可能会出现紧张。例如,为了增加收入,组织可能更愿意服务付费更多的客户,但这损害了那些付费较少却也需要服务的顾客的利益。公益企业应当意识到并防范使命转移的情况。

还有几个因素决定了一个创收项目是应当由组织提供还是由独立注册公司提供。[36]带有下述特征的项目更加适合独立注册公司:(1)买家完全受自我利益驱动;(2)生产的主要动机是获取收入;(3)销售创造正利润流;(4)员工领取工资;(5)供应商收取正常的费用。

另一方面,带有下述特征的项目更加适合直接提供:(1)对买家善意与慈善感有吸引力的产出;(2)生产的主要动机是使命;(3)销售收入不能覆盖项目成本;(4)志愿者可以为项目做贡献;(5)供应商用收费或捐赠来资助经营。

安德森、迪斯和艾默生概述了公益企业可以用来获取收入的三大战略。这些战略包括为他们做过的一切支付报酬、创立一家新商业企业,或建立收入关系。[37]他们的讨论可以概括为:为你所做的一切支付报酬是假设一个正在进行的项目做出决定开始向主要受益人收费,向感兴趣的第三方收费,或者两者都收费。这中间存在许多潜在收益。服务收费将筛选出那些获得较少价值的人,鼓励有效使用资源,预示项目质量。付费客户不会将自己看作慈善接受者,所以他们将会对项目承担更多责任,让组织了解到他们是否能获得他们所期望的价值。最后,这一战略可以为其他需要追加资金的项目产生收入。其缺点在于,客户可能抵制向先前免费提供的东西征收费用。另外,将慈善项目转化为收费项目,员工与董事会成员对此可能有道德方面的担忧。

新商业企业,是在组织拥有或可以生产对别人有价值的东西的基础上形成的。基于使命的企业极有可能最为常见。这就需要生产和销售推进使命的物品或服务;例如,培训和雇用弱势群体。但是,另外一些企业会建立在员工的能力、技巧与知识之上;建立在组织拥有的有形资产与无形资产之上;建立在组织与捐赠者、客户、员工、校友、董事会成员与其他人的关系之上。其收益包括使命的积极效果、提升员工业务技术与战略技巧、形成一种创业型的组织文化和改善市场约束。

商业企业面临着诸多挑战。组织必须有足够的管理人员、员工、文化与基础设施来支持企业。必须获得启动资金和持续发展所需要的资金,还必须经受住市场和环境因素变化的考验。

最后,收入关系可以通过与合伙人共享创收的公司建立合作伙伴关系来形成。这一点包括善因营销、合资企业、发放许可证和赞助协议。这些战略中的每一项既有潜在收益,也有风险和挑战,还有应该慎重考虑的成功的关键因素。

在善因营销中,公司的营销与非营利组织有关。非营利组织提供其名称和承诺给公益机构,并从公司销售中提成。例如,一家娱乐场生产厂家卡布姆!(KaBOOM!)同本杰里(Ben & Jerry's)合作去开发和推广一款新味道冰淇淋——卡伯里卡布姆!(KaBerry KaBomm!)本杰里提供一部分冰淇淋让卡布姆!销售。除了获取收入,非营利组织还可以增加知名度。促销关系经常要将两个组织的标识在广告、展览与媒体活动上连接在一起。在非营利组织与公司的所有联系之中,对于非营利组织而言十分重要的是公司产品不能与非营利组织使命发生冲突。

合资企业是由非营利组织和公司为生产项目、产品或服务而进行的新计划。他们能利用合作方独特的资产、优势或能力。非营利组织可以获得新资本、管理或技术技巧。但它也面临着偏离非营利组织使命、潜在的财务损失、公司行动破坏非营利组织声誉以及可能面临法律制裁等风险。[38]

许可协议是一份合同,允许公司在其产品中使用非营利组织的名称或标识,以换取特许权使用费。[39]公司希望既要吸引认同非营利组织事业的顾客,又要体现更多的关怀。在这种情况下,非营利组织为公司背书,而保持公司的产品和非营利组织的使命之间的一致性显得尤为重要。

在赞助上,由于公司在与非营利组织的产品或服务的连接中使用了其名称或标识而要为此付费。[40]赞助在许多非营利事件中随处可见,比如,慈善体育赛事或比赛中参与者所穿的T恤。奔向康复(The Race for the Cure)就是一个著名的例子。[41]

贷款和股权融资

投资者也具有制造社会影响的选择权。投资公益企业并非新鲜事。40多年来,美国基金会一直使用项目投资(Program-Related Investments, PRIs)来解决社会需求。投资从住房、教育、健康到社区发展、环境、艺术与文化等方面进行,从而满足需求。项目投资是基金会进行的,支持慈善活动的投资,与拨款不同,项目投资通过还款或股权给基金会以投资回报。据福特基金会描述,自从20世纪60年代首次使用以来,项目投资帮助组织开创了一个贷款偿还的历史,创造了收入,获得了新资金,开创了财务管理的历史。[42]在将项目投资用于慈善目的时,基金会通常动作缓慢。印第安纳大学慈善研究中心(the Center on Philanthropy at Indiana University)的一项研究表明,在过去的20多年里,每年进行项目投资的美国基金会不到1%。2004年,是项目投资活动的高峰,就项目投资总数目而言,只有137家基金会进行了项目投资,总计3.126亿美元,只占了全国基金会和拨款一小部分。当年基金会拨款总计318亿美元。[43]但是,研究断言,当前越来越多的资助者正在积极热衷于学会使用项目投资,并且在研究他们如何才能取得积极的社会影响。有机构在为项目投资上提供帮助。例如,一家非营利金融服务组织RSF社会金融(RSF Social Finance)曾经帮助过那些热心参与项目投资但自身却无能为力的基金会。[44]最低1万美元，期限为五年，参与RSF PRI基金（RSF PRI Funds）得到了每年1%的回报。因为RSF PRI是一个集合投资工具，基金会可支持更多的项目，这在原先是不可能的。这既缓解了风险，又最大化其社会影响。

与营利组织相比，非营利组织缺乏资金成长的成熟机制。这在很大程度上是因为缺少在捐赠者、投资者与非营利组织之间传递信息的中介机构。但是这正逐渐变化，一个面向非营利组织的新生资本市场正在诞生。[45]一些新生的中介机构起到了类似于共同基金的作用，从个人和基金会募集资金，开展尽职调查，寻找有效非营利组织并监控绩效。其他中介机构发挥了像创业投资基金一样的功能，伙同资金接受方制定和执行发挥社会影响的战略。例如罗宾汉基金会和新收益公司（New Profit）充当了捐赠者与非营利组织之间的信息与金融中介机构，这是一个在营利部门中盛行的经典组合模型。[46]

最近各种各样更新的金融工具被用来支持公益企业，它们的使用引发了投机，告诉我们正在经历新生资本市场诞生，而这些市场可能为公益企业释放重要的新兴资源。例如，影响力投资者："打算创造积极影响与不同水平的财务回报，二者均要管理和测量其所创造的混合价值。"[47]这些投资者使用了回报、风险和影响来评估投资选项。投资者可以是私营企业（比如养老基金或开发银行）、非营利组织（比如RSF）或个人。这个资本可能通过股票、债券、流动资本信用额度和贷款担保的形式体现。实例包括：小额贷款投资、社区发展金融以及清洁技术。一家叫摩立特集团（Monitor Group）的研究公司2009年的一份报告预测：影响力投资公司资产可能会从目前估计大约500亿美元在未来十年中增长到5 000亿美元。[48]如果真是这样，那么这将接近基金会的总资产，成为投资的重要来源。

影响力投资者在他们偏好财务回报或社会影响的程度上有所差异：[49]

财务第一位的投资者寻求财务收益最大化，社会影响是底线。他们大多数是商业投资者，寻求市场利率回报，同时也提供一些社会或环境产品。

影响第一位的投资者寻求社会或环境回报最大化，财务收益是底线。他们接受从本金保护到市场利率一定范围内的回报。

一个关于影响第一位投资者的例子是RSF公益投资基金（RSF's Social Investment Fund）。[50]这是一种多元化的直接贷款基金，包括80家主要非营利组织和营利公益组织。这一基金提供抵押贷款、流动资本信用额度以及存货融资，支持致力于提高社会福利和改善环境的非营利组织和营利组织。除了这些社会与环境回报，基金投资者还可以获得类似于银行大额存单的财务回报。

其他影响力投资者想要创造有意义的社会和环境影响，但也要求此类影响的证据。[51]社会影响债券（Social Impact Bonds，SIBs）是个好例子〔也被称为基于绩效给付的债券（Pay-For-Success Bonds）〕。他们使非营利组织服务提供者、私人投资者和政府的利益保持一致。[52]一家中介机构发行社会影响债券，并向私人投资者筹集资本。中介机构将社会影响债券的收益转移给非营利组织服务提供者，后者利用这笔资金作为运营资本，去扩展以事实为基础的预防计划。通过提供有效预防计划，非营利组织改善了社会结果，减少了对更加昂贵的安全网服务的需求。综观这一工具的生命,中介机构协调 SIB 各方,提供操作监督,指挥现金流动,并监控投资。独立的评估者根据政府合同的条款来确定目标结果能否实现。如果目标完成了,那么政府支付中介机构节约资金的一个百分比,保留其余部分。如果目标没完成,政府就不需要支付资金。如果目标完成了,那么投资者会得到本金和一定的回报率。

所有的利益相关者得到收益。非营利组织可以获得成长资本扩大运营规模,并获得稳定且可预测的收入流而无需进行劳动密集型的筹资。投资者既获得经济回报,又获得社会收益,并参与到带有投资组合多样化收益的新兴资产类别中。政府为纳税人资金收益负责,减少对昂贵的下游整治的需求,增加了对公民有效服务供给,也没有财务风险。社区获得不断增加的有效社会服务供给,减少了对危机驱动的干预需求。

结　语

在本章中,我们考察了公益创业的资金来源选项。尽管公益企业的基本目的不是最大化其资金,但资金是其存在的关键因素。可用资金的类型取决于公益企业的制度本质(公共的或私人的,非营利的或营利的)和企业的使命。在某些情况下,可以使用的资金来源选项丰富;在另外一些情况下,资金来源选项有限。在每种情况下,公益创业家必须意识到不同资金来源的机会与挑战,也要意识到他们需要的管理挑战。

在下一章,我们将关注现存组织中公益创业问题。这一制度设置对于公益创业而言具有多种结果,包括它如何创办,如何适应组织中的其他项目。

练　习

练习 6.1

一般来说,公共机构、营利组织或非营利组织是否有更多来源为其公益企业提供资金?这一点如何可能影响到他们的公益创业?用每个部门中真实或假设的企业例子来说明你的观点。

练习 6.2

对于非营利组织而言,企业提供给公益创业的慈善资金与提供给确定社会服务提供者正在进行的社会项目的常规资金有怎样的不同?请用一个创业企业和一个确定的正在进行的社会项目来说明你的观点。

练习 6.3

来自已获收入的公益企业资金的收益是什么?举出一家可以用已获收入提供资金的公益企业。争取和使用已获收入资金来源的挑战可能是什么?你所举出的企业也具有这些挑战吗?如果是这样,这些企业可能如何来应对它们?

第三部分

理解和管理公益内部创业过程

第七章　公益创业：内部创新

　　成立于1986年的国际基督合作伙伴(Partner in Christ International, PICI)是一个国际性的、无教派、基督教徒布道团组织，总部位于亚利桑那州坦佩(Tempe)。PICI的使命是"(服务)墨西哥和美国边境两侧福音派教堂，通过合作伙伴关系将他们联系到一起"。它力争通过与土著教派和牧师合作来实现这一使命，以满足需要，加强或填补其工作的机会。

　　PICI运行的一个关键策略是促进本地新教教会之间的联合，培训和授权当地牧师和教堂首领。PICI已经在墨西哥索诺拉(Sonora)州的两座城市埃莫西约(Herosillo)、瓜伊马斯(Guayas)实施该策略。牧师们不仅一起开会，互提建议，互相鼓励，而且为遍及整个城市的牧师研究战略。此外，他们联合起来为教会成员教授神学院的课程。每位牧师教一门课程，社区成员可以注册登记，接受在其他地方难以获得的系统且深入的指导。这些教派联盟也促成了一些事件和地区会议，他们抓住机会，动员基督社区向着教会达成一致的远景或预言发展。

　　在初创时期，PICI为索诺拉伊穆里斯(Imuris)镇的儿童之家——伊丽莎白公寓(Casa Elizabet)——提供财务和咨询帮助，并帮助索诺拉的当地教会从事其教会种植工作。当服务索诺拉人社区的机会增加时，PICI开始组织短期旅行，来自美国亚利桑那和其他诸多地区的团队可以提供支持并和墨西哥教派一起工作。PICI每年组织5～10次布道旅行，来自美国的团队会到墨西哥或尼加拉瓜旅行一个星期，并和当地的教会一起工作。旅行可能在细节上有所不同，但几乎所有的人都关注项目建设、福音传道和医疗保健。此外，PICI筹集资金资助尼加拉瓜的两座孤儿院，还有组织去墨西哥、尼加拉瓜、印度的医疗旅行以及斯洛文尼亚的英语夏令营。在美国，其志愿者经营的"轮椅之上"(Wheel from Above)项目为残疾人提供电动轮椅。

　　最后，PICI通过出售圣经研究书籍及西班牙语门徒训练教材，支持拉美裔神职人员。在西班牙和美国的拉美裔教会领导者从PICI的亚利桑那州总部订购书籍。[1]

　　在一篇题为《保持日常工作，具备真正影响》(Have a Real Impact: Keep Your Day Job)的文章中，南希·麦高(Nancy McGaw)提出社会内部创业是一个有希望解决紧迫的社会和环境问题的办法。公益创业家不再需要创建他们自己的组织去处理社会问题。相反,他们可以通过现有的工作去解决。南希分享了她在阿斯彭学院商业与社会项目的"先驱者奖学金"(First Mover Fellowship)项目做负责人时的一些案例。在那里,她和一些世界范围内杰出的公益内部创业者在商业上合作,并研究他们在组织中试行的创新:

以联合利华的詹姆士·恩格利斯拜(James Inglesby)为例,詹姆士利用他作为化学工程师的专长为金字塔底部的消费者创造了新的商业模式。南非即取即付(Pick n'pay)连锁店的苏珊娜·阿克曼—伯曼(Suzanne Ackerman-Berman)正领导一个创新实验室来帮助小农场主和企业家成为零售产业的可靠供应商。陶氏化学的唐·贝克(Dawn Baker)正在改进领导开发产品以确保其公司的可持续发展目标。房地产服务的全球领军企业,世邦魏理仕(CBRE)的马特·埃利斯(Matt Ellis),正在设计能为客户节能计划提供资金的融资结构。在云计算公司 VMware,尼古拉·阿库特(Nicola Acutt)正在主持技术服务项目,开发有才华员工的创造力以解决社会问题和发现商业机会。[2]

本书到目前为止,我们的讨论集中于公益创业的启动,也就是说,一位公益创业家发现一个解决社会需求的创新机会,并集中所有必要的资源将机会发展成一个新组织。然而,并非所有的公益创业活动都适用于这个模型:正如先前提到的一个例子所表明的,如果他们是公共的、非营利的或营利性的实体,那么公益创业活动通常起源于一个现存组织。一些人可能会被一个现有组织的使命所吸引,因此决定将他们的企业家才干贡献于这个组织;其他人也许会被扭转一个失败企业的想法所诱惑。[3] 事实上,彼得·弗朗金(Peter Frumkin)认为,加入现有非营利组织的人们的创业活动可能是导致非营利组织低失败率的部分原因。[4]

在本章,我们认为"公益内部创业"是"公益创业"的一个子集。公益内部创业被定义为在一个现有企业中的公益创业,指的是新创企业或是创业过程创新。我们从讨论社会创业的概念和它的各种维度(公司内部新创事业、产品和服务创新以及自我革新)开始。接着,我们提出一个理解公益内部创业前因后果的概念框架。然后,我们调查研究公益内部创业的过程,并解决以下问题:创业机会在一个已有组织中如何存在?组织中的哪些人追求这些机会?为什么组织选择一些公益创业机会而忽略其他机会?我们将以探讨推动公益内部创业所面临独特的挑战和机会来结束本章。

公益内部创业概念厘清

与公益创业不同,公益内部创业几乎到最近才引起学术关注。为了更好地了解这个概念,我们首先简要讨论它在商业创业中的同类概念:内部创业。

内部创业这个概念最早出现在 1978 年吉福德(Gifford)和伊丽莎白·平肖(Elizabeth Pinchot)写的一篇文章中。[5] 内部创业被贴着"企业创业"、"企业创投"以及"企业内部创投"各种标签,可以被宽泛地定义为在现有组织之中创业。然而,除了这一点，它还可以用不同的方式来界定。比如，一种定义将内部创业看作一个组织内部人不依赖于当前掌控的资源，而追求商机的过程。[6] 另一个定义把它看作"某一组织偏离习惯性做法的紧急行为意图和行动"。[7] 还有另一个定义把它定义为"在现有公司中创造新公司以提高组织的营利性和加强公司的竞争地位的过程"。[8] 第四种定义把它描述为"企业通过内部发展从事多样化的过程"，这一过程涉及"整合新资源使企业活动扩大到与当前能力范围和相应的机会无关或很少相关的领域"。[9]

尽管缺少内部创业的统一定义，大多数作者似乎同意内部创业不仅包括新兴商业投资，而且包括其他的创新活动和倾向，比如开发新产品、服务、管理技术、提出新战略以及提升竞争地位。[10] 内部创业可以是正式和非正式的：一些是指定单位领导业务的正式活动（比如新企业分部），另一些是由现有部门个人或特设小组领导的非正式的创新活动。公司创业活动可能面向内部或外部。内部活动可能包括组织不同层次的产品、流程与管理创新，外部活动可能包括兼并、合资或收购。[11]

表 7.1 展示了一个来自新发表的论文中对于公益内部创业定义的示例。

表 7.1　　　　　　　　　　　　社会内部创业定义示例

布鲁克斯（Brooks, 2008）[12]	发生在现有企业之中的公益创业行为。
格雷森、麦克拉伦和施皮策克（Grayson, McLaren, & Spitzeck, 2011）[13]	公益内部创业家是大公司中采取直接创新行动来有力地解决社会或环境挑战的人。
金斯达克和比米什（Kistruck & Beamish, 2010）[14]	起源于现存非营利组织和营利组织之外的公益创业。
梅尔和马蒂（Mair & Marti, 2006）[15]	公益创业由既有组织进行。正如商业部门中的内部创业，公益内部创业可能不是新企业的形成就是创业过程创新。
施密茨和舒伊尔勒（Schmitz & Scheuerle, 2012）[16]	根深蒂固的组织中的公益创业，通常是指旨在搜寻可供选择的融资策略的非营利行动。
尤素福（Yusuf, 2005）[17]	公益内部创业包括私人部门、公共部门或非营利部门任何一家组织范围内进行创造社会价值的创业活动。

正如我们从这个定义的小例子看到的那样，学者界定公益内部创业的方式与已有的文献界定内部创业的方式十分类似：它可能是现有组织创建新公司，但也可能是现有企业中一个创新项目和创新过程。它不仅限于非营利组织也包括政府部门和营利企业。

公益内部创业的维度

人们可以在所有三个部门和大、中、小型组织中观察到和发现各种各样的公益内部创业活动。借鉴之前内部创业研究的观点，[18] 我们可以从三个维度来理解公益内部创业活动：新商业创投、产品和服务创新以及自主革新。

新商业创投

新商业创投指的是在现有组织内通过重新定义公司的产品（或服务）和/或开发新市场来建立一家新公司。比如，美国帕拉那面包（Paner Bread）最近在密苏里州克莱顿（Clayton）开了其第一家帕拉那咖啡馆（Panera Cares Café）。这家咖啡馆与其他帕拉那分支部门不同的地方是它的"能付多少付多少"菜单：没有价格和收银机，只有建议捐助水平和捐赠箱。[19] 类似的新商业创投的例子包括摩斯拉公司（Mozilla Corporation）——摩斯拉基金的一个附属营利机构，摩斯拉基金因其火狐浏览器而闻名；谷歌基金——谷歌公司的一家非营利附属机构。[20]

产品和服务创新

这个维度包括新产品和新服务的开发、产品和服务的改进以及新产品或新服务的提供方式或程序。例如，文本2救助项目（Text 2 Help Program）是一个由美国红十字会（the American Red Cross）创建的移动捐赠项目。当美国红十字会和无线电基金会（the Wireless Foundation）联合在2008年文本2救助活动中让这一项目首次登台亮相时，它成功地通过38 091条短信筹集到了19万美元，为遭受飓风古斯塔夫（Hurricane Gustav）和艾克（Hurricane Ike）等自然灾害的灾民提供救济。[21] 另一个例子存在于你的当地咖啡馆的菜单里——一个新的产品项目"待用咖啡"（suspended coffee）。"待用咖啡"是由一些顾客预先为一些买不起热饮的人（比如无家可归的人）买一杯咖啡。"待用咖啡"的想法起源于大约一个世纪以前意大利的那不勒斯，在过去几年开始在全世界的咖啡店流行。[22]

自主革新

自主革新反映了组织通过其使命和战略重点的革新来实现转型。它包括了商业概念再定义、重组以及创新引起的系统变化。比如，最近几年，美国洛杉矶县的美国肺病协会（the American Lung Association of Los Angeles County）经历了一个自我革新的过程。它重新审视其组织使命和战略，并于2006年将它的名字改为洛杉矶县呼吸加利福尼亚（BREATHE LA）以更好地反映其革新重点——"一家独立解决洛杉矶县空气质量和健康需要的肺脏保健组织"。[23]

这三个维度共同组成了公益内部创业的基础，但它们的关注点不同。新商业创投强调现有组织内部的发展，新企业可以与组织当前的使命和战略中心有关或无关。产品和服务创新不仅重视新产品、新服务、新项目的创造，而且重视改进其现有产品、服务和项目的渐进创新。自主革新关注战略再规划、重组以及组织变革。虽然自主创新可能最终会体现在新企业建立、新产品（服务）提供，和/或新市场进入上，但是它在一个更高的层面上决定了组织的创业方向和精神。

上文所述的三种类型公益内部创业活动尽管在关注点上有所不同，但是它们彼此也具有共同的特征。这些共同的因素如下：[24]

（1）产生新事物，有可能是新产品、新服务、新项目、新流程或新企业。

（2）新产品、新服务、新项目、新流程或新企业是为了创造经济和/或社会价值。

（3）新产品、新服务、新项目、新流程或新企业需要额外资源和/或在现有组织内如何利用资源进行变革。

（4）新产品、新服务、新项目、新流程或新企业面临更高水平的风险，因为其尚未被证实。即使组织自身进行创新，但对市场而言并不新鲜，组织实现创新的能力仍然未被证明，有更大可能失败。

（5）通过创造和实现新产品、新服务、新项目、新流程或新企业过程中有组织地学习，组织发展了新的技能与能力。

我们需要注意内部创业文献实际上包括了内部创业的第四个特点：前瞻性。正如我们在第二章讨论的，前瞻性指的是通过寻求新机会和战略引进新产品、淘汰过时的经营方式以"期待并作用于将来需要的过程"。[25] 作为组织创业导向的一个关键方面，前瞻性具体体现在新企业创业、新产品与新服务创新以及现有组织的自我更新的实践中。根据这种理解，我们决定将其排除在内部创业维度之外。

公益内部创业的前因后果

学者们确认了公益内部创业的两组主要起因：内部原因属于一整套组织特点，外部原因属于外部环境。我们可以根据诸多维度之间的相互关系，来进一步讨论这些原因及其对应的维度。内部创业结果的讨论聚焦于组织的绩效。[26] 根据沃克（Walker）[27]和科尼（Kearney），希斯瑞克（Hisrich）与罗奇（Roche）[28]研发的模型，图7.1中展示了一个内部创业的概念框架。这个框架描述了有关公益内部创业的主要原因和公益内部创业对组织绩效的作用。[29]

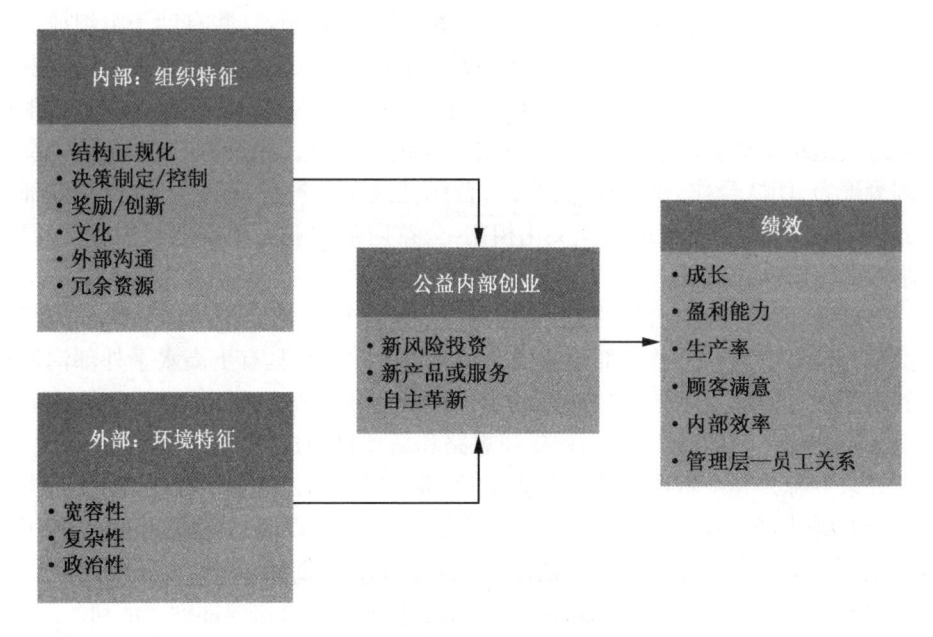

内部：组织特征
- 结构正规化
- 决策制定/控制
- 奖励/创新
- 文化
- 外部沟通
- 冗余资源

公益内部创业
- 新风险投资
- 新产品或服务
- 自主革新

绩效
- 成长
- 盈利能力
- 生产率
- 顾客满意
- 内部效率
- 管理层—员工关系

外部：环境特征
- 宽容性
- 复杂性
- 政治性

图 7.1　内部创业的前因后果

内部因素：组织特征

内部因素指的是一家组织中对于任何公益内部创业发生而言某些至关重要的特征。构成组织内部环境的特点有许多，包括结构或正规化、沟通、目标、决策或控制、回报或动机、文化、管理层支持、风险承担以及前瞻性。在本节中，我们将强调一些特别重要的方面。

结构正规。比起具有机械结构与高正规化的组织，公益内部创业更容易发生在有机结构和低正规化的组织中。内部创业的产生和发展需要组织有更大的灵活性和适应性，因为高度的严苛性和繁文缛节是与创业文化的发展相冲突的。正如萨德勒（Sadler）所说，"有机结构比机械结构更有适应性，更公开地沟通，更妥协一致，更放松管制"。[30]

决策制定/控制。比起那些更严格、集中决策和高度正式控制的组织来说，内部创业更容易发生在具有更多灵活性、非集中决策、更少正式控制机构的组织中。决策模型结构和体制对一家公司的管理和控制是必要的，但它们不应该破坏灵活性、直觉、天赋和创造力。面对过多的正式控制，内部创业企业家会发现他们受阻并受挫，因而减少从事公益内部创业活动的动机。[31]

回报和动机。比起低回报和低激励的组织，内部创业更容易产生在高回报和高激励的组织中。创业管理者更喜欢那种鼓励承担可计量的风险，并且当风险项目失败时，倾向于不对管理者进行惩罚的组织工作环境。[32]此外，优秀的表现应该被承认并奖励；否则，员工就没有动机进行冒险。一个激发创业活动的有效薪酬制度"必须考虑目标、反馈，强调个体责任和基于结果的激励"。[33]

文化。组织文化包括一整套的共享价值、信仰和设想，这些有助于组织成员理解组织功能从而引导他们在组织中的态度与行为。组织文化是组织中促进创业活动的一个影响因素。一种能够给员工足够的空间去表达他们的创造力和允许他们冒风险去追求新机会的组织文化，会促进公益内部创业。相反，如果一种组织文化强调凝聚力、团队合作、稳定性、安全性、合作性或避免冲突，就会阻碍公益内部创业。[35]简言之，与严格受限的组织文化相比，公益内部创业更确定地与具有灵活性、鼓励性的组织文化有关。

外部沟通。外部沟通指的是环境扫描过程和强度，它允许组织从外部进行信息检索与信息交换。公益内部创业更有可能发生在一个具有更高水平外部沟通特征的组织中。研究显示外部沟通有助于当地政府采纳组织创新，它帮助管理人员拓宽关于外部环境的知识，从而产生新思路和新项目的建议。[36]

冗余资源。冗余资源即全部资源和全部有用支出的差额。[37]这一冗余充当了一种资源缓冲，公司可以以自由裁量的方式使用，既可以应对危机，也可以利用机遇。[38]有了冗余资源，组织具有了创新能力，能够承担创新成本，不受限地进行实验。因此，具有更多的冗余资源的组织可能会有更多的公益内部创业活动。

使命。一个组织的使命在宏观层面上引导了整个战略计划。这一组织特征与"使命驱动"的非营利组织特别相关。研究发现，带有清晰且有激励使命的非营利组织更具有创新性。具体地说，一个清晰且有激励作用的组织使命，有助于组织把注意力集中在最有可能支持完成使命的创新上;这样的使命也创造了氛围,让创新有公平的成功机会。[39]

外部因素:环境特征

外部环境是公益内部创业的一个基本决定因素。外部环境中与公益内部创业有关的因素可能包括技术机会、产业成长和对新产品的需求(有利于内部创新的),还有威胁性的变革和增多的竞争对手,这些被认为是不利于内部创业的。学者们将这些因素分成了三类:宽容性、复杂性和政治性。

宽容性。宽容性指的是环境对于组织成长的支持。它是一个多维的概念,体现在行业销售高速增长、技术机会、对新产品和服务的需求上。[40]察觉到一个行业的衰退可以推动组织增加革新活动。对新产品(或服务)的需求也表现出了一种重要的鼓励内部创业的需求拉动。因此我们可以预计,技术机会、产业增长和对新产品(或服务)的需求与公益内部创业有正相关关系。宽松的环境有助于公司创造冗余资源,反过来有利于内部创业。[41]更进一步说,宽松环境使组织能够在出现内部与外部问题时获得外部资源支持。[42]因此,较之停滞不前的环境,公益内部创业预期更有可能发生在更宽松的环境中。

复杂性。一个高度混乱的外部环境意味着一系列不断变化的、不利的、复杂棘手的环境条件。[43]管理人员,尤其是公共部门的管理人员现在所面临的环境,比过去更加复杂、更加充满变数、更加险恶。组织应对环境变化的能力是非常有限的,这不仅受限于资源,也受限于构成组织特征的管理理念和结构。[44]公益内部创业更有可能出现在复杂的环境中,而不是简单且友善的环境之中。

政治性。这一环境特征与公共部门和非营利组织尤其相关。政治限制的普遍性导致了公共政策频繁变动,要求实施短期预算约束,对公共部门及非营利组织管理者要求相应规划周期。商业组织极其重视经济问题,而公共和非营利组织则不断地受到政治问题的影响,比如意见领袖的观点,立法者和利益集团完全操控,还有反对某一机构特权等。[45]因此,与不能适应政治环境和随政治环境改变的组织相比,公益内部创业更明确地与能适应政治环境、随政治环境改变的组织的组织绩效有关。

组织绩效

正如柯维(Covin)和斯莱文(Slevin)指出,"对创业不断增长的研究兴趣,不但是对创业活动会带来积极的宏观经济结果这一信念的反应,而且也是对这些活动将会导致现有企业改善绩效这一信念的回应"。[46]换言之,组织绩效改善被认为是内部创业的结果。学者们认为,那些开拓有利于内部创业的组织环境,并且在创业导向和行为方面实际参与了内部创业的组织,可能具有更高水平的增长、营利能力、生产率或新创造的财富。[47]

对公共部门组织和非营利组织而言,尽管他们没有和商业组织所做的那样与内部创业合为一体,但是显然,这些组织能够从创业文化和创新文化中获得巨大的收益。这些收益包括改善的顾客服务和满意度、更好的内部流程、更合理的薪酬制度、改善的沟通以及更好的管理层和员工关系。因此,在公共部门和非营利组织中衍生的内部创业和创新也会提高这些组织的整体绩效。[48]

公益内部创业的管理挑战

作为管理专家,汤姆·彼得斯(Tom Peters)和罗伯特·沃特曼(Robert Waterman)在他们的畅销书《追求卓越》(*In Search of Excellence*)中指出,大型组织的最重要的问题之一是,它们停止了让它们一开始就变得强大的事情:创新。汤姆·彼得斯和罗伯特·沃特曼确定了他们选择出来加以研究的公司成功的八个共同主题,其中之一是"自主权和公益创业精神——培养创新和培育'支持者'"。[49]

阿胡贾(Ahuja)和莫里斯·兰珀(Morris Lamper)指出了抑制现有公司创新突破的三个组织病症:熟悉陷阱——赞成熟悉的;成熟陷阱——支持成熟的;近距离陷阱——喜欢寻找和已有方案接近的方案。他们认为用新技术(公司缺少先前经验的技术)、新兴的技术(那些本行业最近出现或新发展的技术)、首创的技术(非建立在任何现有技术上的技术)进行试验,公司可以克服这些陷阱并产生突破性创新。[50]尽管他们的研究着眼于企业视角,但是他们的观点,仍然可以用于增强我们对公共部门和非营利部门环境中内部创业挑战的理解。

抛开这些共同的挑战不谈,在公共组织和非营利组织中追求内部创业面临着一些特殊的困难。马尔根(Mulgan)和奥尔伯里(Albury)指出了在公共部门中普遍阻碍创新的关键因素。[51]

(1)压力和负担:管理人员有太大的人力资源压力和行政负担,以至于很少有时间停下来好好想想如何用不同的方式去做事情。

(2)短期行为:短期预算和规划周期妨碍产生短期成本的创新活动。因为很少有创新企业能够在每年保持收支平衡的义务中生存下来。

(3)缺少对创新的回报和激励:公共部门传统上对创新失败的惩罚高于对创新成功的回报。

(4)保守文化:由于需要保持连续性,以及对公众责任的义务,再加上极少的回报和激励,厌恶风险的组织文化可能阻止创新。

(5)缺少技能:即使管理者有机会和动机去创新,也可能缺少改进管理的技能。

(6)应对失败:经理们不愿意中止失败的项目和组织。

鲍里斯(Borins)提供了他的经验研究结果,这些都是从他所研究的全球300余个政府改革者在公共部门实施创新遇到的障碍中得到的。他把阻碍创新的障碍分成了三组:第一组包括来自官僚机构/组织的障碍,比如敌对的态度、势力斗争、组织协调困难、逻辑问题、保持项目员工的热情、引进新技术的困难、联盟反对、中层管理者的阻力和公共部门对创业行为的反对。第二组障碍主要来自政治环境;包括资金和资源不充足、立法或规则制约和政治反对。一个常见的来自官僚机构和政治领域的障碍是资源不足,这是官僚机构或政治层面的资金资助决策的结果。第三组障碍存在于外部环境,包括公众质疑项目的有效性、难以达到项目目标群体、私人部门——包括可能会加剧竞争实体中受影响者的反对,以及大众的反对或质疑。[52]

在非洲和拉丁美洲的一项有十个案例的比较研究中，金斯达克（Kistruck）和比米什（Beamish）根据社会背景和当地环境考察了公益内部创业。他们认为，由于组织存在于社会背景之中，其现有的认知模式、关系模式和文化规范充当了一把"双刃剑"：他们既提供了机会的来源，也限制了内部创业的努力。他们的发现表明，非营利组织与营利组织在成功参与公益内部创业的能力方面有显著差异。更加具体地说，企图将营利公司转向一个更经济或市场取向的路径比将营利组织转向更强社会取向更加难以奏效。研究者们确认了导致这种差异的三种类型的嵌入：认知嵌入、网络嵌入和文化嵌入。[53]

就认知嵌入而言，尽管非营利或营利组织需要经历其内部利益相关者（即雇员）在思想上的认识转变，但是伴随着更多基于市场的活动引入，当转变变得更具有公益创业性时，在非营利情况下的雇员经历过更高程度的认知超载。尤其是在非营利情况下，雇员倾向于把社会目标和财务目标看作矛盾的；相反，在营利情况下，雇员倾向于把它们看作互补的。结果是非营利组织员工不太能够协调经济目标和社会目标，将这些目标与其他利益相关者进行沟通的可能要少于与其营利组织的同行沟通。[54]

就网络嵌入而言，本研究中，发展中国家的非营利组织与其利益相关者互动了几十年；这就形成了一个广泛的社会网络，方便了他们在这些国家的工作。当非营利组织试图改变与利益相关者关系的性质，由单向和赠予转向双向和交易时，当地居民对这一改变做出了负面反应：在许多情况中，尽管有长期的协议以弥补高额初始投资，但是当地人可能投机地参与他们产品销售，经常使得非营利公益企业无法完成订单和产量。相反地，当为了追求社会核心目标而拓宽它们的网络时，营利公司可以利用它们在当前市场的嵌入性。[55]

就文化嵌入而言，发展中国家非营利部门的成员不必被看作利他主义，或是内在驱动而不是外在驱动。欺诈通常发生在发展中国家的非营利组织中，那里的许多非营利组织员工有着高薪工作，过着美好的生活，这导致了对非营利公司缺乏公共信任。[56]

综上所述，认知嵌入、网络嵌入和文化嵌入在组织开始从事公益内部创业活动时发挥了重要限制作用。这些限制作用被发现在非营利组织比在营利组织中作用更显著。

研究者也提出了各种方法克服各种成功程度的公益内部创业面临的挑战的建议。鲍里斯确定了三类主要的策略来克服公共部门创新的障碍：[57]

1. 说服——强调创新的好处，建立示范项目和进行公益营销。

2. 协调——与受影响的各方协商，吸收受影响的各方参与创新管理，对工作受到影响的人进行培训，赔偿失败者，确保方案在文化及语言上敏感。

3. 其他——寻找额外资源、解决逻辑问题，持续努力，获得政治支持和建立联盟，具有清晰愿景并专注于创新最重要的方面，改变技术，修改法律或规则，提供对项目参与者或支持者的认可。

研究清楚地表明,成功的创新者是那些认真对待目标,寻找系统性解决问题的人。

结　语

在本章中,我们讨论了公益内部创业的各个方面。比如公益内部创业的本质和维度、影响因素和预期结果,以及当一个组织参与到公益内部创业时面临的不同挑战。但是一些重要的问题仍然没有答案:现有组织参与公益内部创业活动的过程是什么?它们如何处理新与旧之间的矛盾?组织必须承担起管理内部创新过程的挑战,不仅允许充分开发以保证目前的生存能力,也要充分探索以确保未来的生存能力。然而,要达到两者之间的适当平衡并不容易。特别是,现有的大型组织倾向于更有能力去利用与其现有业务和能力更接近的机会,但在推进探索性创新与突破性创新上就没那么有效了。它们也在通过追求探索性机会"创造未来"与通过追求开创性机会"保护核心"之间摆动不定。[58]

在下一章,我们将通过深入讨论如何有效管理公益内部创业过程,进一步讨论根本的挑战。

练　习

练习7.1
公益内部创业的三个维度是什么?使用案例来比较这三个维度。

练习7.2
选择一家从事公益内部创业活动的企业并详细描述公益内部创业的内部特征和外部特征。在组织的背景下,什么是公益内部创业的绩效?

练习7.3
公益内部创业的挑战是什么?挑战会随着组织的年限、规模、类型或是组织运作的部门而改变吗?提出几种克服挑战的方法。请用事例说明你的观点。

第八章　管理公益内部创业过程

在21世纪的第一个十年,肯尼亚近40%的成年人仍然"没有银行账户",也就是说,他们享受不到金融服务。当需要跨国转账时,他们不得不通过朋友、家人或类似收费公交司机那样转账收费的方式来进行。另一方面,大部分成年人拥有移动电话。

这些事实看起来彼此不相关,但是以英国全球电信巨头沃达丰公司(Vodafane)——坐拥肯尼亚主要移动通信供应方狩猎通信(Safaricom)公司40%的份额——两位公益创业家注意到并确认了一个令人激动的商机:利用沃达丰的移动基础设施为肯尼亚人提供金融服务。尼克·休斯(Nick Hughes),当时是沃达丰公益企业部门的负责人,提出了用移动电话在非洲更有效地发放小额贷款的构想。尼克向英国国际发展部(the U. K. Department for International Development, DFID)提出一个配套资金的建议,并在2004年5月收到了9.6万英镑的拨款来启动这个项目。公司提供了比申请更多的配套资金——99万英镑。在尼克向沃达丰的高管推销这个想法的同时,苏西·朗尼(Susie Lonie),一位沃达丰的高级产品经理,马上进行试点工作来决定肯尼亚人为什么会以及如何用移动技术来转移现金。苏西和她的团队发现,肯尼亚人口中比较贫困的那部分人获得金钱主要方式之一,就是从家庭成员和朋友那里收到钱。跟许多发展中国家一样,掌握市场所需技术的人通常搬到城市工作,并把他们的部分收入寄给他们农村的家人。

在超过18个月的需求评估和一个试验项目后,2007年4月,狩猎通信实施了一个基于手机的新的移动支付和货币转移服务,叫作M-Pesa(M代表"移动","Pesa"是斯瓦里西语的"货币")。M-Pesa服务的目标人群是移动用户,他们由于没有足够的收入,既不能得到银行服务,也没有资格拥有一个银行账户。这项服务允许移动用户仅用很少的钱就可以将他们的钱存入手机中的账户,还可以使用SMS技术向其他用户(包括物品和服务的销售商)发送余额,以及将储蓄兑现。在一年之内,M-Pesa在肯尼亚获得了160万客户。到2011年已经有了1 400万M-Pesa账户,占这个国家储蓄的40%。M-Pesa在肯尼亚获得成功后,沃达丰把这项服务扩展到了非洲和亚洲的其他许多国家。如今,M-Pesa是在发展中国家最成功的基于移动手机的金融服务。值得注意的是,2010年,尼克和苏西一起获得了《经济学家》(*Economist*)杂志评选的社会与经济创新奖(the Social and Economic Innovation Award)。[1]

在接受 Taprootfoundation.org 网站工作的同事劳拉·韦斯（Laura Weiss）采访时，公益创业家兼主根基金会（Taproot Foundation，一家从事无偿专业工作来建设其他非营利组织基础设施的非营利中介机构）创始人亚伦·赫斯特（Aaron Hurst）提出了一个有趣的问题：为什么一个在最初几年充满创造力的组织最后失去了它的创造力？组织如何在其持续成长时设法保持创造力和创新性？亚伦·赫斯特继续解释道：

早期阶段的组织，营利组织或非营利组织……在进行着许多实验，他们也没有大的基础设施，所以改变并非难事，失败也并非灾难——你没有别人那种在网上的工作，你在那里没有期望，仅仅只是去修补、试验以及尝试新事物的更为舒适的环境。当你的组织变得越来越庞大的时候，两个困难出现了——一是当每次想要做出改变，你都处在越来越多的利害关系之中，你的成功承载着人们的生计和期望。另一个是非营利组织资本的限制。他们的员工非常少，以至于他们不仅没有资源去实施一项大胆而新奇的精彩创新，而且他们的员工如此工作辛苦，以至于没有时间停下来去问问题。[2]

在本章中，我们将关注管理公益内部创业过程的挑战与策略。最近，关于内部创业的研究正把它的焦点从"企业家的特征和功能"转移到"创业过程"的本质和特征上来。创业学者把创业过程描述为与发现机会有关的功能、活动或行为的结果，会形成一个创业事件，即一家新组织的诞生。[3] 类似地，我们将公益内部创业过程定义为"将导致现有组织内部新产品、新服务、新企业诞生，并与识别公益创业机会有关的功能、活动、行为的序列"。[4]

正如第七章结尾简要提到的，为了有效地管理公益内部创业过程，已有组织必须要能克服一个根本性的挑战：他们如何才能处理好新旧组织之间的冲突？他们如何达到开发和利用之间适度的平衡？若要理解并解决平衡新旧组织的重要挑战，则需要更仔细地检查"管理层"在公益内部创业过程中的关键作用。

本章描述了三个层面管理的独特作用：基层管理者、中层管理者和高层管理者。我们从讨论中层管理者和基层管理者的作用开始。基层管理者是那些负责直接为组织生产产品或提供服务的人。我们把基层管理者描述为创造、定义或采纳公益创新并愿意为实现创新承担重大风险的支持者。中层管理者占据组织中战略顶点与操作核心之间的位置，在为公益创业计划提供动力中起到了两个独特的作用：评价与推销。首先，他们评估产生于较低层级组织的公益创业计划的战略价值，并估算它们对推动未来组织成长的潜力。其次，他们争取高层管理者关注并支持某一可能超出组织议程的创业计划。接下来，我们讨论高层管理者的作用。高层管理者负责为组织设定目标，决定为实现目标而采取的必要行动，并确定如何最好地利用资源。高层管理者对于促进和推动组织创新意愿和能力，以及对公益内部创业的成功都是至关重要的。

现有组织中创新的本质

在我们继续讨论公益内部创业过程之前,有必要分清探索性机会或计划与开创性机会或计划之间的区别。我们将组织的核心竞争力作为内部公益创业机会的重要特征。因此,"探索性机会"指的是与一个组织的核心竞争力不相关或边缘相关的那些机会,而"开创性计划"指的是相关的机会。这一区别与罗伯特·伯杰尔曼(Robert Burgelman)的现有公司中自主战略计划与诱导战略计划的概念是一致的。根据罗伯特·伯杰尔曼的理论,大部分的战略活动由公司当前的战略概念(如现有公司的新产品发展项目)诱导所致,但是位于当前战略概念范围之外的自主战略活动也出现了。所以,自主战略计划提供了探索性创新的基础,诱导战略计划导向开创性创新。[5]

需要注意的是,我们用与探索性和开创性创新相一致的方式来定义探索性和开创性机会。比如,先前的研究定义探索性创新为根本性的创新,旨在满足新兴客户或市场需要,要求新知识或抛开现有知识。[6] 依照这一定义,探索性机会和开创性机会可以理解成只要追求就可以带来探索性创新和开创性创新的机会。虽然如此,但不是所有的机会最终都会转化成实际的创新。[7]

公益内部创业过程的两阶段模型

罗伯特·伯杰尔曼提出了一个在庞大复杂的组织中,关于创业活动的战略过程的模型(见图 8.1)。

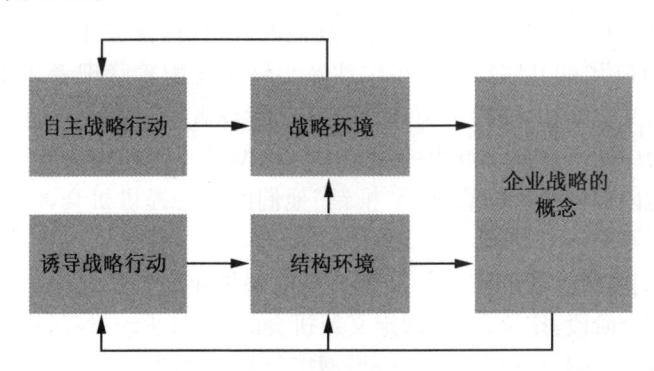

资料来源:伯杰尔曼(1983)。[8]

图 8.1 现有企业中战略决策过程的演化框架

这里,结构环境指的是用于执行公司战略的管理机制,而战略环境指的是中层管理者说服高级管理者重新定义公司战略,以适应自主的战略计划,而不是当前的战略方针。

伯杰尔曼列出了以下要点：

第一，公司战略活动需要多样性和秩序以保持其活力。多样性主要来自于操作层面的自主战略计划的参与者。秩序来自在组织中执行战略概念。

第二，多样化管理需要一个"实验与选择"方法。中层管理者起到了至关重要的作用：他们通过结合分散在公司的经营系统中的各种能力，概念化新业务领域战略来支持早期阶段的自主战略计划。

第三，高层管理者的重要贡献在于战略识别而不是计划。通过允许中层管理者重新定义战略环境和成为一个快速学习者，高层管理者可以确保创业活动反过来符合他们的战略愿景。

第四，高层战略管理应该在很大程度上随着时间的推移平衡好多样性与秩序的重要性。高层管理应该控制好变革的水平和速度而不是创新活动的具体内容。

第五，促进创业参与者与其所活跃的组织之间的协作需要新的管理方法和创新的行政安排。[9]

伯杰尔曼的模型对于理解现有组织中内部创业机会的出现和发展成新产品、新服务、新技术和新企业的过程和机制非常有用。然而许多问题仍然没有答案。比如，内部创业机会如何存在于一个组织之中？尤其是探索性计划（或用伯杰尔曼的措辞是自主战略计划）如何出现在组织之中？为什么一些人会追求这些机会而其他人没有？组织为什么会选择实施了其中一些内部创业机会而忽略了其他？

为了回答这些问题，任(Ren)和郭(Guo)引入了一个内部创业过程的两阶段模型。[10]他们认为在现有组织中发现、评估、选择内部创业机会的过程经历了两个阶段：发现机会的预选阶段，评估机会以及进一步开发一些机会的筛选阶段。聚焦筛选阶段，他们认为组织对一些机会（而非其他的）的选择性关注受到组织注意力结构[11]和"政策窗口"[12]的共同影响。组织注意力结构支配着管理者注意力焦点分配的社会、经济、文化结构，而政策窗口让公司的管理者被迫在组织范围内各种各样的竞争性机会中做出选择。组织的注意力结构偏爱开创性机会胜于探索性机会。"政策窗口"为内部创业者向管理后"推销"他们的机会提供机会，但他们对特殊机会的影响有所不同。

现在，我们将任和郭的模型扩展到公益内部创业的背景之中。我们强调公益内部创业的两个阶段：定义过程，即定义新机会的过程；驱动过程，即机会从组织获得并维持的过程。图8.2提供了这个模型简化版的说明。

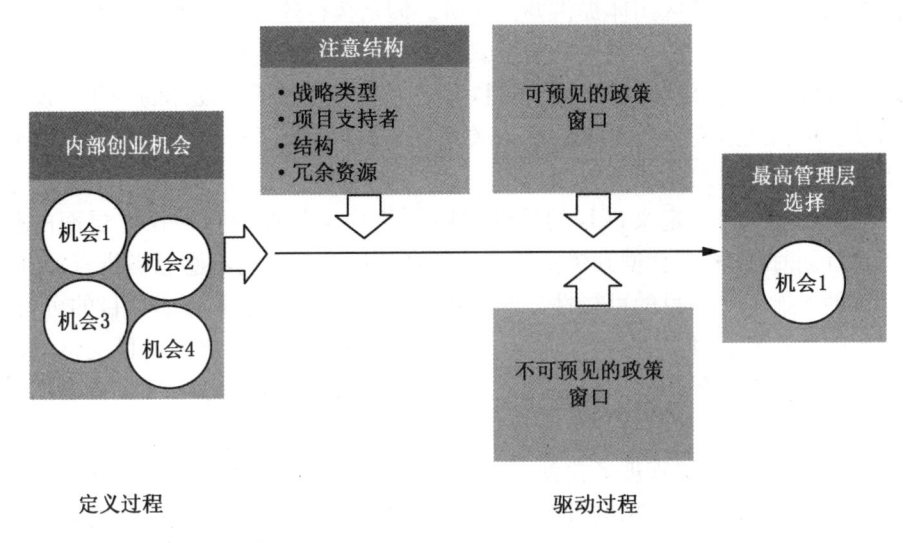

资料来源：改编自任和郭(2011)。

图 8.2　社会内部创业过程的两阶段模型

定义过程

定义过程指的是公益内部创业机会被组织的参与者(职员、志愿者、顾问等)发现的过程。带着不同的背景、专业、对问题和解决方案的看法，参与者——未来的内部创业者——与组织及彼此交换意见和关切。当沟通后特定的问题被一些参与者解决时，各种各样的创新机会便出现了。随着交流的深入，大量机会出现了。交流可以采取项目会议、电子邮件、企业内部网的形式，也可以采用其他形式的对话。研究提供证据表明，沟通的质量和数量对内部创业机会的成功开始起着关键作用。[13]

弗洛伊德(Floyd)和伍尔德里奇(Wooldridge)提供了本阶段正在发生的事情的精彩描述：[14]

(内部创业机会)在组织中被识别，是因为个人通过弱势社会连接接触到特有的信息，也因为他们愿意接受基于主观标准的观点。这些人或其他核心行动者与某一观点建立联系，而当他们向其他人成功地表达和论证这个观点时，它就成为计划的中心。共同经验成为这个观点(试验、原型等)进一步发展的基础，这让组织内的接受度及技能建设不断增加。

沟通是定义阶段中观点和计划发展的核心。一项关于洛杉矶中南部一个基于社区的组织的个案研究提供的证据表明，创新项目往往出现在组织与它的利益相关者的非正式沟通之中。比如，在早期，研究中的组织的创始执行董事和他的职员过去常常步行穿过小区，挨家挨户地拜访当地居民。组织也为当地小区的街道居民组织和几个其他社区团体提供办公场所。创始执行董事和街道居民组织成员之间的会谈使得招聘街道负责人成为组织真正的第一项目主管。街道负责人自愿为此职位服务,负责实施"冰雪之旅"项目,那是为当地的孩子们设计的一年一度的娱乐活动。项目通过街道负责人的私人关系网、内部资源、公司赞助商得到资助,但是主要由街道居民组织成员管理。[15]

伯杰尔曼探讨了定义过程的恶性循环。[16]当内部创业项目被操作层面的基层管理者首创时,它经常会遭到更高层级管理者的反对。他们不愿意提供资源,除非项目首创者能证明项目的可行性。因此恶性循环出现了:除非证明项目的可行性,否则不能获取资源,但这样的证明又需要资源。伯杰尔曼注意到项目支持活动可以打破这些恶性循环。使用私下沟通和去粗取精策略,成功的项目支持者能够提供积极信息,消除更高层级管理者的疑惑并获得他们的支持。

在这个阶段,中层管理者扮演了一个关键角色。他们预先筛选存在于组织内的创业机会,并决定推动哪些机会。由于时间及注意力有限,他们只注意到一部分创业机会,创业机会的选择性注意力由几个注意力调节器决定:战略类型、项目支持者、结构位置以及冗余资源。[17]这些调节器共同影响了中层管理者的注意力在创业机会中的分配,特别是探索性机会与开创性机会。

(1)战略类型。在一个被广泛引用的类型学理论中,管理专家迈尔斯(Miles)和斯诺(Snow)确定了四种战略类型:勘探者、分析者、防卫者和反应者。勘探者战略强调开发新市场和提供新产品/新服务,通常采取外部导向而非内部导向的行动。相反,防卫者战略集中于保持一个稳定的市场,生产针对狭窄的细分市场的有限产品/服务,很少寻找它们范围之外的新机会。分析者显示出勘探者和防卫者的特征,比勘探者更少冒险,但不像防卫者一样致力于稳定。反应者并不遵从一贯的策略,只根据环境的压力做出反应,经常被看作缺少方向或重点市场。

战略类型控制中层管理者面对特定创业机会的注意力。尤其是防卫者战略需要一套管理控制系统,它强调财务指标,比如短期预算;而勘探者战略需要更重视非财务标准,比如产品/服务创新和市场份额。同样,在勘探型组织中的中层管理者有更强的动机去追求探索性机会,而在防卫型组织中的中层管理者有更强的动机去追求开创性机会。

(2)项目支持者。项目支持者是指那些创造、定义或采纳某一创新想法并愿意为实现它们承担重大风险的组织成员。[18]项目支持活动对于将一个新想法转变成具体的新项目是必要的。这些活动通常由操作层面的基层管理者执行。由于探索性机会通常有更长的生命周期和更高端的技术,市场上的不确定性也更高,因此探索性机会可能比开创性机会更难识别。没有项目支持者,中层管理者识别探索性机会的可能要低于开创性机会。

(3)结构位置。在现有的组织中,创新想法经常被介绍成试点项目,它们被运用到整个组织中时必须被评估。这些想法的实施需要在现有的组织中开发新的结构,比如跨部门委员会或特别工作组,甚至是独立的部门或分公司(正如沃达丰公益企业分部的案例)。[19]这些组织内的结构安排有助于促进探索性计划的发展和实施。

（4）冗余资源。正如先前所讨论的，这个术语指的是"在组织中超过生产一个特定的组织产出水平所需最小量的那部分资源"。[20]冗余资源的水平可能会影响到管理者关注探索性创业机会的能力：冗余资源越多，管理者越会将注意力集中于更多创新和实验的优势上。

驱动过程

正如前面部分讨论的，中层管理者在定义阶段对于创新机会的识别发挥了关键作用。在度过定义阶段后，一个创新计划在获得足够的资源后需要进一步开发时，仍然需要附加的推力。在驱动阶段，"政策窗口"在高层管理者决定预选创新计划并选择其中一部分进一步开发时，起到了重要作用。政策窗口是内部或外部的事件促使管理者优先处理并选择将有限的组织资源投入到其中的情况。[21]有两种类型的政策窗口。"可预见的政策窗口"更加制度化，更频繁发生，因此它们的打开和关闭对于管理者来说更易预见。"不可预见的政策窗口"更加随机，也更少发生。[22]

可预见的政策窗口

这种分类包括了每周的员工例会、每季度的策略会议、董事会议和务虚会等。这些政策窗口是可预见的，因为它们伴随着周期性的程序性事件。

因为政策窗口是可预见的，并且通常由组织发起，所以管理者可以在政策窗口实际发生之前安排好打开政策窗口。此外，这些日常事件很有可能造成"一切正常"的状况，诱导管理者依赖他们的习惯倾向来指导他们的认知和行为。因此，当面对可预见的情况时，管理者可能采纳现有的游戏规则并限制他们考虑的机会范围。换言之，他们在其舒适地带之内操作。例如，在一个强调防卫者战略的组织中，管理者偏好开创性机会，因为它们符合组织的战略定位。同样，在一个采用勘探者战略的组织中管理者可能偏好探索性机会。

资助机会，通常是来自政府以及基金会与其他拨款机构的"征询方案"（Requests for Proposals, RFPs）的形式，也代表了非营利组织的可预见政策窗口的主要形式。资助机会以几种方式影响驱动过程。首先，资助机会带来了资金来源。非营利组织通常缺乏足够的资金来源，依赖于稳定的收入流，因此这些资助机会就非常有吸引力，因为它们代表了可靠的收益来源。资助者（比如政府资助机构、基金会、公司和主要个人捐助者）在非营利组织管理者的心中强大且合法，因为他们掌握着对于每个非营利组织的生存都至关重要的经济来源。其次，反复出现的资助机会有助于形成组织的规则和程序。规则产生的一个主要来源是组织的历史经验。历史上，有组织先例通过为决策者提供一个关于重复发生问题的备用方案，以此来促进其行动。许多资助机会发生在例行程序基础上，当某一组织历史上对同样的资助机会做出反应时，他们就建立常规程序并发展了能力。这些常规程序与能力有助于增加同一资助者的注意（也包括为特定资助者青睐的众所皆知的问题和主张）。再次，绝大部分资助机会仅仅会在短时间开放，因此，创建最后期限情况给资助者及其建议施加了紧迫感。

作为可预见性收益来源的资助机会的吸引力,加上伴随它们而来的无数规则和约束,要求组织决策者集中其时间和注意力,尽力工作以成功获得资助。然而,他们的经验和成功可能转变为"能力陷阱"[23]或"成功陷阱"[24]。具有提供同样服务以回应社区中同样问题的能力(正如反复出现的资助机会所表现的)可以引向成功,这种成功又带来了同样问题领域的更多经验,由此增强能力。对于这一积极的区域性反馈的结果,组织决策者变得关注众所周知的选择方案(或问题),而低估未知方案的潜在收益。[25]

不可预见的政策窗口

不可预见政策窗口也被命名为"触发事件"或"战略突然性",它来自于不可预期的、非常规事件,比如技术冲击、环境冲击。不可预见政策窗口的非确定性和威胁性本质造成了一种强烈的紧迫感,因为它传递了清晰的信息,就是"一切正常"不复存在了。管理者由此被激发将他们的认知装置从"习惯认知"转变到"积极思考"上来。[26]换言之,他们走出他们的舒适地带了。他们开始重新审视他们既有的做事情的方式的有效性和正确性,如果需要,他们将在组织战略和结构上进行重要的改变。

这些紧急的危险的政策窗口可以被看作"一种失败可能发生并且相对难以控制的消极情况"[27],它会引发组织反应。比如,当奥巴马政府在2011年决定大幅削减社区服务分类财政补贴(由全国的1 100个社区行动机构实施的反贫困项目的主要资金来源)时,它造成了不可预见的政策窗口,迫使社区行动机构重新思考其使命,试验以新的方式提供服务。[28]它们开始质疑"只管自己的事情"的理念,并开始在其传统领域之外追求创建新公司。

《非营利组织季刊》(*Nonprofit Quarterly*,NPQ)提供了另一个关于快速变化的技术、金融、政策环境如何打开机会窗口,以使组织在项目制定和实施中变得更具创新性的有趣案例。NPQ是一家非营利出版物,有电子版也有纸质版,带着使命去推动积极参与民主。作为一家纸质杂志,NPQ创刊于1999年,以研究为基础,以专业人才为导向,广受好评,经常被称为非营利组织世界的《哈佛商业评论》。随着杂志在业内和全国范围内声誉持续增长,NPQ的领导团队开始探索新方式传播信息和知识,并接触到更广泛的读者。此类做法之一就是提供每日新闻特写——"非营利组织新闻专线",作为"非营利组织头条新闻"通过电子邮件发布。在和作者的私人谈话中,NPQ的总编露丝·坎布里奇(Ruth Cambridge)回忆道:

"当奥巴马竞选成功和(当前的经济)下滑出现时,我们意识到绝大多数非营利组织的运行环境的变革速度将会变得更快,他们需要一个资金来源帮助他们,用解决政策、实践、收入的基本方式来追踪变革,因此这是开办新闻专线的使命/效用原因。它也回应了公司方面另一个重要的问题,那就是伴随着数字出版物的增加,出版物的频率也倍受关注——我们现在需要打造自我,迅速做出回应。"

始于2008年的经济衰退还提出了严峻的财务挑战,由于预算缩减,杂志无力雇用专业记者每天创作新闻内容,更威胁到新项目创立。NPQ用可支配的最少财务资源去雇用新手,转向了它真正拥有的一种资源:广泛的读者网络、捐赠者和支持者。2011年NPQ创办了合作新闻项目,依靠由非营利参与者组成的新闻记者的志愿工作,报道非营利组织与志愿部门的重大事件和问题。面临经济衰退,但NPQ的"非营利新闻报道"和合作新闻项目却获得了巨大成功。正如它的2.3万读者中的一位兴奋地写道:"就像一大早的第一件事泡杯浓咖啡,NPQ每日的电子邮件将我唤醒,通常给予思考问题的新方式,不仅关注非营利组织,而且关注整个社会"。[29]

由不可预见的政策窗口引起的威胁情况可以被进一步分成两大类威胁感知:与资源有关的威胁和与控制有关的威胁。前一种威胁涉及一种潜在的有形资源损失(比如由于竞争者开发了一种新产品造成可能的资源损失),而后一种威胁属于一种潜在的控制损失(比如监管机构发布了一项不利于组织的新规定,造成了更多控制的环境)。[30]两种类型的威胁情况都可能促使组织做出反应,但是对于它们在管理者可能会追求的创业机会类型上的含义是否不同及如何不同目前还没有结论。

公共组织与非营利组织的创新发起人

奎因(Quinn)、明茨伯格(Mintzberg)和詹姆士(James)强调了在快速变革的环境中推动创新的重要性。他们指出,"在这些情况下,经常不是老板,而是组织里偏僻角落的某个人——技术和战略问题的支持者,扮演了创业者的角色"。[31]正如由狩猎通信所发起的M-Pesa服务案例(本章的开头所提到的),在M-Pesa发展中扮演了最重要角色的两位内部公益创业家并不是高级管理者:尼克是一个部门领导(中层管理者),苏西是在现场工作的产品经理(基层管理者)。然而,他们却能够意识到这个机会并联想到让狩猎通信利用其核心竞争力为肯尼亚居民提供基于移动电话的金融服务。

鲍里斯开展了广泛的关于公共部门创新的研究。他在两个案例中发现挑战了公共部门创新来自顶层的传统观念;与传统观念相悖,它们表明了中层管理者和基层员工明显是绝大多数创新背后的驱动力量。

正如表8.1所示,在美国的样本中,大约超过50%的创业起源于中层管理者或基层员工,25%来自机构负责人,21%来自政治家,13%来自利益集团,10%来自政府之外的个人(即市民和项目客户)。在经济发达的英联邦国家(加拿大、澳大利亚、新西兰、新加坡、英国)的样本中,来自中层管理者和基层员工的比例(82%)和部门负责人(39%)的比例还要更高些。在发展中国家(孟加拉国、加纳、印度、牙买加、马来西亚、塞舌尔、南非、津巴布韦)样本中也表现出了相似的结果。[32]

表 8.1　　　　　　　　　　公共部门的创新发起人

发起者	美国 1990～1998 年 （百分比）	发达英联邦 国家 （百分比）	发展中英联邦 国家 （百分比）
政治家	21	11	15
机构负责人	25	39	37
中层管理者	43	75	44
基层员工	27	39	7
中层管理或基层员工	51	82	48
利益集团	13	2	11
市民	7	0	11
项目顾客	3	5	0
其他	6	9	11
总计	126	148	133
n	321	56	27

备注：n＝创新的数目。表明美国数据中在由中层管理者发起的创新与由基层员工发起的创新之间的分类是建立在 1995～1998 年的 104 个案例基础之上。在 1990～1994 年的 217 个案例中，这些分组被编写在一起了。

资料来源：鲍里斯（2001：28）。

根据由不同层级管理发起创新的环境的系统性差异，鲍里斯还确定了公共部门的三种理想类型的创新：

（1）危机反应下政治导向的创新。政治家倾向于成为此类创新的发起者，因为当公共部门有危机时，他们被期望去领导应对危机。另一个例子是西雅图市的回收项目：在这个城市的两个废弃物填埋场达到容量极限，并于 20 世纪 80 年代中期停止运营之后，市长和市政局对此做出回应，设立一个大幅扩展的回收项目，成为全球领先者。

（2）由机构负责人领导的组织转变。当一个公共部门的机构表现欠佳时，通常出现领导更替，因为新机构负责人会采取创新步骤去引导转变。

（3）自下而上的创新。中层管理者和一线员工倾向于针对内部问题或根据新技术带来的可利用机会发起创新。

公益内部创业过程中基层管理者的作用

基层员工经常充当支持者。他们创造、定义或采用一个个创新主张并愿意为实施创新承担重大的风险。[33] 项目支持活动是必要的，他们"将一个新想法转变成现实的新项目，新项目的技术开发和市场发育开始成形"。[34] 项目支持者，尤其是有影响力的项目支持者，在创造创业机会中起着关键作用。纸上种子基金会提供了项目支持者的几个有趣的案例。纸上种子最近资助的一个项目是《宝宝兔的龙》(*Pepper's Dragons*)的出版发行，它由执业医师斯达卡·比亚尔纳松(Stacia Bjarnason)博士撰写，她一直在为直接受到2012年12月桑迪胡克(Sandy Hook)小学枪击案影响的孩子们工作。她与插画师合作创作了这本书，孩子们在康复过程中与家人共同分享。资助这本书的想法实际上来自纸上种子的一名志愿者，一名塞尔玛的职员，他的女儿在桑迪胡克小学上学，在枪击案中失去了她最好的朋友。作者在为他的女儿提供咨询时，萌生了写这本书的想法。类似地，在墨西哥为一家女童孤儿院建立科学实验室与音乐项目的想法也来自一名志愿者，他在塞尔玛财务和风险团队工作。他通过与当地的企业联系，了解到这家孤儿院。在两个例子中，都是一线员工志愿者首先识别机会，然后说服高层管理者采纳它。[35]

一些学者注意到支持者更可能与探索性机会相关；其他人发现支持者与探索性想法和开创性想法同等相关。因为探索性机会通常具有更长的生命周期，并需要更高的技术与市场的不确定性，所以识别探索性机会比识别开创性机会更困难。

公益内部创业过程中中层管理者的作用

中层管理者处于一个组织的战略顶点和操作核心之间的位置。[36]他们的职位头衔可能包括总经理、区域经理、部门经理和项目负责人等。关于中层管理者的贡献有两种互补性的观点。第一种设想中，中层管理者的贡献主要是通过促进高层管理者和基层管理者间的信息流动以实施战略决策。在这样的背景中，中层管理者的创业行为主要是自上而下的，被高级管理者说服，根据现有业务和能力专注于发展创新。

在第二种观点中，中层管理者对企业战略信息有贡献。中层管理者对公司战略信息的独特贡献来自他们在自主战略活动中的关键作用。在基层管理者深入参与到特定新商机的过程中，中层管理者对于管理活动——在组织中发现新机会且保持支持的——尤为重要，这就是驱动过程。这一过程自下而上：中层管理者评估并且赞助由基层管理者支持的战略计划，然后，通过战略构建和组织支持活动向高层管理者"推销"这些计划。

弗洛伊德和伍尔德里奇由此发展了一个管理者的四种中层战略作用的类型学：[37]

（1）支持战略选择。中层管理者带来了引起高层管理者注意的创业和创新建议。

（2）综合信息。中层管理者还提供有关内部和外部事件的信息给高层管理者。作为组织的联系纽带，中层管理者被安排在将战略和操作信息连接起来的特殊位置。他们通过评估、建议和主观解释为信息赋予意义。

（3）促进适应性。中层管理者让组织更灵活，鼓励偏离官方预期的行为。通过鼓励组织成员，用矩阵结构、专案小组、简单的变通行动让他们意识到情况在变化、用新方法做试验以及实施审慎战略增加信息共享和促进学习。

(4)实施审慎战略。中层管理者负责实施高级管理者的意图。

值得注意的一点是,"支持选择"作用是一种向上的、发散形式的影响,涉及证实和定义新项目、评估新建议价值,搜寻新机会,并向高级管理者提供项目建议。根据这一作用,管理者通过在公司创业过程中的三个关键机制或阶段促进公司能力发展:确认创业机会、发展创业计划、更新组织能力。这三个阶段涵盖了定义阶段和驱动阶段。[38]

根据先前的研究,我们把中层管理者在驱动阶段的支持作用分成了两种。首先,他们评估源于较低的组织层面的创业计划的战略价值,并评估它们对未来公司发展的潜力的作用。评估者的作用涉及决定是否赞同计划以及提供多大的支持。它也涉及跳出别人的想法来验证和评估其可行性。其次,他们获得高层管理者关注,支持那些未被纳入组织议事日程的公益创业计划。在这个"推销者"的角色中,他们重塑高层管理者的战略思维并促使他们修改现有的组织战略,来成功适应新计划。[39]

公益内部创业过程中高层管理者的作用

高层管理者在公益内部创业过程中的关键作用表现在四个重要方面:(1)领导变革,(2)推动激发公益内部创业活动的有效管理控制系统发展,(3)设计和实施适当的招聘战略,(4)发展重视变革和公益内部创业的组织文化。

(1)领导变革。根据库泽斯(Kouzes)和波斯纳(Posner)的研究,领导变革包括五种可观察的学习实践:[40]挑战熟悉的组织过程,包括寻找新机会、试验和承担风险的活动;通过展望和阐明未来和争取其他人支持加入行动,来激发员工的共同愿景;让员工的行为与愿景保持一致;为员工行为树立典型,关注树立榜样与策划小胜利;鼓励员工创新,认可他们的贡献,祝贺他们的成功。

(2)管理控制系统。管理控制系统包括计划、预算、成本控制、环境扫描、竞争对手分析、业绩评估、资源分配、员工薪酬等以信息为基础的正式化过程。[41]为了利用探索型机会,高层管理者应设计有效的管理控制系统来鼓励审慎地承担风险和进行回报创新活动。

(3)招聘战略。高层管理者负责设计实施招聘战略,用适当的技术组合吸引、发展、留住管理者。为了追求探索性机会,合理的招聘战略必须关注那些面向外部的、在开创新产品与新技术和开发新市场上富有经验的管理者。

(4)组织文化。高层管理者在创造一种鼓励员工尝试的氛围中起着重要作用。高层管理者应该为公益内部创业创造一个可能的环境——一种有灵活性与支持性的文化。

结　语

在本章,我们讨论了三种层次管理的不同作用:基层管理者、中层管理者和高层管理者。我们特别考察了在公益内部创新过程中,基于注意力的中层管理者战略行为的影响。因此我们说明了中层管理者如何利用各种政策窗口、决定是否将现在的注意力结构变成优势或尽力消除注意力结构以向高层管理者兜售他们选择的计划。我们希望这个框架有助于激发属于公益内部创业过程管理的进一步讨论。

练 习

练习 8.1

许多组织因素影响了对公益内部创业机会的管理注意力。举例讨论这些注意力影响因素。

练习 8.2

高层管理者、中层管理者和基层管理者在公益内部创业中起到了哪些不同的作用?他们的作用在部门和/或组织类型中如何改变?

练习 8.3

不同类型的政策窗口如何影响高层管理者筛选创新计划的决定并选择一些进一步开发?用一个例子说明你的观点。

第四部分

新趋势与新问题

第九章　公共部门公益创业

1987年1月,黛安娜·盖尔(Diana Gale)出任西雅图固体废物公益事业局(the Solid Waste Utility)局长,受命建立一个新的废物处理系统。[1] 固体废物公益事业局隶属于该市的工程部,说明废物处理是个技术活儿。事实上,所有的居民都在使用本市的服务,地方纳税人提供了几乎所有公益事业的收入。地方税多年持续稳定偏低,而公众对废物回收的关注也很少。

然而,这些年来西雅图的垃圾处理系统已衍生出容量问题。20世纪80年代初期,两个垃圾填埋场已经因填满而被关闭。城市开始临时启用一个县垃圾填埋场作为应对,但是这个垃圾填埋场将何去何从,都是未知数。此外,在1985年感恩节,一次垃圾填埋场的沼气泄漏事件,迫使许多家庭搬离他们的家园,此事引发了公众关注,再一次凸显了城市的容量问题。固体废物公益事业局提出了一个技术解决方案——建立一座城市垃圾焚化炉。然而,公众既关心工厂建设的成本,又担心它对环境的影响。

作为回应,固体废物公益事业局开始了一项研究,研发更加全面的废物处理选择方案。研究得出结论,该市将回收60%以上的垃圾,并将剩余的垃圾送到俄勒冈州的一个垃圾填埋场。这个计划的花费将比垃圾焚化炉的方案花费少,而且对环境的影响较小。然而,这个计划要想达到前所未有的回收水平,则需要垃圾收集工及居民做出改变。这一计划被分为两个阶段实施:第一阶段将是一个免费的道路垃圾回收的志愿项目;第二阶段需要所有的居民从不同的特点、价格与要求的选项中选择一种垃圾回收级别,这一选项是关于他们如何整理他们的家庭垃圾。总的来说,那些在旧系统下未对可循环再利用垃圾进行分类就将垃圾转移到路边的人将会花费更多,而那些照此行动的人将花费更少。

第一阶段在1989年1月已经开始了。盖尔的主要任务是帮助居民理解与接受新的系统,并积极参与垃圾处理。盖尔为和媒体的合作打下了良好基础,1987年秋,固体废物公益事业局开始进行媒体报道回收、政治对话和市民文化的运动。截至1989年1月,主要教育和公关行动导致公众参与志愿回收率超过50%。

由于预见到在第二阶段有更多的困难,盖尔建议公众在实施阶段保持耐心。大量的问题的确在第二阶段出现了,并多次遭到质疑。问题包括政治层面,例如,对税率结构的分歧、居民签约参加的困难、冬季暴风雪导致的回收延误、被垃圾收集工忽略的家庭以及投诉处理延时等问题。自始至终,固体废物公益事业局尽可能以开放的姿态给予回应,避免防御性的举措;放松了部分要求并改善服务。比如,盖尔要求承包商为垃圾桶运输提供更多便利,固体废物公益事业局要求市议会提供应急基金,以支持电话系统配备更多客服接听人员。与此同时,固体废物公益事业局也以评估反馈为契机,为客户提供更多的信息。比如,它在当地的报纸上刊登详细答疑文章。

在这些努力下,固体废物公益事业局的服务得到了改善,投诉也减少了。最重要的是,市民、媒体、当地领导开始维护固体废物公益事业局。这标志着第二阶段实施的转折点。

西雅图固体废物公益事业局的经历,说明了承担公共部门面临的挑战。固体废物公益事业局的计划要能节约开支,还要对环境负责。为了成功,市民需要购买服务并积极参与。他们必须成为创造社会价值的合作伙伴。城市需要让市民认同该计划是合法的,并值得支持,而在这上面城市花了大力气。

在前面的章节中,我们介绍了不同部门的组织公益创业的异同。在本章,我们更详细地调查研究公共部门的公益创业。具体地说,公共部门组织实行公益创业与私人部门中的公益创业有何相似或不同?是否存在特有的挑战与机会?公共机构如何做才能变得更具有创新性?我们将回顾公共部门组织的特征,这些公共部门组织影响到许多最近的公共改革和实验的创业及其含义;我们还会介绍许多推动公共部门创业的最近趋势。

公共部门创业背景

作为公共部门的核心,政府对社区、社会以及各州的成员或市民的行为负责进行指导与管控。[2] 对公共或集体的关注意味着公共部门的创业精神是公益创业精神,类似于具有社会使命的非营利组织的创业精神。虽然公共部门明显不同于非营利部门和营利部门,但是在理解公共部门创业的特征时,必须考虑到这些差异。

20世纪80年代的经济衰退、纳税人抗税和保守主义,开启了一个关注政府规模与管理的时代,这个时代(我们当前仍处其中)呼吁以一个新框架来指导公共部门管理者。[3] 这包括了调查创业可能带来改善政府绩效的贡献,还有创造"公共部门创业"这个术语。[4] 公共部门创业可以被定义为这样一个过程:通过将公共资源或私人资源独特地组合起来,以利用公益机会为居民创造价值。[5]

因此,公共部门创业在公共政策和公共行政文献中,一直以不同方式被定义。[6] 公共部门创业的各种理解为:(1)在公共组织中做出重大变革的模范管理者[7];(2)新兴且有影响力的政治运动、公共政策或公共组织的开创者[8];(3)在公共组织的经营管理层创业[9];(4)设计公共部门改革和试验以使公共组织更加负责、更加有效[10];(5)私有化以及其他鼓励私人部门组织创业的方式[11]。

为了与其他章节一致,在本章我们将集中探讨最后的三个:公共部门组织经营中的创业、公共部门组织的产出和结果。

我们将公益创业定义为创新、冒险与前瞻性的组合。政府和官僚机构的特点可能为这些行为设置障碍。一系列可能阻碍公共组织创业的因素已经出现。[12]机构可能有多元化、模棱两可和难以衡量的目标，也可能遭遇行政干预。项目需要公平，而这可能妨碍效率。高风险的项目可能很难实施，因为纳税人的钱不能轻易地遭受重大风险，同时公共部门的风险/收益权衡难以测量。有限的管理自治、政府官员的高度关注、协调决策的需要，都为渐进式变革带来了压力。短期预算与选举周期给充分展现创业企业成果带来了困难，因为这需要较长的时间或证明。官僚机构和行政机构倾向于保持现状，并限制人事与薪酬制度。在管理者当中，没有足够的(或任何)的竞争激励为创新和变革去改善绩效和承担责任。更重要的是，有人担心创新方法(比如从私人渠道筹集资金的新方法)会破坏选民支持，增加政府官员的自主权。另一方面，障碍也可能推动创新。比如，准企业家可以将模糊目标转化为管理自由裁量权，利用媒体作为权力来源，或联合局外人承担风险而非个人承担风险。[13]

莫里斯和琼斯(Jones)关于公共部门管理者的一项研究证实了刚才的观点，并提出了其他质疑。[14]大部分管理者对创业非常积极。绝大多数人(约86％)认为培育创业精神对组织绩效有积极影响，主要是通过提高效率和生产率、改善服务、削减成本、改善员工精神面貌。相对而言，有88％的人赞同，公共部门组织环境可以按照有助于员工发展创业精神的方式来设计。从对最有创业精神的受访者研究看来，中层管理者人数是高层和低层管理者的两倍。同时，最大的创业机会被认为存在于高层管理者中。最被看好的创业领域是规划/组织/预算、服务提供、运营以及人力资源。

另一方面，限制因素同样被注意到了。大部分管理者(大约77％)认同行政环境不鼓励具有创业精神的个人。近似比例的人(74％)认为当公共部门组织变得更庞大时，其创业精神减少了。创业的其他障碍包括：(1)政策、程序、繁文缛节；(2)雇用和解聘的限制；(3)回报有限；(4)管理自主权有限；(5)缺乏利益动机；(6)政治家干预；(7)强调公平大于效率的压力；(8)目标模糊；(9)缺乏组织间的竞争；(10)公共部门工会。

笔者注意到上述诸多阻碍因素与公司进行的创业障碍十分相似。[15]最后，研究发现公共部门的一些鲜明特征并不特别重要。这些特征包括目标多元化、高能见度、确定客户难度。

总而言之，文献和研究表明，尽管存在局限性，但公共部门还是对创业持赞同态度。公共部门过去一直在创新，在未来也必须如此。更重要的问题，则是公共组织如何克服刚才提到的障碍，更系统和更明确地利用创新来满足公众需要。所面临的问题的严重程度和范围在增加，公众对公共部门进行更大创新的呼声也在增加，所以这个问题从未像今天这样重要。作为回应，一系列能让公共部门更加具有创业精神的试验和改革已经启动。我们将在接下来的部分讨论许多试验和改革。所有的试验和改革都有关联；它们之中没有一个是最后的答案，也不能被任意使用。相反，如果某一特定情境的事项可以保证创业，那它则可以用来加强创业。

新公共管理与政府再造

20 世纪 80 年代末,一种新的公共行政理论悄然兴起,它是一种市场导向型的政府管理方法,在当时更为流行。[16]它被用于纠正过度官僚主义和等级化的公共行政管理。这一方法被称为新公共管理学(new public management,NPM)。正如戴维·奥斯本(David Osborne)和泰德·盖布勒(Ted Gaebler)1992 年在他们的著作《改革政府:企业家精神如何改革着公共部门》(Reinventing Government: How the Entrepreneurial Spirit Is Transforming the Public Sector)中提出的那样,新公共管理学提倡,公共管理者像企业家一样服务,并且使用商业部门、市场导向的原则,来提高政府机构的效率。[17]在克林顿政府执政期间,副总统艾尔·戈尔(Al Gore)领导了一项倡议(被命名为"改革政府"),它使用新公共管理学方法改革联邦机构。20 世纪 90 年代,新公共管理学在美国、英国的政府机构中颇为盛行,在加拿大则普及度较小。

创业型政府应该如何行动的十大原则,可以归纳如下:[18]

(1)催化作用:掌舵而不直接划桨;超越现有的政策选择,充当催化剂,产生可代替行动路线。

(2)社区所有:授权而不是服务;推进经济和社会的独立而不是依赖。

(3)竞争性:将竞争性注入服务提供中;试图服务于每一个需要透支政府的需求;公共部门、非营利部门和营利部门之间的竞争将带来更高的整体效率。

(4)使命驱动:改变规则驱动型组织;过多的规则遏制创新并限制了绩效。

(5)结果导向:资助结果而不是投入;以前的评价和薪酬侧重于财务效率和控制,很少过问所获收益。

(6)客户驱动:满足客户的需求,而非官员的需求;法定资助导致机构依照自身的优先权及资助者的要求行使职责;私人部门显示了客户至上的重要性。

(7)有事业心:赚取收入而非花费支出;寻找使用更少的钱做更多的事的创新方法;将盈利动机纳入政府(机构费用、收费和投资)。

(8)有预见:预防胜于治疗;当问题变得更复杂时,应对能力下降,未来的有效性取决于预防。

(9)分权:参与和团队合作而非等级制度,利用信息技术方面的进步,新的沟通系统,参与性决策去创建灵活的、以团队为基础的经营模式。

(10)市场导向:以市场变革为杠杆;司法管辖区代表市场、利益、力量(尤其是经济的);公共部门战略应该着眼于促进市场最有效率地运行。

新公共管理学将创业技巧融入政府运作中,寻求通过加强它的灵活性、回应性、效率和创新来增强政府活力。它从协作系统的领导者(或控制者)角度,重新审视政府在社会中的角色。新公共管理在当今仍然具有生命力,这个模型被许多国家和各级政府广泛接受。一个流行的公共部门创业的成功案例,是我们在第一章讨论过的凤凰城的垃圾回收项目。

此外，符合新公共管理学原理的计划已由 IBM 政府业务中心提出和讨论。中心资助研究，发布研究结果，并针对范围广泛的公共管理议题营造对话机会(http://www.businessofgovernment.org)。自1998年起，该中心已经将近300项研究助学金，授予在学术和非营利团体中公共管理的主要研究者。获奖者的200多篇报告均可在中心网站上找到。出版物集中于政府当前面临的主要管理问题，包括电子政务、财务管理、人力资本管理、绩效和结果管理、基于市场的政府、创新、协作和转型。中心也制作了《政府办公时间》(The Business of Government Hour)节目，每周邀请一位政府管理人员，谈论他们的职业、机构的成绩和管理以及21世纪的政府未来。另一个作品是半年刊《政府公务》(*The Business of Government*)杂志，它提供领导简介和关于当前政府的新颖观点。最后，中心还经营着一个博客，这个博客允许学者和从业者审视公共管理者所面对的问题。博客上，削减成本和改善绩效的战略引发的讨论，受到广泛关注。IBM 网站上形形色色的博客，给联邦机构提供了实现运营职能节约的具体策略。网站上也公布了每一个节约成本策略的简要描述，连同其他有用的参考文献，比如案例研究(政府和私人部门领域)、论文和其他网络资源。

尽管新公共管理取得了成功，但还是有一些问题被提了出来。一些操作问题被提了出来，比如模型所推崇的分散化，与公共部门整合需要协调，以及行政部门和立法部门之间的关系等。[19]更加核心的问题与模型提倡的价值有关。[20]批评者们认为，新公共管理学将个人视为"顾客"或"客户"(在私人部门的意义上)，而不是作为公民，这一点是对私有部门模型的不恰当借用。[21]因为企业将顾客视为获取利润的手段，而公民则应是政府的业主或所有人。这个问题是随后框架讨论的核心。我们接下来将讨论直接反映新公共管理而形成的框架。

新公共服务

作为新公共管理学范式的反动，珍妮特(Janet)和罗伯特·登哈特(Robert Denhardt)提出了一个"新公共服务"(New Public Service, NPS)的模型。新公共服务借鉴了民主公民权、社区与市民社会、组织人本主义和话语理论。新公共服务不拒绝在公共服务中创新和创业，但是它"设想公共服务建立在全面整合公民话语权和公共利益基础上"。[22]我们在这里提供了新公共服务理论的主要原则及解释。[23]根据新公共服务理论，公共部门和公共管理者应该：

(1)服务社会而非引导或控制其新方向。应该帮助市民表达和满足其共同利益。

(2)建立公共利益。帮助建立一种公共利益的共享概念，并共同承担实现公共利益的责任。

(3)战略性地思考，民主地行动。有效且负责的公共行动最好通过集体与共同努力。

(4)服务公民，而非顾客。集体利益并非仅仅是个人利益的集合；相反，它是通过共享价值的对话产生的,政府应该与公民,以及在公民之间,建立信任和合作关系,以此做出贡献。

(5)问责并不简单。它应该包括合乎宪法的法律、社会价值、政治规范、专业标准和市民利益等标准。

(6)以人为本,并非只是关注生产率。尊重民众的合作与共公领导,将有助于公共组织及其网络的长期成功。

(7)公民权与公共服务价值高于创业。公务员应该与公民一起工作,对社会做出有意义的贡献,而不是作为个人创业者采取行动。

新公共服务转移了新公共管理的市场化角度,包括使用借自商业的创业技术。此类创业有一种相对狭隘的利益驱动,寻求最大化生产力、满足客户、承担风险,当机会出现时利用机会。新公共服务认为,公共管理者不拥有公共项目和公共资源;相反,他们是公共资源的服务员、公共组织的管理员,也是公民权和民主对话的促进者,还是社区参与和街头领导的催化剂。[24]这并不是说政府不应该创新。开发创新有效的解决方案来解决公共问题,仍然很重要;但是,公共创业实施,应该尊重政府的角色、尊重政府与市民之间的关系。公共创业必须在权力共享、协同的多部门体系中实施。这种方式中,新公共服务成为"一个框架,其他有价值的技术和价值观念,比如旧公共行政和新公共管理的最佳观点,可能失去作用"。[25]在促进与公民和社区领导人进行对话时,西雅图的固体废物公益事业公司已经在回收计划中使用了新公共服务的原理,这就是在本章开篇的故事中提到的。

政府创新和创业的必要性在今天得到了广泛认同,许多计划正在进行中。这些通常包含了新公共管理和新公共服务框架的一些方面。我们将在本章剩余部分讨论。

当前的实践和方法

在这部分中,我们将讨论推进公共部门参与公益创业的实践与方法。这些包括了从总体框架到许多层级的创新项目与创新计划。

公共部门创新

威廉·艾格斯(William Eggers)和莎拉布·辛格(Shalabh Singh)提出了公共管理创新指南。[26]他们认为,创新可以源自部门内部或外部。创新的内部来源包括公务员和内部合伙人,比如其他政府机构。创新的外部资源包括市民还有外部合伙人,比如承包商、非营利机构和其他政府。这些来源之中的每一种,都可以被策略性地应用,来促进如下要素:[27]

(1)创意产生:创建系统来产生和保持好创意的流动。比如,纽约和伦敦建立了一个创新交换项目,"各方分享创意"被证明是有效的。

(2)选择:通过创建一个有效的分类过程来筛选好点子。比如,世界银行建立了一个开发市场(Development Marketplace),市场中有摊位分配给121个团队,每个团队要提出一个点子。

（3）实施：将思想转化成产品、服务和实践。比如，"佛罗里达2000计划"（the Florida 2000 initiative）提供教师手持设备来记录学生信息。

（4）传播：管理利益相关者和传播思想。比如，佛罗里达州儿童家庭部（Florida Department of Child and Families）大幅削减客户的等待时间、减少营业额、节约经费。该部门获得几个奖项并得到广泛传播后，其他的州和联邦机构采用了它的技术。

图9.1显示了在创新过程的第一阶段（创意产生）公共组织是如何利用内部和外部的参与者来产生创新点子的。象限中显示的工具和技术包括提高内部效率和征求公民意见的想法。它们整合了NPM和NPS的方法。

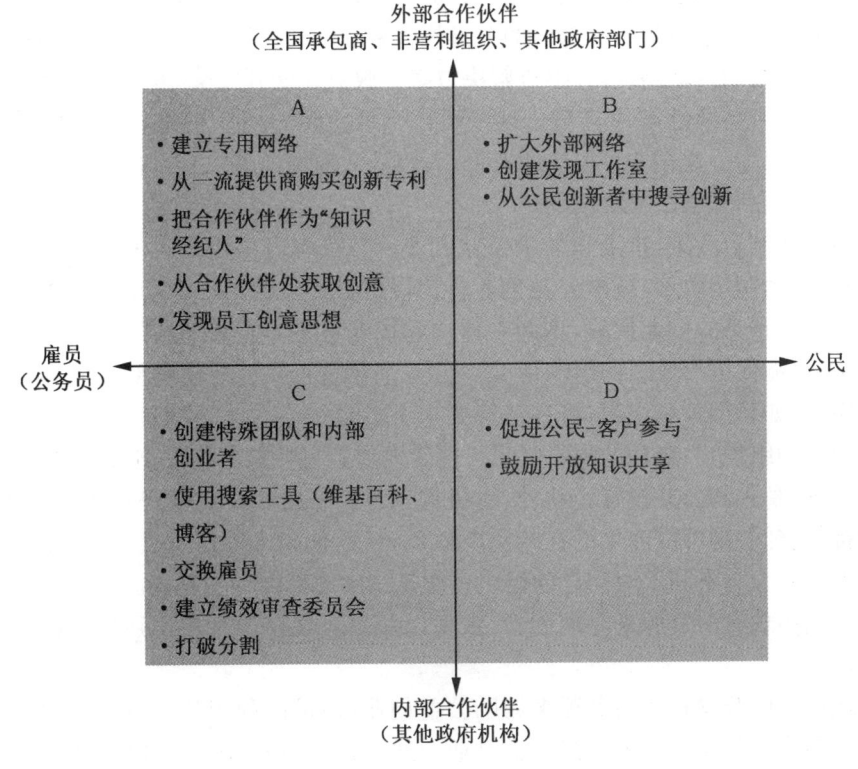

```
                    外部合作伙伴
          （全国承包商、非营利组织、其他政府部门）
                          │
         ┌────────────────┼────────────────┐
         │       A        │       B        │
         │ •建立专用网络    │ •扩大外部网络   │
         │ •从一流提供商    │ •创建发现工作室 │
         │  购买创新专利    │ •从公民创新者   │
         │ •把合作伙伴作为  │  中搜寻创新     │
雇员      │  "知识经纪人"   │                │
（公务员）─┼────────────────┼────────────────┼─ 公民
         │ •从合作伙伴处   │                │
         │  获取创意       │                │
         │ •发现员工创意   │                │
         │  思想          │                │
         │       C        │       D        │
         │ •创建特殊团队   │ •促进公民-客户  │
         │  和内部创业者   │  参与          │
         │ •使用搜索工具   │ •鼓励开放知识   │
         │ （维基百科、博客）│  共享          │
         │ •交换雇员       │                │
         │ •建立绩效审查   │                │
         │  委员会         │                │
         │ •打破分割       │                │
         └────────────────┼────────────────┘
                          │
                    内部合作伙伴
                   （其他政府机构）
```

资料来源：艾格斯和辛格（Eggers & Singh, 2009:19）。

图9.1 创意产生与来源的工具与技术

同样的模式可以被应用于创新过程的另一个阶段。对于这一过程的每一个阶段，我们为图表的每个象限提出案例。在点子选择的阶段，我们给出了以下例子：（A）定义共同的利益和目标；（B）使用民主过程比如在线评级工具；（C）利用职员的隐性知识；（D）建立反馈机制。在创意实施阶段，我们的例子是：（A）利用全方位的公私关系模型；（B）为各种服务建立一站式的入口；（C）培训员工以产生竞争力；（D）创建反馈回路。最后，在传播阶段，我们的例子是：（A）从私人部门公司建立的跨境网络获利；（B）利用社会网络；（C）建立实践社区；（D）建立公共机构的网络。

鼓励公益创业

除了自身提供服务外,政府还需要制定公益创业的政策、领域和行动纲领。在一般和特殊的角色中,政府可以采用许多步骤来鼓励公益创业。最近的报告描述了政府一系列工作:如何奠定基础,增加公益创业;如何制定政策,批准和鼓励公益创业;如何开发和利用资源,鼓励公益创业。[28]依据这种方式,政府可以为公益创业创造出与商业创业一样的环境。政府可以建立支持和推动公益创业的制度,为日益增长的公益创业奠定基础,例如马上要提到的路易斯安那州的公益创业办公室(the Louisiana Office of Social Entrepreneurship)。此外,政府在一些方面给予解决社会问题的创业更多的自主权,比如他们如何运行与开支、制定实现标准以及发布积极结果。政府还可以运用其独特的能力,召集必要的利益相关者,来解决特殊的社会问题。通过召集所有部门的关键执行者,政府官员可以商定社会问题根源、为解决问题绘制行动路线,并推进解决方案。政府还能开发奖励项目,识别和奖励创新、效率、可持续性解决方案。这些可以采取宣传、培训、网络机会和资助的方式。最后,因为公益创业可以让所有部门获益,政府给所有三个部门提供公益创业的培训,来创新并解决社会问题。

政府能制定政策,批准和鼓励公益创业。各级政府机构的政策制定者和领导人,可以努力制定政策,鼓励公益创业行为,保持恰当的标准也很重要。政策有时会出现不可预见的创业挑战,识别并评估它们非常重要。开发新的税收结构对政府有益,可能促进形成新的组织形式。公益企业家正在创造模糊部门间界限的解决方案,比如新型营利组织,将在法律要求下提供社会效益(我们将在下一章讨论这些类型的组织)。合理的税收优惠可能给发展新可持续组织模型带来更多投资,包括慈善、私人和公共投资。此外,对机构预算的一个较小比例进行重新分配,为试验提供空间,则可以产生潜在的重要效益,从而创建内部研发机构,向竞争过程开放专项基金。不同于对同样的组织一次又一次地提供专项基金。这样的竞争过程可以使用现有的资源来寻求创新、效率以及政府现在没有意识到的可持续性项目。

政府可以开发和利用资源来鼓励公益创业,还可以利用公共财政通过与基金会和公司建立伙伴关系来支持公益创业。通过这种方式,政府可以大量使用公共财政,并测试新理念,让基金会和公司不断接近社会服务系统。政府可以设立公私公益创新基金。公私公益创新基金,利用纳税人的钱和私人资金可利用资源,来资助公益创业方案。这使得政府能够遵循一个以绩效为基础的投资模型;不像企业资本,遵循的是种子与规模计划[我们简要描述一下国家层面上的公益创新基金(Social Innovation Fund)]。州级基金和特殊目标资金也应该纳入考虑范围。政府可以协调志愿者资源以扩展创新方案。联邦政府已经领导了若干项目,引导志愿者进入个人组织或项目网址,比如"老年志愿者服务计划"。这些项目连同其他一些项目应该扩大,帮助扩展方案。政府应该建立国家社会创新基金(National Social Innovation Foundation)。例如,联邦预算中一个很小的百分点,就可以产生相当大的资金来推进公益创业,并利用国家科学基金模式将其打造成为国家优先发展项目。

建立改进绩效的文化

《政府绩效与结果法案》(Government Performance and Results Act, GPRA)于1993年制定，它成为比尔·克林顿总统和戈尔副总统"再造政府"计划的一部分（参照本章前文），法案要求机构参与到项目管理任务中来，比如设定目标、评估结果、汇报进展情况。[29]为了遵守法案，机构制定策略、绩效计划，开展项目差距分析。这项法案要求机构制定五年的战略发展计划，必须包括该机构的任务说明，也包括以结果为导向的长期目标，并涵盖它的每一个主要功能。同时它要求机构制定年度绩效计划时，以适用财年为原则建立绩效目标，该目标应包括关于目标如何实现的简要描述，以及绩效目标如何考核。它们也必须准备年度绩效报告，回顾机构在达成既定绩效目标上的成败。管理和预算办公室负责制作机构绩效的年度报告，信息则由总统年度预算要求提供。

历届政府持续关注绩效改革。2011年，奥巴马总统签署2010年《GPRA现代化法案》(GPRA Modernization Act, GPRAMA)。GPRAMA制定了新的产品和流程，聚焦于裁减机构的政策领域目标制定和绩效评估，关注政策实施期间使用目标与措施，增加网络报告渠道，要求个人对目标和任务管理负责。[30]除此之外，总统2014年度财政预算，强调了绩效改革文化的创建。[31]

唐纳德·莫伊尼汗(Donald Moynihan)的最新报告，描述了1993年GPRA通过之后，联邦绩效管理体系的演变，以及实际有意义的绩效结果的最新进展，根据GPRAMA的要求，做出关于未来预期的变化。[32]报告得出的结论是：绩效改善文化比符合程序要求更重要。报告列举了一些建议，这都将提高绩效表现并支持公共部门组织的创业：

(1)将绩效系统与公共服务动机挂钩。任何绩效管理系统的目标都是通过创立一种绩效文化来改善绩效。与任何绩效管理体系一脉相承的制度、过程和程序，都被用来搭建框架，而它们本身不产生绩效。我们需要的是唤起公务员积极工作的态度，从而帮助其他人。领导需要选择激励员工的清晰目标，使目标成为连接网络的黏合剂，将每个员工的工作与项目受益人联系起来，庆祝成功，以及将其链接到员工激励系统。

(2)建立学习文化。根据绩效管理需要，建立一种终身学习的组织文化。

(3)平衡自上而下的目标和自下而上的创新。绩效系统自上而下的目标设定通常是清晰的，但是自下而上的知识也是必要的。要抓住这一点，机构应该向来自组织不同层面的网络成员学习，使用标杆管理，衡量什么在起作用并进行推广；传播如何改善绩效的经验，而不仅仅是数据。

(4)将项目评估纳入绩效管理体系。绩效测评可以告诉负责人正在发生的事情，而项目评估用来解释为什么事情正在发生。两者均是明智决策中的必要因素。所以，机构应该重新定义包括项目评估在内的"绩效信息"，评估的专业知识应纳入绩效讨论。

(5)确保负责人致力于绩效管理。莫伊尼汗的研究报告清晰地表明当机构负责人对绩效体系和结果负责时,绩效管理系统更容易成功。所以,选择机构负责人应该根据他的绩效管理技能以及个人是否具有在管理中使用数据的经验来决定。

为了强化这一点,总统2014财政年度预算规定:"奥巴马政府期望机构使用证据来确定优先事项,并找到更多有效且符合成本—效益的实践。"[33]它也期望机构通过如下方式鼓励创业:(1)检测新的尝试,确定有效措施;(2)根据有效的证据,调整和重新分配资源或者变革实践;(3)不断询问是否有完成工作的低成本方案;(4)公开分享信息以"加强政府提供服务的责任和促进对政府提供服务的理解"。

公益创业孵化器

州级的创新也可以扶持公益创业。路易斯安那州就是这样一个例子。2006年,它建立了一间公益创业办公室——全国第一个——给影响路易斯安那州的社会问题提供最有创新的、可测量、可持续的解决方案,支持其设立和完善,来推动社会创新。[34] 2006年,公益创业办公室联合当时的路易斯安那服务委员会[the Louisiana Serve Commission,现更名为路易斯安那志愿者委员会(the Volunteer Louisiana Commission)],发起了变革路易斯安那倡议(Changing Louisiana Initiative)——一个全州范围内的倡议,旨在推动市民参与公益创业与志愿服务,并吸引了1 500名参与者出席城市专门会议。2007年,公益创业办公室联合波士顿的咨询公司Root Cause,开发了一个激励创新且可测量的战略规划解决方案,该方案由公私社会服务提供者设计。随后,在2009年,该州建立了社会创新者研究院(Social Innovators Institute),用于发现和支持全州范围内最有希望的社会创新者项目。社会创新者研究院提供了商务和社会效益培训个性化咨询支持组合,以帮助公益企业家发展公益企业商业计划。

2009年,社会创新者研究院指定全州范围内的12个非营利组织为参与者,包括一种新药物滥用康复设施、一个新的血库、一个油漆回收计划和残疾人工作活动中心扩展区。在研究院项目中,参与者定义并研究其项目要解决的社会问题,然后设计有意义的测量系统,来追踪解决社会问题的进展情况。测量系统包括收集来自外部利益相关者的反馈,利用信息改进项目运作模式,以达到预期社会效果。参与者进行广泛的市场调研,试图建立一个在市场上很可能取得成功的运营模式,同时也为社会项目财务的可持续性出谋划策。此外,研究院项目参与者在每月的同行学习会议中碰面,在此期间他们有机会向其他人学习,挑战想法,将重要的战略原则、经济原则、管理原则、运营原则应用于解决社会问题。

除了网络,研究院还为每个参与组织提供专业的企业教练,来支持公益创业家的关键决策。企业教练与该组织的行政和管理团队并肩工作,决定社会项目的关键方面——项目设计、财务战略和需求、市场战略、测评系统、人员配备要求。教练挑选创新者来实施方案,并为之寻求资金支持,也帮助组织在最后的业务竞争中争夺拨款做准备。

新的州政府融资:"绩效"债券("Pay for Performance" Bonds)

各州面临着越来越沉重的社会项目成本和较低的税收收入。因此,明尼苏达州立法机构正在筹划一项计划,通过发行债券为州内项目筹集资金,债券将给予私人投资者在必需性社会服务中应得的4％投资回报。该州将使用这些钱来支付非营利供应商提供的职业培训,帮助吸毒者戒毒,或提供其他的服务——但前提是他们成功得出了能节省本州经费的具体成果。此项计划在明尼苏达州的非营利组织、智库和立法者之中赢得了广泛支持。

这个想法与社会影响债券有某些相似之处,这种新的金融工具引起了基金会以及奥巴马政府的兴趣。但是它与社会影响债券也有显著差异:使用社会影响债券时,私人投资者承担所有的风险。他们投资后,如果他们支持的项目达到了特定目标,那么政府偿还他们,外加相应红利;如果他们支持的项目没有达到这些目标,他们将什么也得不到。在明尼苏达州的计划里,非营利组织承担着风险。不管发生了什么,投资者都将得到投资回报,但非营利组织只有在成功时才会得到回报。这就需要引入风险测评。表现良好的或有捐款和储备金的非营利组织的风险会最小,但对其他人可能是阻碍,因为当这些人在等着得到国家的钱时,需要另一种方法来增加收入。为了解决这个问题,政府正在酝酿帮助这些非营利组织的想法,比如允许他们以较低的利率从州债券池借钱,或者设立项目投资基金。

结　语

本章涵盖了公益创业在部门之间可能发生的变化。尽管我们讨论的是同样的过程,但是各个部门的作用和特征决定了该过程会以不同的方式展开。美国的公共部门有许多不同的特征,但是最突出的共性是它因服务于民主社会的公民而存在。因此,公民拥有政策与项目的最后发言权。但是公共需求可能遭受挑战,所以在设计创新社会项目时,管理者需要平衡对效率和其他的社会目标的潜在竞争需求。

下一章中,我们将继续集中讨论公益创业如何受到边界影响。在此前提下,我们讨论的是公益创业如何跨越这些边界,包括组织之间的边界和部门之间的边界。

练　习

练习9.1

公共部门的公益创业如何区别于私人部门的公益创业?它们在哪些方面具有相同点?用公共和私人部门创业的例子来说明你的观点。

练习9.2

假设一种能够由任何政府提供的服务。使用新公共管理(NPM)方法的目标和思路,提出一种新的方式来改善这一服务。

练习9.3

对于同样的服务,使用新公共服务(NPS)方法的目标和思路来提出一种不同的方式来改善服务。这个改善建议与你在练习9.2中提出的建议有何不同?这些建议具有可合并性吗?

第十章　跨界合作与公益创业

1992年1月,伯利恒钢铁公司(Bethlehem Steel)宣布关闭它在宾夕法尼亚州斯蒂尔顿(Steelton)的部分工厂。[1]这意味着400个员工将面临失业,其他的1 600个前途未卜。作为应对措施,新鲍德温走廊联盟(New Baldwin Corridor Coalition)被建立起来,以召集各种合作伙伴——包括企业、政府、劳工、教育和社区组织——来创造条件,促进斯蒂尔顿社区总体经济与社会发展。这个组织因为米德尔敦附近的商业区而得名。联盟的动力来自伊克·吉特兰(Ike Gittlen),他是当地的钢铁工人工会主席。他抓住了一个机会,围绕一个愿景来激励社区,并提出一种战略来应对工业衰退的基本原因。

在资本区劳工管理委员会(the Capital Area Labor Management Council)的一次会议上,吉特兰有幸得到机会表达他对社区的建议。结果,约有60家企业、劳工、政治、教育、社区和经济发展负责人赞同这一主张并为联盟的建立扫清道路。联盟的使命是关注地区商业复兴、教育整合、人力资源、政府重构、住房和社区服务、研究和技术。这需要重要团队之间建立发展的长期联系,比如教育方面。另一个目标是建立企业联盟,他们将发展劳工企业合作的新形式来增强企业竞争力、促进就业增长和提高生活质量。

联盟进行了广泛的研究、规划、召开会议和协调活动。自其成立后至1997年之间,联盟拥有了300多家组织会员,并达成了一系列令人印象深刻的成果。联盟努力的结果,是建立了两家新制造公司和一家健康诊所。联盟召开了企业联合会议,邀请了来自五个组织的劳工工会和管理者代表参加。联盟在建立其他合作网络上也发挥了作用:它通过制定发展政府间合作路径、主持合作会议、从承诺合作的八个市政府获得解决方案来推动市政府之间的合作。最后,它还为七个独立学区与两所职业学校之间开展的合作提供支持。

本案例中描述的经济衰退问题,是当今美国许多社区非常典型的问题。振兴一个社区的经济与社会基础设施的任务,远远超出了任何单个组织的能力。其他复杂问题也是如此,比如提供卫生保健和改善教育。面对这些问题,组织如何取得进步呢?

新鲍德温走廊联盟的故事是受益于组织合作、创造性地解决这些问题的一个典型案例。只有通过组织间的合作行动,才能产生创造性的有效可行的解决方案。此外,解决方案将涉及所有部门的行动,当某一组织被召集起来与其他部门的组织进行合作时,部门的界限就变得越来越模糊了。比如,公司正在尝试用新方法提供社会价值,非营利组织和政府正在采用企业界利用市场力量的办法。此外,组织自身也正在吸收其他部门组织的特点,新的组织混合形式正在出现。在本章,我们将研究公益创业如何在合作和跨部门的环境中发生。我们不仅要研究组织之间的合作,还要研究组织网络之间的合作。除此之外,我们还研究组织如何跨越部门界限发展创造性的解决方案。

跨组织界限工作

在本节中,我们要思考公益创业如何受益于组织间合作。我们的出发点是,描述如何解决复杂问题需要首先解决它们所在的生态系统。为了理解生态系统,考虑组织间的合作关系至关重要。接着我们将会研究公益创业如何从结对的组织合作以及大集合或网络的组织合作中受益。

生态系统合作

对于公益企业家而言,为了解决复杂的社会问题,如推进卫生保健或城市教育的准入,他们必须理解并经常革新问题丛生的大社会系统。这些社会系统的组成不仅包括与问题有关的所有利益相关者,还包括问题存在的大环境(比如相关的法律、政策、经济状况和社会规范)。这些可以被概念化为一个社会生态系统的构成。布鲁姆(Bloom)和迪斯介绍了自助(Self-Help)生态系统,这是一个非营利组织,利用家族和企业所有权来帮助弱势群体。[2] 自助的生态系统图如图 10.1 所示。图 10.1 的中央是自助及其项目,四周是它与其他生态组织和生态环境的联系。生态系统有助于我们从更大的层面理解影响问题的关键——既包括有关行动者的范围,又包括影响他们的环境条件。

在这里对我们而言,重要的是与自助相关的各种其他组织,还有这些关系的形式。自助的其他重要组织包括服务的提供者、资源的提供者、竞争者、互补的组织和盟友、受益者、顾客、对手、麻烦制造者、受影响和有影响力的旁观者。在这一群组织中,自助与特定的组织有着交互作用,比如与具有资金、人力与知识来源的提供者的合作关系。除了这些一对一的关系,与较大组织团体的联系对自助也很重要,特别是与面临同样问题的组织的关系。比如,自助处在几个组织网络之中,特别是城市社会服务住房机构网络以及服务于低收入居民的其他机构网络。这些组织网络中所发生的一切也会有助于(或妨碍)自助。为了理解与其他组织的关系如何影响自助,我们需要考虑这两个层面的联系。

在本节中,我们要探讨文献中所述的组织间关系指什么。它们可以被定义为"发生在一个组织与其环境中一个或多个组织内部和之间的持久的交易、流动和联系"。[3] 在实践中,这些联系可能采取各种不同的形式,可能被各种不同的术语提及,包括合作、协调、协作、联盟、合资企业和合作伙伴。这可能导致概念混淆,因为这些术语没有统一定义,除非单独提及,我们把这些关系统称为合作。我们从上文提到的两个层面来描述组织间的合作,首先讨论公益创业组织与其他特定组织之间

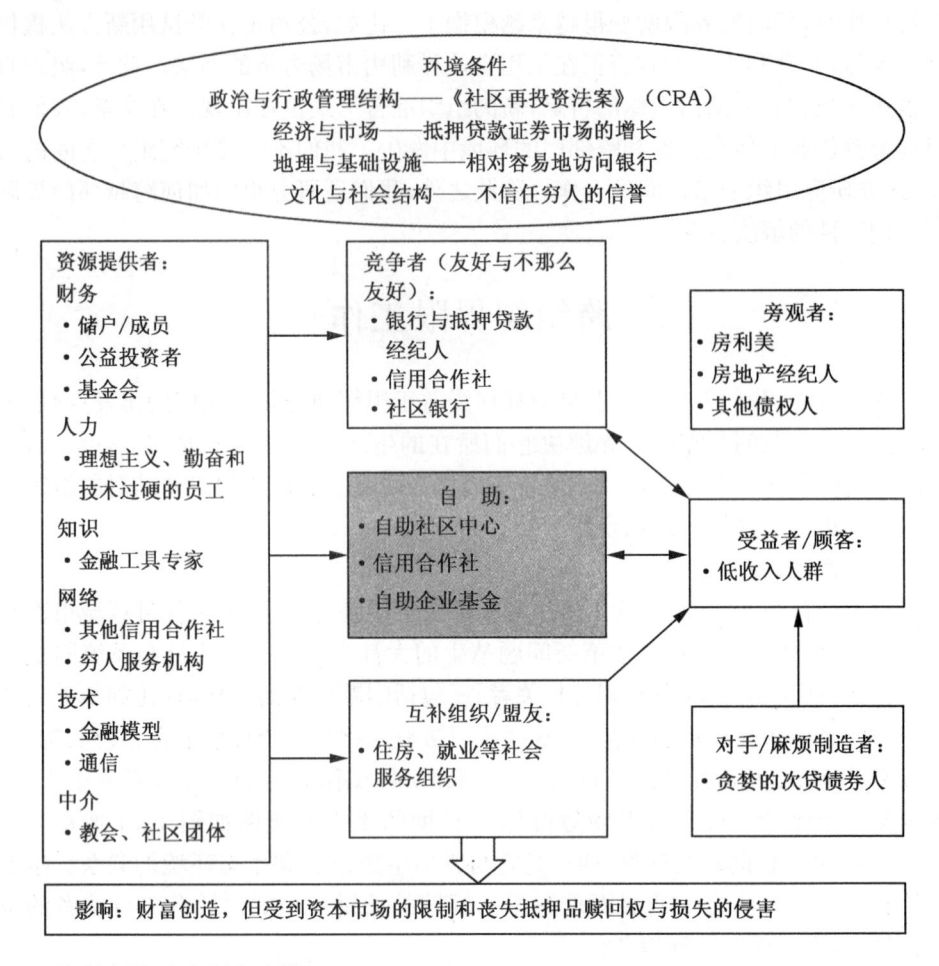

```
┌─────────────────────────────────────────────────────┐
│                     环境条件                         │
│   政治与行政管理结构——《社区再投资法案》（CRA）      │
│   经济与市场——抵押贷款证券市场的增长                │
│   地理与基础设施——相对容易地访问银行                │
│   文化与社会结构——不信任穷人的信誉                  │
└─────────────────────────────────────────────────────┘
```

资源提供者：
财务
· 储户/成员
· 公益投资者
· 基金会
人力
· 理想主义、勤奋和技术过硬的员工
知识
· 金融工具专家
网络
· 其他信用合作社
· 穷人服务机构
技术
· 金融模型
· 通信
中介
· 教会、社区团体

竞争者（友好与不那么友好）：
· 银行与抵押贷款经纪人
· 信用合作社
· 社区银行

旁观者：
· 房利美
· 房地产经纪人
· 其他债权人

自助：
· 自助社区中心
· 信用合作社
· 自助企业基金

受益者/顾客：
· 低收入人群

互补组织/盟友：
· 住房、就业等社会服务组织

对手/麻烦制造者：
· 贪婪的次贷债券人

影响：财富创造，但受到资本市场的限制和丧失抵押品赎回权与损失的侵害

资料来源：布鲁姆和迪斯（2008：50）。

图 10.1 自助的生态系统

合作关系的发展和利用，接着讨论公益创业组织如何适应并利用组织间的合作网络。

组织间的合作

在本部分，我们要讨论组织考虑合作的原因，组织参与合作的类型和组织合作如何与创新相关。

合作的原因

我们将两个组织之间的合作定义为"通过正式和非正式谈判的互动关系，共同制定约束他们的关系和行为方式的规则与结构，以及因共同问题聚在一起产生行动和决策的过程；这是一个关系到共享规则与互利互动的过程"。[4]

为什么一个提供社会效益的组织要寻求与另一个组织合作？各种影响合作决

定的内部和外部因素已经被确认。关于有社会使命的组织间合作的六个视角被描述出来,公益企业家可以使用它们中的每一个。[5]

(1)社会责任:强调解决社会问题的目标和责任。社会责任是使命驱动型组织活动的重要基础,而社会使命通常超越组织边界。如果集体行动可以产生更大的社会效益,那么在社会问题上的共同利益可以产生合作。

(2)经营效率:开展合作可以产生规模经济。为了增加服务量,这样的合作通常由资助者或其他利益相关者推动。资助者被推动,可能是对重复服务的关注,抑或是对众多供应商竞争导致的资源重复投诉的关注。政府机构、基金会、联邦资助者[如联合之路(United Way)]都感到了这种压力。

(3)资源相互依存:组织需要彼此的资源来满足目标和生存。比如,基金会和非营利组织需要彼此来满足经费和使命需求。非营利组织也会在服务提供方面进行合作。例如,一个解决无家可归者需求的组织,可能将它的客户送交给其他供应者,以解决与无家可归相关的问题,比如毒瘾或者失业。这些提供者也可能反过来送交他们客户。用这样的方式,当它们自己及其合作伙伴受益时,机构之间就变得相互依存。

(4)环境有效性:合法性是一种重要的资源。组织将会寻求认可和支持合法性的战略,包括和其他方合作。社会福利机构受到奖励,主要因为他们合作提供社区福利达到社会期望。在关键的利益相关者看来,缺少合法性将可能对将来资助造成不利影响。

(5)区域影响:权力是合作的原因之一。一个组织可以通过加强它在自身领域或活动范围内的权力或影响力来保护资源安全。合作可以用于增加和控制资源、设定服务标准、影响出资者优先顺序。这是一个政治模型,由此组织寻求与享有共同利益的组织合作,以加强它们的权力来促进其在其他组织上的利益。

(6)战略强化:合作可以被视为一种增强竞争优势的方法。例如,非营利组织必须面对外部事务,比如资助者或市场需求,而这些对单个非营利组织而言是有难处的。在这种情况下,联合筹款可以产生两个组织都可以分享的好处,这是单个组织双方都无法产生的。此外,政府或第三方资助者可能寻求更复杂的服务。提供小范围的服务的单个非营利组织,可以通过合作来为资助者渴望的连续性提供服务。

合作关系的类型

在合作关系中,两个组织之间有一些持久的、互惠的互动关系。合作根据两个组织活动相连的松散或紧密而改变。詹姆士·奥斯丁的《合作模式框架》(*Collaboration Continuum*),是一个理解组织参与合作关系范围的框架。他用模式图来描述非营利组织和营利组织之间的关系[6],这适用于定义任何两个组织间的关系。[7]根据奥斯丁的理论,合作强度根据七个维度(表10.1的第一列)而改变。正如表10.1每列所示,当我们从左到右水平移动时,每一个维度都可能在程度上发生改变。

表 10.1　　　　　　　　　　　合作模式

关系本质	简单合作	事务合作	合并合作
参与水平	低	→	高
使命重要性	周边	→	核心
资源量级	小	→	大
活动范围	窄	→	宽
交互水平	稀少	→	密集
管理复杂性	简单	→	复杂
战略价值	次要	→	主要

资料来源：改编自奥斯丁(2000)。

奥斯丁使用这七个维度去描述三类合作的特征。但是，在模式表里只有三个点，而关系可能被定位于模式表的任意一点。根据它们在模式表上的位置，合作关系在合作心态、合作伙伴战略结盟、合作对各方具有的价值以及关系管理方面发生改变。

简单合作只涉及合作伙伴之间很少的联系。它们的特点是除了在某一特定问题上的共同利益，一般资源转让、指定组织人员之间的联系外，交互作用很小。一个例子是：社会服务机构之间的客户推荐。

另一方面，事务合作在合作伙伴间有着更高水平的联系。这些合作包含一种合作伙伴精神，它伴随着越来越多理解和信任，是一种任务和愿景的重合，一种更加公平的资源交换——可能包含核心竞争力——以及整个组织扩大了的合作关系。比如，某青少年心理咨询机构和娱乐中心合作开发一个建立青少年自尊心的项目。

合并合作涉及广泛而多维的参与。这些合作的特点是一种"我们"而不是"我们与他们"的心态，一种建立在高任务网和广泛共同价值范围的具有战略意义的活动；在组织各个层级被认可和发展的项目及共同利益的形成，还有伴随着每个组织彼此相互影响的文化所产生的跨组织深度个人关系。一个例子是：几个学区联合设计课程和提供教师培训。

对于新的创业企业，合作可以提供许多利益，我们将在下一节进一步讨论。因为发展与其他组织的事务合作或合并合作需要时间，尤其是在新的或未经测试的产品和服务上。大部分初期的合作可能都是简单的，但当合作伙伴彼此获得更多经验时，就可能建立更加重要的合作关系。

合作与创新

组织间关系的研究表明合作的四个主要因素与创新有关。合作可以通过给予组织信息渠道、技术支持、信息及顾客促进创新，同时可以转让知识、增强合法性、利用单个组织的资源和提供共同学习和交换资源的机会。[8] 有效的知识和信息可以与未满足的需求、新的方法和服务以及资助创新的新资源相关。更频繁的接触能够促进组织间创新传播的繁荣。

关于非营利组织中关系收益的系统研究较少。虽然这些研究结论好坏参半，但是有几项研究得到了积极支持。[9]一项系统研究考察了合作的四个因素和创新的三种类型。[10]它研究了资源、信息、技术支持、接送客户的联系对管理、产品和过程创新的影响，研究结果表明组织间关系的影响根据创新类型而变化；创新和产品创新的总数与技术支持和客户联系呈正相关；管理创新与技术支持有正相关关系。

我们正思考公益企业如何从组织参与网络中受益。

参与网络

现在我们转向考虑在两个以上的组织之间的合作。这种组织网络是很多组织团体之间的合作，其特点是独具的特性、优势和挑战。

网络的性质

当今世界遍布网络。最近的最激动人心的发展之一是由新媒体引发的个人网络的发展。科技的进步使世界变得更小、联系更紧密，团体、组织、社区和国家越来越一起加入到复杂的关系网络中。在这一节中，我们研究组织网络在创业创新中的应用。没有什么地方比组织之间更普遍地运用网络。组织间的网络是一组联合在一起以达到单个组织无法达到的目标的组织。这些网络具有几个重要特征：[11]

（1）概念体系：网络帮助成员理解和处理复杂且模棱两可的麻烦和问题。共同的理解使发现处理问题的新方法成为可能。

（2）超越关系：网络发展包含但不限于单个成员利益的共同愿景、意图和目标。

（3）成员间的松散耦合：成员代表自治组织和满足实现网络目标的需要。成员是自愿的，网络是分层组织的，但组织彼此没有上下级关系。

（4）自我调节：成员控制网络及其活动。他们负责制定使命、愿景、目标以及计划、创新和管理网络活动。网络管理可以是水平的或垂直的。

营利组织和非营利组织越来越多地使用网络来获取信息和资源、承担风险、解决复杂的市场和社会环境问题。公共机构通过使用它们来避免重复服务，并且更好地利用稀缺资源。跨部门界限的复杂问题，比如卫生保健、社区发展和教育等，使用了最新且最具创造性的网络。这些问题确实是一系列互相关联的问题。比如，健康与社区情况和教育相关。这使得这些问题很难被定义和分析，或者不被简单问题影响。[12]处理这些问题需要不同部门、不同类型、不同层级的组织的紧密合作。这一点在新鲍德温走廊联盟的例子中很明显，因为它在成员中建立了许多新网络。

另一个例子是我们在第四章提到过的早期儿童教育的政策领域。在图10.2中我们再次展示了曾在图4.5中描述的政策领域。[13]值得注意的是，政策领域是由众多关系组成的网络，即与明尼苏达州的早期儿童教育有关的地方、州、区域和国家层面的公共和私人组织组成的。在网络中，组织间的联系和流动可以发生在资

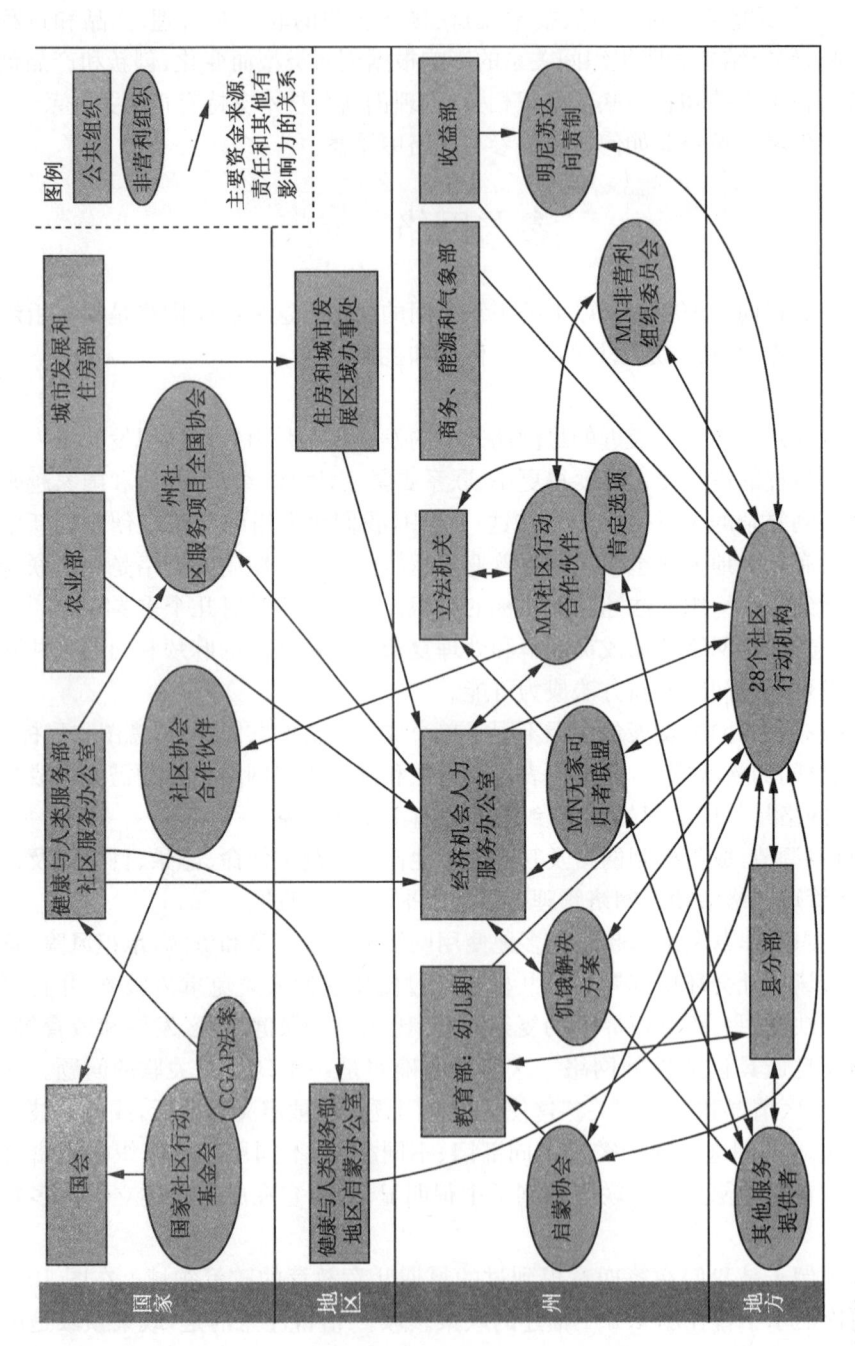

图 10.2 2008年明尼苏达州早期儿童教育政策领域

资料来源：桑福特(Sandfort, 2010: 640)。[14]

源、行政机关、信息或推介方面。网络包含处理影响早期儿童教育各种因素的组织,针对发生在网络层面以及单个组织层面早期儿童教育问题的创新和创新解决方案。比如,网络可以被重新配置进一个更有效的关系中。

网络类型

阿格兰诺夫(Agranoff)指出网络可以因为许多原因形成。比如,交换信息、深入了解问题,或者听取他人如何处理问题的建议。[15]它们可以被用于互相开发管理层和项目执行的能力,也可用于参与能力建设。它们可以为成员提供新的项目选择和机会,为会员组织的互动参与提供蓝图。最后,它们可以被用于提供服务或采取合作行动路线。特殊网络当然可以为其成员提供上述这些东西。

米尔沃德(Milward)和普罗万(Provan)讨论了政府机构可以建立的四类网络。[16]非营利组织和营利组织可以在这种政府领导的网络中成为合作伙伴,也可以在它们的部门之中或之间建立这种类型的网络。

(1)服务实施网络用于提供由政府机构资助但并不是直接提供的服务,比如许多健康医疗和社会福利服务,通常由两个或两个以上的组织联合提供,一体化对于确保服务提供的可靠性以及敏感客户不被疏忽十分重要。

(2)信息扩散网络建立在政府机构之间,跨越组织边界和部门边界去分享信息。其作用是帮助机构进行预测,并为不确定性极高的问题做准备,比如灾难应对。虽然大部分网络合作是在政府机构之间,但是私人部门也可以成为对政府机构有帮助的可用信息来源。

(3)问题解决网络用于解决当前的紧急问题,比如自然灾难所产生的影响。公共管理者对快速行动的要求,构成了现有网络的本质。合作可能是短期的,网络可能在麻烦或问题解决后解散或闲置。因为灾难或紧急情况经常涉及非营利组织和营利组织,而它们很可能是这些网络的重要成员。

(4)社区能力建设网络是用于帮助社区设立满足当前及未来需要的社会资本,比如经济的发展以及预防酒精和药物滥用。网络和合作关系建立社会资本,因为它们推动了组织间的信任和互惠规范。这使得组织间的协调和联合行动变得更容易。考虑到它们在社区中起到的重要作用,非营利组织将成为这些网络中重要的合作伙伴。

此外,一个特定的网络可以提供下文所述便利,正如新鲍德温走廊联盟网络的例子,涉及信息传播、问题解决和能力建设。

网络治理

普罗万和凯尼斯(Kenis)定义了三种类型的网络治理。[17]第一种是参与治理网络中,网络的成员管理它们自身。因此,这些网络一方面是分散和灵活的,另一方面是无效率的。此外,网络运营需要成员间相对高度的一致性。一组医院讨论其应对卫生保健立法改革的会议,就是这样一个例子。第二种是领导组织治理网络有更为集中的结构。在这种模式下,某一组织控制网络治理。这些网络可以更加有效率并处理好网络成员之间更大的分歧,灵活性较差。一个例子可以是一个城市政府领导的用于设计新的轻轨交通系统的网络。第三种是网络管理型治理。在这个模式中,一个独立的组织充当网络的经纪人或协调者。我们接下来介绍的集体影响模型便具有这种类型治理结构的特征。

成功的关键要素

约翰·布兰森(John. Bryson)及其同事在最近的研究中,描述了下面一组跨部门网络成功的关键因素:[18]

(1)了解网络运行的先决条件和整体环境。只要有可能,就利用现有的网络(而不是创造一个新网络)。

(2)发展有效过程、结构以及政府机制,以便参与者了解其范围和角色。

(3)了解关键执行者的角色,比如谁拥有网络治理的决策权威。决策权很可能在合作过程中发生转移,特别是当网络角色发生改变时。

(4)展示领导力和关键能力。通常来说网络的赞助者有正式权限。当地网络支持者缺乏正式权限,但有合法性,因此在网络中的其他成员看来,是他们的召集人。

(5)建立基于结果的问责制,收集网络投入、过程和结果的数据,并依赖网络成员间的透明度和关系以自我强化行为。

实践社区

实践社区的概念描述了如何在网络中培育创新。实践社区是"分享一个关心的话题、一组问题或热心探讨某一话题的群体,或是在现有基础上的交互作用中,加深他们在该领域知识与专长的人"。[19]它们像学习环境一样运行,其中参与者联络互动去解决问题、分享观念、设立标准、打造工具以及与同伴和利益相关者发展关系。如果参与者是组织的代表,他们就是我们刚刚描述的组织间网络的人际交往的表现。同样,他们构成了网络的特征并决定网络的活动。

辛德(Synder)和布里格斯(Briggs)概括了一个实践社区的关键因素:[20]

(1)社区:成员分为不同的层次,包括召集者、核心成员、活跃成员和边缘成员。

(2)范围:集中于特定领域(比如我们在下文将讨论到的"孩子引起的结果")和针对某一问题的集体激情以及它如何服务社会。通常会有一个政治环境对这个领域及被它影响的领域给予合法性。

(3)实践:技术、方法、工具和职业态度,以及建立、分享和运用实践的学习活动。

(4)资助和支持:可以自上而下实现,或是借助外部的专业机构实现。其中可能包括后勤工作(比如会议空间)、沟通、培训网络领导。

辛德和布里格斯用社区实践描述了"儿童教育联盟"(Boost4Kids)。[21]"儿童教育联盟"将其范围界定为"孩子引起的结果"。这包括许多互相联系的结果,比如入学准备、健康保险、营养、卫生行为以及防止虐待儿童。除各种基金和非营利组织外,"儿童教育联盟"社区是一个广泛的联邦机构网络。图10.3展示了这一网络。非政府合作伙伴包括凯西基金会、日立基金会、教育领导机构、全国公民联盟、财务项目以及大量的当地非营利组织。每一个成员都参与了"绩效伙伴关系",它是由一名地方社区伙伴、一名州伙伴和一名联邦伙伴组成的;每个成员都指定一名联邦机构支持者与合作伙伴一起工作,来帮助他们测量结果并减少繁文缛节。

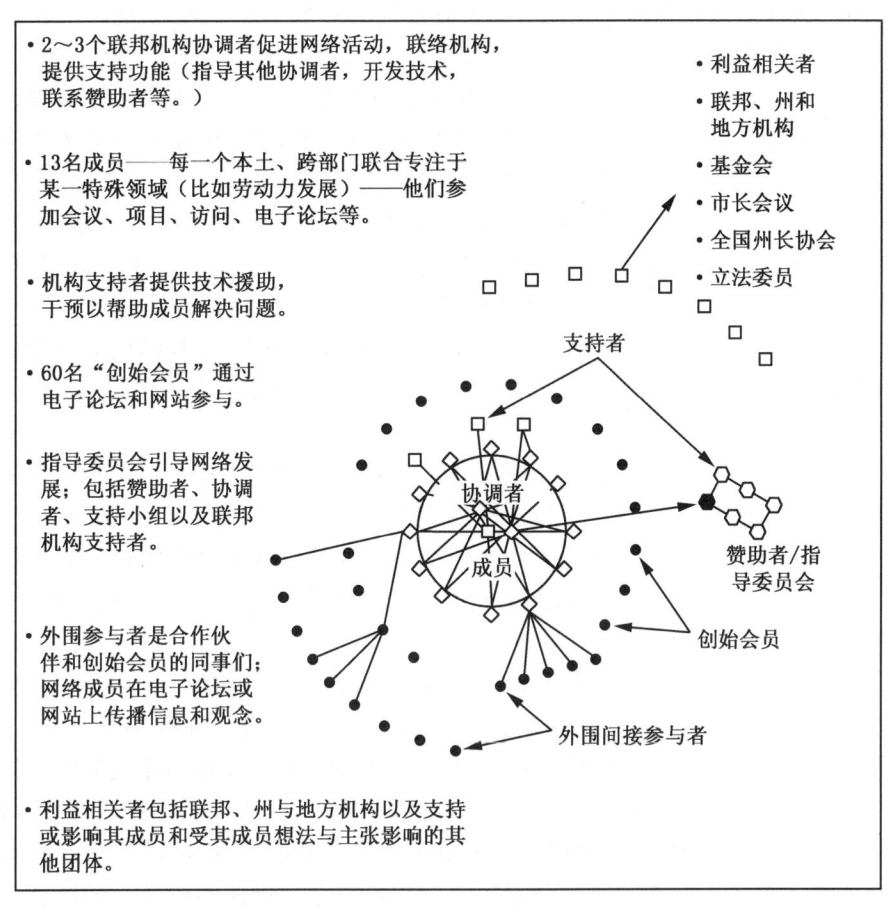

- 2~3个联邦机构协调者促进网络活动,联络机构,提供支持功能(指导其他协调者,开发技术,联系赞助者等。)
- 13名成员——每一个本土、跨部门联合专注于某一特殊领域(比如劳动力发展)——他们参加会议、项目、访问、电子论坛等。
- 机构支持者提供技术援助,干预以帮助成员解决问题。
- 60名"创始会员"通过电子论坛和网站参与。
- 指导委员会引导网络发展;包括赞助者、协调者、支持小组以及联邦机构支持者。
- 外围参与者是合作伙伴和创始会员的同事们;网络成员在电子论坛或网站上传播信息和观念。
- 利益相关者包括联邦、州与地方机构以及支持或影响其成员和受其成员想法与主张影响的其他团体。

资料来源:辛德和布里格斯(2003:24)。

图 10.3 儿童教育联盟整体社区网络结构

"儿童教育联盟"实践包括许多工具和技术。地理信息系统工具和方法帮助课外项目确定战略要点,并致力于找到没有健康保险的孩子。设计申请书"通用"电子模板,允许家庭一次性申请多个相关的家庭服务,而不需往返于一个又一个机构之间填写大量表格。他们开发出最佳实践,为孩子们改善联邦营养项目和强化入学准备项目,包括更好地利用交通运输部基金让幼童使用日托设施。"儿童教育联盟"也开发了其他的方法加强对危险青年的延伸服务,鼓励他们加入到课外项目中来。

集体影响

集体影响(Collective Impact,CI)是组织社区合作以处理复杂问题的一套方法。集体影响最先由卡尼亚(Kania)、克拉美(Kramer)和海妮波恩(Hanleybrown)

在《斯坦福社会创新评论》(the Stanford Social Innovation Review)中的两篇文章中提到。[22]集体影响是根据建立一个社区应对机制的想法而形成的,这一机制适合社区面对复杂多变的问题。这些问题,比如饥饿或药物滥用,在社区造成了一个复杂多变的问题环境,这需要由许多部门和利益相关者去解决,也需要运用多种方法去解决。组织科学的一个基本原则是,为了处理一个复杂问题,组织也必须相应地变得复杂,必须建立独立的单位去处理环境复杂问题的不同方面。[23]考虑到这点,社区问题环境需要一个复杂多变的组织计划来解决。简单的组织或计划(比如传统合作)的复杂程度可能不足以处理这些复杂问题。另一方面,集体影响创新,拥有处理最困难社区问题所需的复杂性和多变性。

集体影响创新的一个重要特征是其包含一个集权结构和分权结构的组合。这使得集体影响创新具有了所需的复杂性。于是,集体影响可以利用每种结构的优点。

(1)集中性,即更加结构化的因素,包括指导监督委员会、提供合作与资源的骨干组织。这些因素设定了总体方向(政策、战略)并且协调集体影响创新活动。

(2)分散化,即更有灵活性的因素,包括与问题的所有方面直接相关的工作团队。这些由合适的服务提供者和项目构成。这些因素协调并发展了具有回应性和创造性的解决方案。

集体影响不同于其他类型的合作。传统合作需要一些组织以现有使命、战略和项目加入他们的一些活动来完成其不能单独完成的任务。在极端情况下,它们可能涉及改变、混合,甚至整合项目或结构。重要的是要注意提前完成分配给组织的工作(决定目标、规划战略和项目等)。此后,合作可以依计划进行。另一方面,随着时间的推移,集体影响创新中的组织实现了共同的目标、活动、合作和调整。比如,可能需要花费几年的时间制定出一个战略框架。集体影响是一种社会变革的过程,不包括预先确定任何整体解决方案。

跨部门工作

在本节中,我们转而从更大的范围进行考虑;也就是非营利部门、营利部门和公共部门的边界。公益创业企业也可以被设计成跨越这些界限工作。由于解决复杂的社会问题需要这些部门联动,跨部门工作变得越来越重要。

部门边界的模糊

在过去的几十年里,公共部门、商业部门和非营利部门之间的界限开始变得模糊,因为许多开创性的组织使用商业方法融合了社会和环境目标。公众对这一趋势有许多看法。营利组织利用善因营销、三重底线、企业社会责任、社会审计、社会责任投资、可持续性报告向着提供社会价值进一步前进。同时,公共组织和非营利组织正在采用更类似商业的方法,从事市场活动,包括风险慈善、项目投资、政府再造、新公共管理和投资的社会回报。

这样的发展导致一些人推测,尽管在商业部门、政府部门、非营利部门中,许多组织的使命和方法正在稳步趋近，但某些处于部门边界的简单模糊的情况正在发生；他们认为这三个部门的组织正在用商业方法整合社会目标，从根本上说是一种全新的混合形式聚合。[24]

混合型组织

根据词典的解释，"混合"被定义为来自不同根源的因素，或是由不同元素或不协调元素组成。[25] 就组织而言，毕里斯（Billis）采用了一个"主要部门"方法，并保持组织有"根"，或基本坚持一个部门原则。[26] 混合型组织采用其主要部门的模式，同时也借鉴另一个部门的一些特点。利用这种方法，每一个部门可以与其他两个部门形成混合形式，产生了九种混合形式。比如，非营利组织的混合形式可以是非营利公共组织、非营利商业组织、非营利公共商业组织。每一种形式都主要遵守非营利部门原则。

过去的几十年中，我们见证了新混合组织模型的扩张，目的都是为了解决各种社会挑战。这些组织的运作结合了来自不止一个部门的模型，因此它们属于混合型组织。这些模型在数量和种类上呈现的多样性导致一些人推测它们组成了一个新兴的"第四部门"（如图10.4所示）。[27] 第四部门表示这些组织融合了来自所有部门的属性与战略，使得很难用单一部门的原则来描述它们。它们真正享有的是使用商业方法追求社会与环境目标的耦合。大量混合组织模型的事例在近些年相继出现，包括：(1)混序（混合混沌与秩序）组织；(2)公民和市政企业；(3)社区发展金融机构；(4)跨部门合伙；(5)基于信仰的企业；(6)非营利企业；(7)可持续发展企业；(8)社区财富组织；(9)公益企业；(10)综合价值企业；(11)社会经济企业。

营利—非营利组织的混合形式在文献上引起了最多的注意。金姆·阿尔特（Kim Alter）也长期撰写关于这些混合形式的文章。[28] 表10.2显示了非营利组织、营利组织主要部门、营利—非营利组织在动机、方法、目标、资金最后去向方面的特征。

表 10.2　　　　　　　　　　　　　　实践者图谱

	纯粹慈善	混合类型	纯粹商业
动机	追求善念	混合动机	追求自我利益
方法	使命驱动	保持使命与市场均衡	市场驱动
目标	创造社会价值	创造社会价值与经济价值	创造经济价值
收入/营利之去向	用于非营利组织（根据法律或组织政策）使命活动	再投资使命活动或运作费用，和/或保留给公司成长与发展（营利组织可能再分配一部分）	分配给股东和所有者

资料来源：阿尔特（2013）。

所有的混合组织创造了社会和经济价值，并可通过它们的活动如何与动机、问责制、收入使用相关联而组织起来。阿尔特的混合图谱（如图10.5所示）包括了四种类型的混合组织。[29] 她的框架右侧是践行社会责任或社会责任企业的公司。这些营利混合组织创造了社会效益，但它们的主要动机是创造利润并将利润分配给

图 10.4 新兴的第四部门

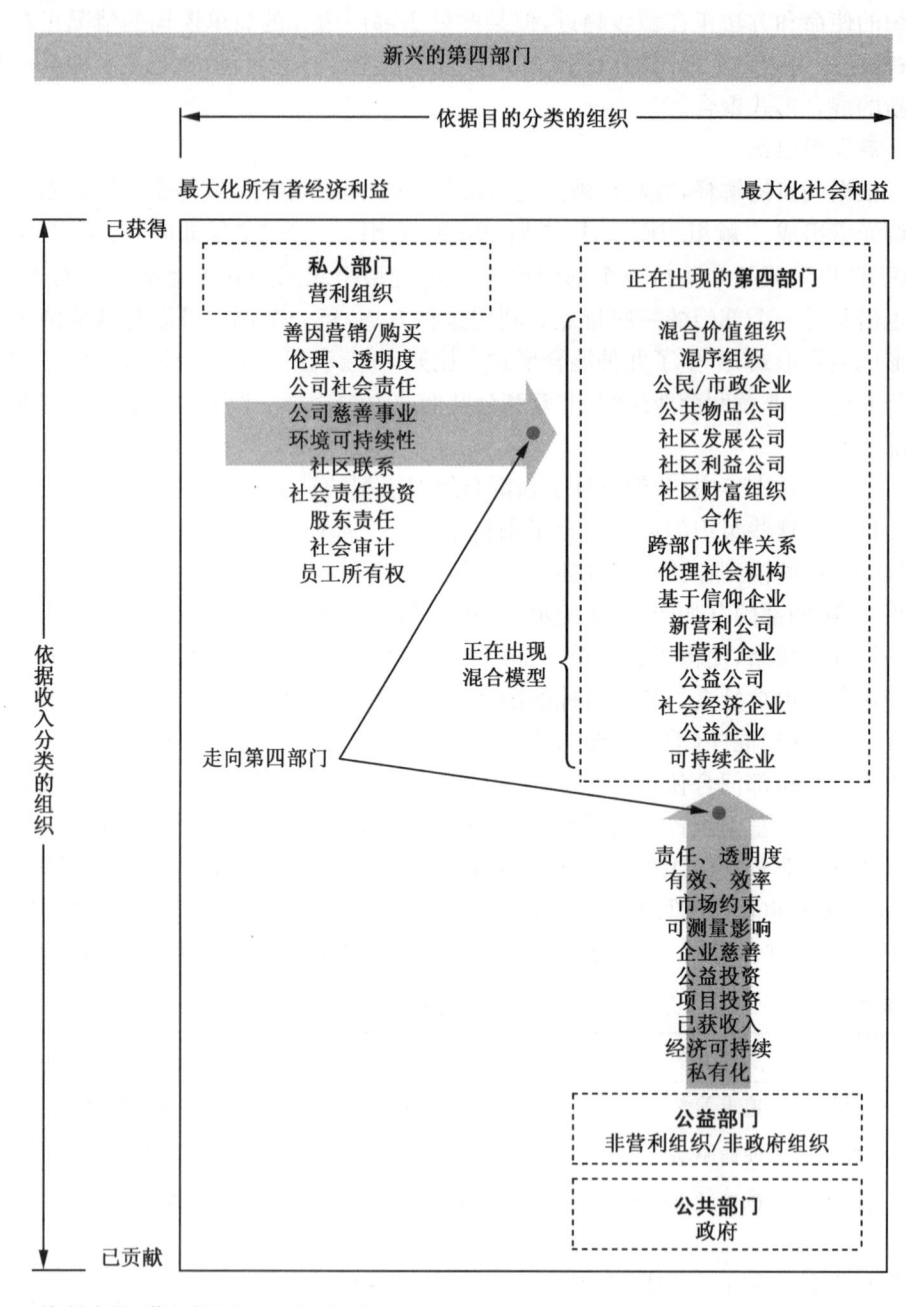

资料来源：萨贝提（Sabeti，2012：8）。

股东。她的框架左侧是有创造收入活动的非营利企业和公益企业。对于两种混合型企业，主要的动机是完成利益相关者规定的任务。正如下面提到的，社会企业不是非营利组织就是营利组织。

在阿尔特的框架中，主要动机（利润或使命）的差异是混合组织的精神与活动

混合组织图谱

传统非营利组织	从事创收活动非营利组织	公益企业	有社会责任感的企业	践行公益责任企业	传统营利组织

使命动机·　　　　·营利动机
利益相关者责任·　　　·股东责任
再投资公益项目资金·　·利润再分配给股东
或运作成本

资料来源:阿尔特(2013)。

图 10.5　混合组织图谱

的核心。因此,组织基本不会在类型上沿着整个图谱演变或转化。从公益创业到社会责任公司或者从社会责任公司到公益创业,都必须首先重新定位它们的主要目标,然后调整它们的组织。尽管建立非营利组织是为了创造社会价值,财务可持续性的需要导致它们去寻求外部资金或自我创造基金。有创收活动的非营利组织与非营利公益企业的区别,是依赖于创收的程度。创收对非营利公益企业而言更重要,可能会被融入所提供的社会服务。另一方面,尽管建立非营利组织可以通过赚取收入来创造经济价值,但它们可能被迫做出社会贡献以回应市场或其他压力。但是,在营利公益企业中,使命动机必须占主导。它们的创立必须主要基于社会目标考虑,这使它们区别于其他营利混合形式;因为在营利混合形式中利润仍然是主要目标。公益企业这一定义与一家大型伞形组织公益企业联盟(Social Enterprise Alliance)一致。该联盟声称:"共同利益是其首要目标,深深扎根于组织中的DNA,它的重要性胜过其他一切。"[30] 然而其他定义可能放松这个要求并运用该术语于其他混合形式。[31] 因此,更重要的是,遇到这个术语时要明白作者的意思。

公益企业

早在 1996 年,罗伯茨基金会流浪者经济发展基金(Roberts Foundation Homeless Economic Development Fund)界定公益企业为"一家以为低收入者创造经济机会为目的的创收企业,但同时要参考财务收入的底线运作"。[32] 大量的定义随之涌现,包括企业功能的各种要素、资助和公益企业的所有权。我们将采用一个公益企业的定义,该定义包括一些提到的元素,并为广泛的实际运用范围提供了一个界限:一家公益企业是为了社会目标而产生的商业企业——缓和/减少社会问题或市场失灵,并且在以私人部门企业特征运作的同时创造社会价值。[33]

考虑到它们寻求社会变革,公益企业从创业、创新和市场方法上受益,经常被提到的企业特征包括财务纪律、创新和决定。[34] 尽管一些定义将术语限制于非营利和营利组织,但是根据功能,它也适用于公共机构。我们在第九章讨论了公共部门的例子,在这里将集中讨论非营利与营利部门公益企业。公益企业可以被结构化为组织的一个部门或作为一个独立的法人实体,不是非营利企业子公司就是营利企业子公司。无论何种情况,企业成功和社会影响都是相互依存的。

公益企业因作为社会价值和经济价值的创造者而得名,它具有以下特征:

(1)使用商业工具和方法来达到公益目标;(2)整合社会和商业的资本与方法;(3)创造社会和经济价值;(4)从商业活动创收来资助公益项目;(5)市场驱动和使命引导;(6)测量经济绩效和社会影响;(7)以有利于公共利益的方式实现财务目标;(8)从无限制收入中享受金融自由;(9)融合企业战略以完成使命。

在社会项目和商业活动整合的层面上,阿尔特区分了几种类型的公益企业,基本类型是嵌入型公益企业和整合型公益企业。

在嵌入型公益企业中,商业活动被嵌入在组织运作和社会项目之中,是其使命的核心。公益项目通过商业活动自筹资金;因此,嵌入型公益企业也发挥着一个可持续项目战略的作用。公益使命是商业活动的中心目标。商业活动和公益项目的关系是全面的;经济效益与社会效益要同时实现。基于这样的公益使命,大多数嵌入型公益企业的结构通常被归为非营利企业,以防止使命偏移;但在某些法律环境下,它们也有可能被登记为营利企业。

在整合型公益企业中,公益项目与商业活动重合,通常共担成本和资产。组织建立整合型公益企业,将其作为支持非营利组织运行和使命活动的筹资机制。商业活动和公益项目的关系是协同的,即相互增加经济和社会双方面的价值。在多数情况下,整合型公益企业扩展或强化了组织的使命,使它能够实现更大的社会效益。使命扩张通过商业化组织的社会服务,将它们出售给一个新的付费市场,或向现有客户提供新服务的方式来实现。整合型公益企业充分利用有形和无形资产——比如专门知识、项目方法、关系、商标和基础设施——作为创建企业的基础。整合型公益企业可以被结构化为非营利组织的一个利润中心或企业部门,或者是作为一个独立的实体。

该框架因此被利用来描述大量的公益企业运作模型,概括如下:[35]

(1)外部支持模式(嵌入型):公益项目区别于商业活动。非营利组织建造外部公益企业,来资助它们的社会服务和/或运营成本。企业活动是在组织运作"之外"的,但它们通过追加资金资助它的公益项目。外部公益企业通常不从借贷、成本分摊或项目协同效益中受益。因此,为了服务于这些目的,它们必须是营利性的。一家经营礼品店的博物馆就是一个例子。

(2)企业支持模式(嵌入型):公益企业向它们的目标人群或"客户"、个体经营者或企业推销商务支持和金融服务。公益企业的客户继而在开放市场出售它们的产品和服务。经济发展组织包括小额信贷机构、中小型企业和商业发展服务项目使用这种企业支持模式。

(3)市场中介模式(嵌入型):公益企业向它的目标人群或"客户"——小生产者(个人、公司或合作社)——提供服务,帮助他们进入市场。公益企业服务为客户制造产品增加价值;这些服务一般包括产品开发、生产和营销援助以及信贷。市场中介全部购买客户制造产品或者寄售客户的产品;接着它在高利润市场加价销售获得利润。市场供应合作社以及公平贸易、农业和手工业组织通常采用公益企业的市场中介模式。

(4)就业模式(嵌入型):公益企业向它的目标人群或"客户"提供就业机会和职

业培训：有很大的雇用障碍的人，比如说残疾人、无家可归者、高危青少年、有犯罪前科的人。该组织经营一家雇用其顾客的企业，并在开放市场出售它的产品和服务。就业模式不仅广泛运用于残疾人和青少年组织，而且还运用于服务低收入女性、重复吸毒者、曾无家可归者以及接受社会救济的人。

（5）收费服务模式（嵌入型）：公益企业将它的社会服务商业化，并将它们直接出售给目标人群或"客户"：个人、公司、社区或第三方付款人。"收费服务模式"是非营利组织最常用的公益企业模式之一。会员制组织、贸易联盟、学校、博物馆、医院和诊所是收费服务企业的典型例子。

（6）低收入客户主导市场模式（嵌入型）：收费服务模型的变种。这一模型强调为穷人和低收入者服务，主要提供难以进入市场的产品和服务，引起困难的原因包括价格、配送、产品特性以及其他因素。产品和服务的例子可能包括卫生保健（疫苗接种、处方药、眼科手术）、健康卫生产品（碘盐、肥皂、眼镜、助听器、女性卫生用品）和他们付费的公用事业服务（电、生物质和水）。此模式往往受用于发展中国家。

（7）合作社模式（嵌入型）：这种公益企业通过成员服务直接为它的目标人群或"客户"——合作社社员——提供益处：市场信息、技术支持、扩展服务、集体谈判权、批量采购、获得产品和服务，以及让社员生产的产品和服务进入外部市场。合作社成员通常包括同一个产品组的小生产商或是具有共同需求的某一社区——比如获得资源或卫生保健。合作社成员是合作社的主要股东，它们用自己的时间、金钱、产品和劳动力投资合作社，同时收获收入、就业、服务等福利。

（8）市场联动模式（嵌入型或整合型）：公益企业促进了目标人群或"客户"——小生产者或当地公司或合作社——之间的贸易关系以及外部市场。公益企业发挥着经纪人的作用，在买家与生产者中间进行沟通，并为这种服务收费。市场联动模式中第二普遍的商业类型，就是出售市场信息和寻求服务。不同于市场中介模式，这种类型的公益企业并不出售或推销客户的产品，而是将客户与市场连接起来。许多行业协会、合作社、私人部门的合作者和商业发展项目使用公益企业的这种市场联动模式。

（9）服务补贴模式（嵌入型）：这种公益企业向外部市场出售商品或服务并用生产收益来资助它的公益项目。商业活动和公益项目重合，共同分担成本、资产、行动、收入和经常性的项目价值。尽管服务补贴模式主要被作为融资机制来运用，因为企业使命与它的社会使命相分离；但商业活动可以扩大或增强组织的使命。

除了这些混合型的公益企业运作模式，几种新的合法公益企业组织混合形式也在美国出现了。我们将在下文进行探讨。

新法律形式

美国的公益企业现在可以利用两种新的合法营利组织合并模式的优势：它们合并成一家低利润的有限责任公司或一家福利企业。这些合法形式可以运用在越来越多的州。这些混合形式合法且明确，因为在两种模式中社会效益都必须是主要目标。这一点戏剧性地背离了以利润最大化为目标的传统营利组织。两种组织模式均以正常公司税率征税。

低利润有限责任公司(Low-profit Limited Liability Company,L3C)

L3C必须以实现社会目标为既定目标,以赚取利润为第二目标来进行运作。佛蒙特州首先推出这种公司形式。根据部门间的合作关系,到2012年7月1日为止,该公司形式在美国的九个州和印第安人的两个部落取得合法地位。报道称它在其他州也取得了进展。在全国范围内已有825个活跃的L3C。[36]

L3C以符合非营利组织法的行为方式采取行动受到了支持。比如,支持建立L3C的示范州法律规定,类似的组织建立必须满足以下条件:[37]

(1)显著推动国内税收法典1986年修订版的170(c)(2)(B)节规定的一个或多个慈善或教育目标的完成。

(2)除非因为组织的关系去完成慈善目标或教育目标,否则不会建立。

不同于非营利组织,L3C可以向所有者或投资者分配收益。当然,考虑到社会使命的属性,回报可能比其他的营利组织投资更低。L3C计划在企业中吸引私人投资和慈善资本,旨在提供社会福利。比如,对基金会而言,在L3C做项目投资更容易。尽管基金会成立的初衷是为了资助非营利组织,但是在某些情况下它们可以进行项目投资。项目投资带有产生社会效益的目的,符合且能够推动基金会的使命。项目投资必须获得美国国内税务局的批准。但是,当带着明确的社会使命采用L3C时,基金会不需要国税局对其项目投资资格进行特别裁决。

福利企业

福利企业是一种新型公司,需要对社会和环境产生实质性的积极影响,且符合问责制和透明度的更高标准。[38]在笔者撰稿期间,这种新法律形式已在14个州通行,其他13个州也将立法建立福利企业。[39]在颁布立法的州福利企业地位,适用现有州公司法,除非明确规定特用于福利企业形式。福利企业的主要特征如下:[40]

(1)要求福利企业必须具有对社会和环境产生实质性积极影响的公司宗旨。

(2)扩大董事会责任,要求既要考虑非财务利益相关者也要考虑股东的经济利益。

(3)有义务用全面、可靠、独立、透明的第三方标准报告整体社会业绩和环境业绩。

福利企业诞生于"B实验室"(B Lab),这是一家认证公司社会责任的非营利组织(好比公平贸易组织认证公平贸易咖啡)。[41]如果他们自愿同意满足社会和环境的绩效标准,确保问责制和提供透明性,那么公司即可被认证为"B类公司"(B Corps,注意这不同于福利企业)。在本书创作期间,有807个被认证的B类公司遍布全世界27个国家,涵盖60个不同的产业。[42]

"B实验室"已经超越了基于自愿遵守的认证体系。"B实验室"和其他企业已经将B类公司原则延伸到一套法律要求当中,现在也被包括在国家的公司法中。福利企业就此诞生了,有法定义务去创造社会效益,正如刚才所述。巴塔哥尼亚(Patagonia),一家著名的户外服装制造商,成了在加利福尼亚州注册为福利企业的第一批组织之一。这更加体现了巴塔哥尼亚致力于环保事业,正如其网站上所述:"对我们而言,在巴塔哥尼亚,对野生和美丽地方的热爱,让我们投入了拯救它们的斗争,并帮助扭转我们的星球急剧下降的整体卫生环境。全世界有成千上万的民间环保团体,我们把我们的时间、服务以及至少1%的销售额捐给了数百个致力于帮助扭转潮流的草根环保组织。"[43]

结　语

在本章中,我们讨论了公益企业家如何跨越边界以增强他们的企业。跨组织界限工作和与另一组织合作,给一家独自单干的公益企业提供了更多不同的社会价值。合作关系可以适应多种方式,并或多或少成为组织的运营中心。同时网络将合作收益扩大到更多组织,促进更加广泛和协作的行动来提供社会价值。公益创业也可以跨部门运行;这变得愈发重要,因为有越来越多的复杂问题跨越部门。只有当组织一起合作时才能增加它们的整体社会效益,于是部门合作将成为更有效的社会问题解决者。

在下一章,我们将讨论新的发展对公益创业的影响。新媒体的快速发展和持续使用正改变着我们生活的方方面面;同样,新媒体也影响了公益创业。新媒体促进了公益企业圈内人的沟通,帮助他们协调工作,加强筹款和宣传公益事业。

练　习

练习10.1

为什么跨组织间的合作对公益创业很重要?公益创业过程的哪些特殊方面从组织间的合作中受益最多?通过描述一家凭借单一组织来开展工作的公益企业如何通过合作得到改善来说明你的观点。

练习10.2

加入网络如何对公益创业有利?加入一个网络如何比加入一种跨组织的合作对公益创业更有益处?用你在练习10.1中所举的例子说明你的观点。

练习10.3

营利—非营利组织混合结构将给公益企业提供哪些益处?这种结构需要解决哪些挑战和困难?举例说明你的观点。

第十一章 新媒体与公益创业

"被遗忘的天使"(Invisible Children)是圣地亚哥一家非营利宣传组织,致力于唤起谴责约瑟夫·科尼(Joseph Kony)的活动,后者是一名被起诉的乌干达战犯。这个组织由三个年轻的电影制片人——杰森·罗素(Jason Russell),波比·柏利(Bobby Bailey)和拉伦·伯勒(Laren Poole)——建立。他们在2003年春天去非洲旅行,为在乌干达北部的所见所闻感到震撼:儿童流离失所,而且害怕被迫为流氓武装集团服务。于是他们夏天回来时,制作了一部纪录片《被遗忘的天使》(Invisible Children:Rough Cut):一部深受好评的剪辑电影。源源不断的支持与他们自己的愿望,驱使他们成立了被遗忘的天使公司这样一家宣传组织,其使命是:"使用电影、创造力和社会行动结束在约瑟夫·科尼的反叛战争中使用童兵,恢复乌干达北部的和平与繁荣。"

2012年3月5日,"被遗忘的天使"开始了一个名为《科尼2012》(Kony 2012)的网络视频活动。这个电影短片的目的是让科尼在世界范围内声名狼藉,以便在年底对其进行逮捕。仅仅三天,《科尼2012》视频迅速成为短暂的社交媒体历史上最大的病毒传播成功案例之一,吸引了视频网站上百万的观众。在三周内,它刺激了美国国会的行动:超过三分之一的美国参议员提出了一个两党都接受的解决方案,谴责科尼和他的部队犯了"反人类罪"。

《科尼2012》这部电影也呼吁年轻人在4月20日去参加"不眠之夜"(Cover the Night),一个世界范围内的呼吁运动。参加的支持者在公共场所和家里张贴海报,唤起更多的关注来阻止科尼暴行。但是,正如一位评论员注意到的,"那一天来得很快也走得很快,几乎每个地方的实际投票率低迷和散漫。大约350万人已经承诺或注册了"被遗忘的天使"来参加'不眠之夜'活动,但是用科尼海报、壁画和贴纸覆盖社区的计划似乎并没有取得最初期望的巨大规模,因为2012年3月8日视频发布后公众的热情已经消退"。[1]

关于这件事的一个公众注意力的生动例子被记录在NPR的故事中:在应该成为"不眠之夜"的那天,在威廉和玛丽主页的年轻人已经转移到下一个互联网病毒现象:一个打破世界纪录的突发性公共事件。一名突发性事件的组织者解释了他们组织这次事件的策略:"我们直到本周才想到做广告,因为我们不想阻止事件在网络上发酵,因此很多事件像病毒一样扩散并快速消失,现在比过去更难抓住人们的注意力。"2012年4月19日,625人关注列在脸书上的突发性事件,而"科尼2012

"威廉和玛丽"主页只有 16 个关注。[2]

公众对社交媒体上运动的支持来去匆匆,像一场迅速移动的雷雨。

2012 年 4 月 5 日,"被遗忘的天使"发布了一段后续视频,名为《科尼 2012:第二部——著名之外》(Kony 2012:Part Ⅱ—Beyond Famous)。它只获得了不到第一部 1% 的收视率,单纯复制过去模式导致的失败,清晰地表明这个运动失去了它的势头。

引 言

在刚刚过去的 20 多年中,互联网和社交媒体已经迅速成为我们生活不可分割的一部分。截至 2012 年,24 亿多人——超过世界人口总数的三分之一——已经使用了互联网服务。截至 2013 年,脸书——一家 2004 年 2 月由几个哈佛大学的学生创建的主要社交网站,拥有超过 10 亿的活动用户。推特——一家在线社交网络和使其用户发送和阅读简短文本信息的微博服务,拥有超过 5 亿的注册用户,每天发布超过 3.4 亿条信息。[3]

这些新媒体渠道大大加强了市民和组织在网络空间参与有意义互动的能力。对公民而言,令人难以置信的民主化信息,还有以网络为基础的先进技术,不仅从根本上改变了我们购物、工作、社交、互动以及娱乐的方式,而且改变了我们学习与获取信息的方式。对组织而言,网络和社交媒体使得组织不仅自我披露组织的信息,而且可以设定目标、动员民众以及与民众互动,这在其他情况下或通过其他媒体是不太可能的。[4]

本章将研究新媒体的快速扩散如何产生公益创业的新可能性——以及如何构成新挑战。互联网和社交媒体提供了新的召集平台,让公共组织和非营利组织与众多利益相关者沟通,跨组织边界实现工作协调,公益事业可以进行筹款和宣传。我们还要研究公益企业家为达到社会利益的目的而使用社交媒体的各种方式。下面,我们将介绍"关注慈善事业"这个概念及其对公益创业的影响。

新媒体,新可能

互联网直接、有效、低成本的特点,使它成为公共部门组织和非营利部门组织的一个重要替代性传播和通信工具,特别是那些小型和资源稀缺的组织。[5] 因为个人越来越依赖互联网,把它作为他们的信息来源,他们可以根据非营利组织的线上表现决定向哪个组织进行捐赠、提供志愿服务、参与互动活动。[6] 证据表明,组织在其网站上公布信息的数量,尤其是绩效和年报,增加了网民对组织的慈善捐款量。[7] 互联网也提供了对话互动(或双向交流),这是一个极具吸引力的功能,帮助组织和其利益相关者之间进行严格且有意义的交流与交易。[8]

此外,根据 Web2.0 可提供的复杂先进的互动,诸如博客、我的空间(MySpace)、赛我网(Cyworld)、推特和脸书等社交媒体,为公众提供了一个低成本的用户友好选择,带动更多的观众参与讨论,并吸引公众关注可能被传统媒体忽略的社会问题。社交网站(如脸书和推特)是免费的且内置交互,所以任何规模的组织均可创建网站并开始建立一个几乎可以随时联系的朋友和追随者的网络。有了社交媒体,组织可以与感兴趣的公众发展对话互动,包括捐款者、支持者、顾客和媒体。[9]

社交媒体广泛的定义是:以互联网和基于移动通信技术的、允许人们创建和交换用户生成素材的技术。除了这个一般性的定义,还有各种类型的社交媒体。研究人员卡普兰(Kaplan)和海恩蓝(Haenlein),根据形成"社交媒体"这个词的两个重要维度,编制了一个分类表。[10]媒体维度涉及媒体的丰富性(媒体在一个特定的时间段内,为解决模糊性和不确定性问题,而发送信息的数量),以及媒体允许出现在两个交流对象之间的社会临场感的程度(即可以实现的听觉接触、视觉接触、物理接触)。社交维度涉及媒体需要自我披露的程度(即个人信息有意或无意的暴露,比如与呈现形象相一致的思想、感觉、喜好与反感)和它们允许自我表现的类型。

两个维度合并形成了如表11.1所示的社交媒体分类。社会存在感和媒体多样性的维度可以决定交流方式,例如,合作项目(比如维基百科)和博客的应用处在连续体的低端,因为它们通常以文本为基础,所以只允许相对简单的交流。内容社区[比如视频网站(You Tube)]和社交网站(比如脸书)大概位于连续体的中间,因为它们不仅提供以文本为基础的交流,也可以分享图片、视频以及其他媒体形式。在连续体的顶端是虚拟游戏和社交世界[比如魔兽世界(World of Warcraft)和第二人生(Second Life)],它们试图在虚拟环境中复制面对面交流的所有方面。在自我表现和自我暴露的领域,博客通常比合作项目得分更高,后者倾向于关注特殊内容领域。同样,社交网站(如脸书)比内容社区(如视频网站)允许更多自我暴露。最后,虚拟社交世界比虚拟游戏世界要求有更高水平的自我暴露,因为后者受到严格指导原则约束,迫使用户以特定方式行动。[11]

表 11.1　　　　　　　　　　社交媒体的分类

自我表现/自我暴露	社会临场感/媒体多样性		
	低	中	高
高	博客	社交网站(比如脸书)	虚拟社交世界(比如第二人生)
低	合作项目(比如维基百科)	内容社区(比如视频网站)	虚拟游戏世界(比如魔兽世界)

资料来源:卡普兰&海恩蓝(2010)。

随着Web 2.0的引入,互联网的整个前提改变了。它变得更具有参与性和合作性。用户不再仅仅是互联网信息的消费者,网站被设计成以用户为中心和交互式的。人们也成为贡献者,他们通过虚拟社区、博客、视频分享和社交平台进一步促进用户产生创作与分享以及个人、企业、非营利组织甚至政府间的沟通。

社交媒体的神话与现实

在最近的研究中,研究人员欧戈登(Ogden)和斯达妮塔(Starita)提供了一个非营利组织之间使用社交媒体的神话与现实的概要:[12]

(1)"它是免费的。"实际上,当免费参与社交媒体平台互动时,真正使用这些工具将花费大量的时间和资源。

(2)"每个人都参与其中。"实际上,人们越频繁地使用社交媒体,克服噪音变得越困难和奢侈。

(3)"这是接触人的另一种渠道。"是的,它实际上提供了一种新渠道,但是其他较旧的渠道并没有消失。因此现在组织必须继续使用所有的旧渠道加上新渠道。

(4)"这是了解下一代的方式。"实际上,现在通过社交媒体了解下一代的好处尚不清楚。

(5)"你可以与捐赠者和志愿者建立关系。"实际上,并没有证据表明社交网络能够建立持续关系。

(6)"你必须行动起来,否则你将落伍。"实际上,在大多数技术革命中,等待最佳实践的出现并没有害处。

尽管非营利组织正在开始采用社交媒体的新渠道改变他们交流、协作、宣传和筹款方式,但是一些组织还没有开始采用社交媒体应用程序。资源约束和组织文化可能解释落后者的存在。尽管社交媒体具有成本效益,但维持更新状态非常耗时,而且可能会产生额外的管理负担,这就意味着组织需要为此分配更多资源。此外,并不是每一个非营利组织都倾向于与他们的利益相关者或公众进行双向交流。相反,他们可能把筹款、宣传或会员资格置于优先地位以满足它们的战略目标。[13]

社交媒体可以成为组织接触并吸引众多利益相关方的一个有效媒介。事实上,最能够区别第二代网络技术的,恰恰是它能够促进行动者之间密切联系的能力。互动博客、讨论列表、公告板、实时咨询、在线培训、虚拟会议、个性化的内联网和外联网及社交网络软件,在加强联系、建立信任以及与重要利益相关者进行战略性沟通上发挥了重要作用。最近,协作维基百科、在线调查和调查工具、标签和社交书签项目的日益普及促进了激烈的、分散的、高度参与的问题解决、决策制定、集思广益、创造知识的努力。

之前的研究确认了由非营利组织发送社交媒体信息(如推特和脸书状态更新)的三个关键交际板块:[14]

(1)信息。"信息"板块涵盖了传播有关该组织活动信息的消息、亮点事件,或者其他新闻、事实、报道,或与组织的利益相关者有关的一切潜在利益。

(2)社区。"社区"板块涵盖了有助于与利益相关者互动、分享、对话的信息,以某种方式促进关系,建立网络,最终打造一个在线社区。

(3)行动。"行动"板块涵盖了旨在让利益相关者为组织"做一些事情"的信息——包括从捐款到购买 T 恤到参加活动以及发起宣传活动的任何事情。

与这三个板块保持一致，下面我们将讨论新媒体如何帮助公益企业家推进他们的事业。

新媒体和信息共享

公益企业家拥有巨大潜力来使用这种服务，该服务的主要领域是信息共享。使命驱动的组织依赖于公众信任，因此公益企业家与利益相关者交流活动信息极其重要。而社交媒体使得组织可以通过脸书和推特来完成这一交流。脸书提供了无限量的每日更新；而推特，可以提供每分钟的更新——比如，在危机期间——使用一个标签（比如，#红十字，将会弹出任何用户发送的包含该词语的每条推特）。以用户为中心和用户生成的信息使其更加个性化，这是实现信息传播的一个很好的工具。

脸书、推特和其他社交媒体是非营利组织向大众"推送"信息的一个重要方式。比如，雅典护士诊所（Athens Nurses Clinic）有一个脸书网页，粉丝可以关注并跟帖。博主特意隔天上传一张新照片，制作关于诊所工作的一则帖子，以保持"护士诊所"在其粉丝的新闻订阅圈之中的活跃度。拥有连续的信息流也会为粉丝提供一种推动力去经常查看页面，看看诊所有何状态更新。志愿者可以看到他们的照片被张贴在脸书上，捐赠者也可以跟进他们资助诊所病人的状态。

社交媒体也使得市场营销成为一项明显更加耗时的工作，并导致产生了公共关系总监这个新角色。并非简单地向当地一家报纸发放关于一个重大事件的新闻稿，组织现在必须更新网站，在脸书、推特上发帖子，发送邮件给组织的所有利益相关者，撰写关于新闻的博客——即使对于小事件也必须完成全部任务。管理现在所有可用的媒体渠道，完全可能成为一项新的全职工作。

宝贝快信（Text4baby）提供了一个有趣的例子。宝贝快信是一个旨在推进孕产妇和儿童健康的移动信息服务。这一理念看起来很简单："你所需要做的就是发送'BABY'或'BEBE'（西班牙语）到号码 511411。你将收到你的预产期或你孩子的生日以及你的邮政编码。即时起，每周你将收到三条短信，提供具有可操作性的、以实践为基础的关于你的怀孕阶段或胎儿发育的信息。"[15] 无线基金（Wireless Foundation）与手机公司的支持使宝贝快信为客户提供免费服务成为可能。这是新媒体与公益创业的联姻之美：使事情变得简单，并利用它来帮助其他人或创造一些人们想要的东西。

新媒体和筹款

皮尤研究中心的"互联网与美国生活项目"（Pew Research Center's Internet & American Life Project）通过多年调查记录到，过去的 20 年来在线捐款人数呈现持续增长态势。研究显示，当今五分之一（20%）的美国成年人做过一次在线慈善捐款,近十分之一(9%)的人使用其手机的短信功能进行过慈善捐款。同时那些特意开发网上筹款机制的政治运动和游说团体的数量也有所增加。

Web 2.0和社交媒体还是一种为了获得利益方捐赠的扩张方式。通过运用所有社交媒体,组织可以实现管控和责任落实。因此,为了跟上时代,社交媒体和Web 2.0应该成为所有非营利组织战略规划的一部分。

最近,美国运通和推特联合起来,为美国运通持卡人提供一种新的购物方式:他们用推特账户同步绑定运通卡,通过使用特别创建的♯标签来购买用品。一个叫"Chirpify"的组织向非营利组织提供一种筹款方式;人们需要做的,就是利用贝宝(PayPal)回复包含特定词语的推特和他们打算捐款的数量。Chirpify创造了一种简单的方法将我们经常使用的社交媒体整合成一种公益创业的新平台和为非营利组织筹款的新渠道。[16]

通过社交媒体,MoveOn.org已经成功地在美国的政治候选人和政治问题上发动筹款和草根行动。MoveOn的在线交流融合了网站和社交媒体格式,无缝衔接了本地团体(所谓议会)的动员与募捐呼吁。最重要的是,MoveOn对其政策立场持友好态度的政治候选人,表现出了持续经济支持的能力。从保守角度来看,"茶党运动"也反映了使用社交媒体控制分散的社会网络以动员对认可候选人支持的(志愿的和资金的)能力。另外,事件辩护组织,如环境团队、从事慈善工作与宣传活动的组织,又如服务于残疾人或其他目标人群的组织,也结合社区建设的信息与内容使用社交媒体来筹款。

新媒体与利益相关者参与

新媒体为公益企业家提供了传播信息的新方式。如果他们能够充分利用社交媒体所提供的参与工具的潜力,其可能性将是无限的。比如,一些美国红十字(ARC)分会会巧妙地使用社交媒体,用它来保证以社区为基础的美国志愿队(AmeriCorp)实习生,能够满足当地社区的需要。实习生们运营一个微博账号,报道美国红十字在路易斯安那州东南正在进行的具有新闻性质的工作。当需要美国红十字抢救的火灾或小灾难发生时,这个团队的在线记者成为首先做出反应的用户之一。非营利组织管理者可以从这种风格的在线管理中获得丰富的经验。[17]这样,组织在不经意之间就彰显了它们如何以每次更新的博客来为社区履行其使命。

因为新媒体改变了几乎所有组织(包括非营利组织)的沟通方式,它带来了可抓住的机遇,同时也带来了要应对的挑战。首先,新媒体大大增加了组织对外曝光、宣传以及沟通的机会,它致力于成为一个双向交流的平台,这给了非营利组织一个超越自我以及参与和利益相关者对话的机会。真正做出色工作,通过新媒体吸引利益相关者的一个非营利组织是国际致善协会(Compassion International),一家基督教儿童赞助组织,它通过组织捐赠者资助生活贫困儿童以帮助他们长期发展。致善协会通过它的脸书网页、推特账户、博客和互动网站吸引人群。除了寻求捐款和资助,它还会通过鼓励跟进受助孩子的生活进展,通过突出表彰杰出员工、志愿者和捐赠者,通过链接到有关贫穷的趣味性文章等,让宣传方式变得更加个性化。致善协会网站允许潜在的资助者浏览等待资助儿童的图片和描述,也为资助者提供了一个给其受助儿童写信的在线平台,对于在被电子邮件和电子设备充斥着的时代中的许多人来说,这是一种比使用笔和纸更熟悉和方便交流的方式。

新媒体造就了一个更大的公共关系角色,但是它们也有其他重要的经营和管理效果。类似谷歌文档的 Web 2.0 工具能够鼓励组织间的合作甚至促进同一组织间不同部门的工作,不论它们是否在同一地理位置。基于 Web 的财务和项目管理的解决方案比比皆是,正如 QuickBooks(或糖尿病状态管理软件)——一个非营利性健康网站为其成员诊所购买的用于向每一个诊所提供糖尿病规划的工具。类似 Skype 的软件对于联系不在同样物理位置的人十分有用,这有助于非营利组织的董事会或成员会议保证成员更高的出勤率和参与度。

基于社交媒体战略的"金字塔"模型

郭超和塞克斯顿(Saxton)提出了以社交媒体为基础的宣传金字塔模型,它是一个三阶段的过程。[18]通过归纳分析,他们确定了一系列基于社交媒体宣传工作的新类型,并将之分成更广的三大类,构成了基于社交媒体宣传的金字塔模型基础。这个等级模型包括一个三阶段的过程:(1)深入民众,(2)保持活力,(3)加紧行动。组织首先深入到现有的和潜在的支持者中并提高组织的慈善事业意识。一旦选区建成,下一步就是支持选区和维持支持者热情的火焰。当时机成熟,最后的一步就是动员支持者行动起来。隐含在模型中的等级反映了这个模型的连续层是如何建立在下一层级之上的。考虑到前面阶段的较大信息量,基于社交媒体宣传的三种因素可以被描述成一个金字塔(如图 11.1 所示)。

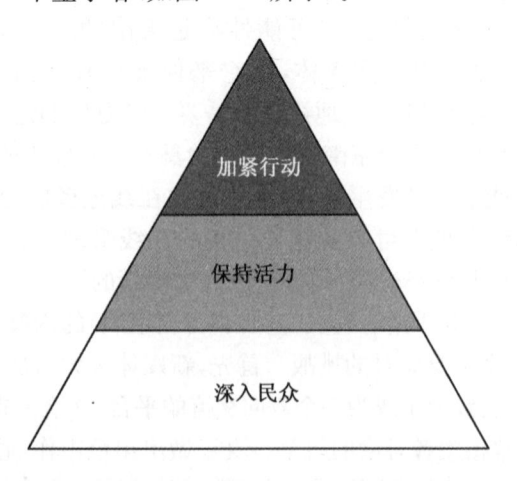

资料来源:郭超和塞克斯顿(2014)。

图 11.1 基于社交媒体战略的"金字塔"模型

尽管这三个组成部分代表了"阶段",但它们可能同时发生——阶段是相对于组织与在任意特定时间某一特定利益相关者的关系而构想出来的。在流动的社交媒体环境中,组织必须不断寻找新的受众(第一阶段),加深受众的知识并维持其利益(第二阶段),接下来动员行动(第三阶段)。换句话说,组织总是在培养和集结新的支持者。在效果上,它是一个动员驱动建立关系的模型——一种组织如何通过建立沟通关系战略以产生和发动网络支持的模型。

这一动员驱动建立关系的金字塔模型为我们提供了一个框架,以理解公益企业家利用目标利益相关者通过社交媒体沟通推进他们事业的过程。这个模型是描述性的而非规范性的,因为它旨在描述社交媒体的功能实际上如何随着参与阶段而改变,而不是它应该如何变化。在第一阶段,组织的首要任务是深入群众并唤起公众对慈善事业的关注;在第二阶段,首要任务是维持社区利益与支持者网络;在第三阶段,首要任务是动员,请求捐款或者号召行动。

新媒体,新挑战

新媒体也带来了新的挑战。我们生活在一个信息越来越饱和的世界,其特征是24小时的消息循环、数不清的社交媒体网店和大量的信息。在非营利组织部门,组织日益增加的透明度和曝光率增加了信息的过剩。"信息中介"越来越流行也是复杂问题之一,如"导星"(Guidestar)以及诸如"慈善导航"(Charity Navigator)的评级机构,成为组织信息的附加场地。对于致力于解决某一社会问题创新方案的公益企业家来说,他们必须在多个领域从事活动。除了传统的线下筹款和网站之外,一个非营利组织还可能参与脸书慈善的筹款或是无数个诸如"来资助我"(Go FundMe)、"强力启动者"(Kickstarter)或"群体崛起"(Crowdrise)等"众筹"网站。

关于任何特定组织的大量信息都是可获得的,因此慈善家的"问题"不再是信息不对称,而是在捐赠者和慈善家感觉缺乏对组织任务、项目或绩效的足够了解的情况下的信息过剩。换言之,非营利组织的信息环境改变了,它显然更加丰富,但也更加难以掌控了。有如此多的信息需要查看,但信息处理能力却又是有限的,就出现了注意力短缺的问题:对慈善家来说,很难知道要注意哪些方面;对组织来说,很难捕捉和保持慈善家的注意力。

欢迎进入"关注慈善"时代。为了理解这个新概念的特征和界限,通过不同研究者的理解来界定"关注慈善"会大有裨益。郭超和塞克斯顿把"关注慈善"定义为"所有慈善事业的'玩家'(比如捐款者、资助者、支持者、非营利组织等)被潜在的信息过剩所淹没而面临的注意力短缺的挑战"。[19] 申克(Shenk)将"关注慈善"定义为"关注的礼物",组织凭借它能够更好地获得好想法以及吸纳具有重要地位的高尚企业。[20] 斯蒂芬(Steffen)将它定义为"值得支持的闪光点,然而通常不在赞扬的注意力之内"的过程。[21] 总之,这些定义分享了一种对于非营利组织的消费者信息过剩问题的认识,而它们因这些问题来源的不同而不同。

考虑到改变了的信息格局,关注慈善的出发点在于解决注意力缺失问题。当今的捐赠者和支持者比以往更广泛地注意到各种组织。但是更广泛的注意力伴随着代价：他们对特定组织的注意被冲淡了。这种注意力稀释表现在慈善事业的几个主要方面。在慈善捐赠方面，最近几年的非营利组织数量的急剧增长激发了捐赠者与资助者之间的激烈争辩：一些人控诉非营利组织部门正在演变为家庭手工业，有如此多的非营利组织可以选择，而其他人将这种增长视为"活力和创造力的标志"。[22]双方都意识到了这个事实，现在组织在获得捐赠者和资助者的注意力上彼此竞争比过去更激烈了。在志愿者方面，一个明显的趋势就是"片断"式的或是短期的志愿者活动越来越流行；[23]最近几年志愿者数量下降，这种趋势提高了对非营利组织负责人获得志愿者注意组织的能力的关注。

在慈善事业方面，注意力短缺的问题可能产生广泛的影响。首先，难以预测谁可以得到关注：这个月可能是在乌干达的童子军，下个月就可能是在西弗吉尼亚州的条带采矿。更可能的情况是，关注的重点转为一个大规模的饥荒，或像2010年海地地震一样的自然灾害。当这些灾难的确值得引起我们的注意和支持时，它们有这样一种倾向：让我们将注意力和支持，从更小的但却是当地非常重要的事件中转移出来；而关注慈善似乎加剧了这个问题。其次，或许更重要的是，捐赠者和支持者更可能注意到引人注目的新闻报道，或者是诸如自然灾难和危机的"焦点事件"。这个趋势与组织通常依赖于轶事、个人故事和叙事，而非依赖系统评价和向公众传达组织绩效的观察相一致。[24]这样的一种趋势在线上捐赠的背景下尤为强烈。

实际上，关注慈善对非营利组织的负责人来说，既带来了机遇也带来了挑战。如果他们想得到支持，负责人以创新方式接触其目标人群必须比以前更警觉。汤姆斯鞋业是一个很好的例子，这是一家带有慈善使命的制鞋公司（号称"每卖出一双鞋，将会为需要鞋的孩子捐出一双新鞋"）。尽管该公司很少在正规的渠道做广告，但他们已经开发了独特的草根市场渠道，涉及一系列引人注目的事件，比如"没有鞋的一天"活动。这些明智的战略以独特的方式让许多人暴露在汤姆斯布鞋的信息中，并与他们绑定在一起，这对汤姆斯鞋业的慈善成功至关重要。自2006年成立以来，汤姆斯鞋业已向20多个国家的孩子赠送了1 000多万双鞋。[25]

网络可以利用一些信息，包括过剩信息服务于重要的市场营销目的。以苏珊·G.科曼（Susan G. Komen）乳腺癌治疗基金会（Cure Foundation）的支持者每年10月乳腺癌宣传月期间在脸书上使用的创意营销为例。尽管在2012年有过一些负面报道，[26]科曼早已因创意市场策略而闻名，该组织有些方面做得特别好，比如通过诸如脸书之类的社交媒体获得关注。在过去的几年中，一个不明来源的脸书病毒现象鼓励女性（神秘地）说出当她们进门时喜欢把钱包放在哪里。"我喜欢将它放在地板上"或"我喜欢将它放在厨房的角落里"，这些帖子引起了人们的广泛讨论。当更多的妇女开始注意到状态信息时，她们发布了自己的帖子，引发热点，传播讨论。在病毒式市场营销开始使用的前些年，这一招显然为苏珊·G.科曼的官方脸书网页吸引了14万的新粉丝。尽管科曼并没有因此大受表扬，但是组织支持了它。"我们认为很了不起，"科曼当时的一名发言人说，"这是一个了不起的案例,它展示了始于网络的一件小事情,如何走得更远以引起人们对癌症的重视。"[28]

受限于注意力短缺的公益企业家关注慈善的挑战是双重的:通过创造力与聪明才智在其他潜在信息来源中脱颖而出,并将注意力转化成行动。像科曼一样的非营利组织的关键工作是利用脸书状态帖子吸引转瞬即逝的注意力并激发一些行动。尽管互联网让人们迅速容易地得到信息,但是它也促成了"手扶椅行动主义"或"懒汉行动主义"。就这一点而言,《科尼2012》再一次充当一个好例子。尽管视频得到了脸书上超百万次的浏览量,批评者声称这个广告对产生真正的改变影响甚微。[29]

邦克(Bonk)认为战略沟通在非营利组织发展中发挥关键作用——特别强调通过针对性的邮件到达目标受众。[30]因为互联网,媒体正在开始分层,人们发现信息的方式(新闻或其他的)是多样化的,并变得更加专业化。盖内尔(Gainer)的观点是:营销在营利组织界往往是一种单向关系(企业对消费者交流),而营销在非营利组织界是一种双方交互关系。[31]这意味着对接收者来说接收信息的过程更有趣——它开辟了参与新途径。脸书和推特给了人们与信息互动的机会——成为他们所关心的可移动慈善事业的自由市场营销者。是的,它增加了我们掌握的信息,同时也提供了这样一种方式:其他人可以通过看我们的脸书朋友和推特追随者正在讨论、推荐或批评的内容来对信息进行分类。

更好地掌握有这个问题的受众,是一种解决注意力短缺的方式。有针对性的良好沟通非常重要,允许双向交流,可以为那些偶然发现容易得到的表层浅显信息的人们的参与开辟新途径。在有创意的、有趣的、吸引眼球的消息下面,必须有更深入地接触、学习和检索信息的机会。当有人转帖了脸书上的一个状态时,应该有后续行动,比如鼓励请愿书签名并访问非营利组织的网站。从这里开始,非营利组织会鼓励以特殊的方式捐赠时间或金钱,并鼓励其他人也这样做。从浅显到深入的参与过渡机会必须是无缝的,也必须是简单的——点击即可。

但是,组织可能很难知道它们要将多少有限资源奉献给"关注慈善"。你应该雇用一个网络专家吗?一个公共关系大师?一家有变革理念的咨询公司,沿袭变革世界(Worldchanging)?[32]这注定耗资巨大,但结果却难以保证。即使某一组织成功获得了很多人的注意,它自己的成功却可能是它最大的失败,因为个人可能因为你的信息超载,以及可能因此引发的对组织和使命的漠不关心,甚至是抵制。似乎在过去的几年中,这是乳腺癌意识慢慢形成的原因。更确切地说,粉红色代表着我们日常生活中随处可见的元素,从汤罐头到NFL(国家橄榄球联盟)球衣。尽管这样的营销可能会引起关注,一些人觉得还不够,因为活动并不能在预防和治疗这种疾病上取得重大进展。许多人相信乳腺癌的真正问题和相关慈善机构的使命已经在所有粉红色广告中迷失了,因为公众已屈服于"粉红疲劳"。[33]

这个情况对公益企业家本身而言可能是可怕的后果,因为它们被包裹在"关注慈善"和相关的副产品中,就像是迷失了自己初衷的市场营销活动。它听起来就像是在一些治疗乳腺癌慈善机构的案例中已经发生;它们把所有的精力用于吸引人们的注意力,导致根除乳腺癌的使命退居其次。

郭超和塞克斯顿将组织获得关注的问题,归因于信息过剩和个人处理所有信息面临的挑战——注意力缺失。另一方面,斯蒂芬将真正的问题归因于信息在媒体、政治和慈善领域的把关。他援引证据说,那些负责评估非营利组织——把关人员——无法充分评估外人的创新和新理念对其同事和门徒的好处。涉及慈善时,这就相应设置了注意力缺失程度的边界。捐赠者和资助者在组织建立时可能不会遭遇注意力缺失,因为不仅他们有现有组织的名称识别,也有类似"指南星"(Guidestar)或"慈善导航"之类的"守门人"来过滤信息。但是,注意力缺失确实对新的或还未完全建立的组织产生了影响。因此可能需要新评估专家的沟通,主要是促进与新创新型非营利组织的沟通,以及克服客户的注意力缺失。因为,诸如变革世界、RealClimate、GOOD、SciDev、Global Voices 和 NextBillion 等组织必须获得精力充沛的、年轻的和积极参与的受众来寻找创新型非营利组织。[34]

并非所有的创新型公司都同样具有活力或值得投资,因此仍然有必要进一步筛选。斯蒂芬赞同这种观点,并指出一个统计投票的系统可能退化为一个零和人气竞赛,其中人气并不是有效性或可行性的衡量标准。斯蒂芬关于控制这一过程的建议需要"策划参与",其中要求专家建议根据其声誉关注慈善。它们的声誉取决于支持它们的用户:它们对网站的贡献,或者被选为信誉良好的网站会员的数量。这个过程建立了一个小型的民主进程,其间利用最好和最聪明的潮流达人,当然也包括群众的投入。公益企业家的影响在于,即使思想比较保守的"守门员"组织忽视它们,如果它们有价值,它们的人气与活力也可以更容易得到承认。

关注慈善网站,用它处理注意力缺失,这种战略各有利弊。它的优势在于更灵活,并且能宣传处在创新前沿的非营利组织。它也允许其他利益相关方帮助处理这些创新战略,并且在项目得到确定时建立支持者基础。它以专家为中介,为顾客处理注意力缺失问题提供了一种方法。当然,这种方式也有问题,因为前沿组织的选择标准既不系统也没有明确界定。依赖于一个专家的名望与依赖大众投票相去不远。

公益企业可以通过可行性及创新性,通过对公众关注的问题制定合理的解决方案来克服注意力缺失问题。如果他们有一个平台向更多的受众展示他们自己(即如果有一个合法的"守门员"),注意力缺失可以被克服。用诸如"导星"或"慈善导航"之类的评估机构,或者用"变革世界"之类的慈善网站,或者其中任何一类的未来迭代,公益企业家和非营利组织负责人必须找到最好的方式推销给广大受众,同时维持他们的合法声誉。这种保持人气、可信性和合法性的平衡行为需要持续的关注,因为制定战略是为了在社区之内与重要利益相关者进行交流与合作。

结　语

公益企业家和非营利组织负责人需要意识到,为其慈善事业提供的社交网络有重要作用。全世界越来越多的人依赖网络寻找信息,一个线上表现不佳的组织很难有机会长久地维持生命力,实现它的使命。当它关注慈善事业时,非营利组织负责人必须小心翼翼,不要把所有的鸡蛋都放到一个篮子里(即分散风险)。使用传统的方式吸引捐赠者、志愿者、雇员和董事会成员并保持下去也同样重要。这包括打电话、口口相传以及更重要的面对面会议。毕竟,推特或脸书上的一个"关注"不能为慈善机构提供的服务付费或者使志愿者满意而归。

在过去的几十年,想要像"被遗忘的天使"那样,在《科尼 2012》中得到的对慈善事业的巨大支持,变得更加困难。但是,一个组织如果是成功的,那么成功足以持续到产生重要的成果。20 世纪 80 年代中期,援助埃塞俄比亚饥民就是一个恰当的例子。在网络时代之前,组织者使用收音机、MTV 以及大型音乐会比如说"拯救生命"来唤醒意识,筹集资金,帮助遭受饥饿的非洲人。这个慈善企业是如此成功,以至于在 25 年后仍被提及,甚至被复制。然而,电视和广播不具有今天计算机和智能手机所拥有的能力:用成千上万的事件来轰炸我们。当我们的指尖滑过大量信息时,专注于某一件事几乎是不可能的。因此,如果公益企业家和非营利组织希望在唤醒意识和争取捐赠上取得大成果,就不能仅仅依靠社交媒体。

练 习

练习 11.1

基于社交媒体的金字塔战略模型的三个阶段分别是什么?用一个例子来说明这三个阶段。请给一个依赖传统工具和平台做宣传与建立关系的公益企业下定义,并提出一个基于社交媒体的战略来改善其宣传报道和组织的有效性。

练习 11.2

什么是"关注慈善"?它对一个公益企业家的意义和结果是什么?用一个例子说明你的观点。

练习 11.3

组织如何在不失去使命感的情况下适应新的信息环境?请确定一个你认为很好地适应新的信息时代但仍然坚持初始使命的公益企业,并详细描述这个公司的 1~2 个计划。

结论：回顾过去，展望未来

本书打算为迅速成长中的公益创业领域提供一个关键概述和评估，并向公益企业家和创新者提供必要的知识、工具和技能，帮助他们处理社会中最复杂的问题。

我们以理论为基础，广泛借鉴了现有的创业和创新文献；我们遵循以事实为基础的管理理念，指导当前和未来公益企业家，在事实证据的基础上进行实践。我们相信这种方法最为有效，不仅能够帮助学生理解公益创业的潜力和局限，而且能够帮助学生找到一个解决社会问题的创新方案。

赫伯特·A.西蒙（Herbert A. Simon）和安德鲁·H.范德温（Andrew H. Van de Ven）的观点一致，他们都是重视利用研究和科学证据来指导实践与组织的学者，他们认为在专业学校中的学者和教育者（如管理、公共管理以及社会工作专业）"一方面，应该为科学学科贡献知识进行研究……另一方面，将知识运用到管理实践中"。[1] 从这个角度看，"没有比这更有使用价值的出色理论了"。[2]

重要结论

在本节中，我们从本书中提炼出一些要点与重要结论。

社会使命是公益创业的指南

公共组织和非营利组织需要试验新想法，推动创新计划，努力实现它们的社会使命。而重要的是，要牢记创新和主动仅仅是达到社会使命这一目的的手段。尽管开发新的收入来源和寻找支持组织工作的创新方式很有价值，但这样的公益创业计划制定和实施的前提应该是不忽视使命。

使命的核心在第二章中提到，公益创业导向（SEO）概念清晰论证这一核心。作为一个组织倾向于参与公益创业的指标，公益创业导向包括三个相对独立的维度：创业程度、创业频率和社会使命定位。这一概念的主要含义，即公益创业导向根据组织和维度而改变：一个组织可以在创业方面展示高程度和高频率，但仍然在社会使命定位方面处于低水准。比如，对于那些从事创收投资的组织来说，一个自给自足的健康收入量可以增加他们未来能力的可靠性，因此应予以鼓励。然而，过分关注商业投资可能导致使命偏移。企业都倾向于根据自己的商业底线来改变其使命，而不是始终专注于慈善事业。

结论：回顾过去和展望未来

公益创业导向概念的另一个含义，是一个使命驱动的组织不能总是成为公益创业组织：公益创业导向可以随着时间和组织的不同生命阶段而改变。比如，就业培训机构启动前期，可能会积极地尝试各种创新项目和服务，安置无监护权父母的工作找出最有效的模式。这样就能沿着三个维度较高程度地展示公益创业导向。在收到这些探索性计划反馈后，组织可能会决定集中于一两个项目或服务，这一定是在实现它们的目的和目标过程中，被证明最有成本效益的。当组织朝着成熟阶段演进并建立其核心竞争力时，组织的公益创业导向将在后续几年中下降，这是理所当然的。然而在这一过程中，对组织而言最重要的是关注使命定位。

公益创业属于机会驱动

作为公益创业的一个重要步骤，开发机会明显突出。每一个公益创业组织或计划从识别机会开始。在第三章和第四章，我们讨论了公益创业家识别公益创业机会，以及通过建立一个新组织（即一个独立的首创公司）利用机会的过程。我们讨论了个人如何参与过程的可能理论，也讨论了其对从业者、教育者以及本领域研究者的意义。企业，特别是社会企业，仍然没有被我们完全理解。尽管如此，当前的研究成果为今后的研究提供了一个坚实的基础和明确的方向。

我们已经明确了成功创建一家公益企业的一些重要步骤：识别创新机会，评估开发新机会的成本和效益，发展一个合理的业务模式，包括有效的运营模式和可行的资源策略。虽然这些步骤对规划目标有帮助，但是将机会转变成可行的项目或组织，并不必然要严格按照步骤进行。实际上，公益企业的创新往往是更有机的和充满机会的，公益创业通常在占据天时地利的情况下发生，并顺应趋势发展。这个过程受到严格的规划和控制，它是能够适应环境和良好时机的。

公益创业不是初创企业的专利

目前大部分学术和与实践相关的文献主要集中于初创企业。尽管如此，大型组织和现有组织也可以成为社会企业。为了学习更多关于"如何与大象共舞"的问题，我们花了两个章节来讨论公益创业的过程，即公益创业机会出现并发展成新的项目和服务，以及现有组织新设机构的过程。

管理社会创新过程的特有挑战是在探索性和开发性机会之间找到一个合适的平衡点，前者与组织的核心竞争力无关或边缘相关。大型现有组织喜欢开发性机会，因为这些机会在它们的舒适区间：当一个无家可归者收容所和当地的餐厅合作开发一个创新举措，为其施粥的产品添加营养餐项目，这个时候成功的概率更高。因为营养餐的服务与它的核心竞争力（庇护和施粥）密切相关。如果无家可归收容所决定寻求一个机会，帮助无家可归的人和家庭做小生意，成功的机会可能会更低。尽管短期看来待在舒适区更安全；但在长期看来，当组织陷入能力陷阱时就可能出现问题。[3] 我们突出了中层管理者在公益创业过程中的关键作用：他们不仅对识别探索性机会和获得相关信息负责，还必须有能力向高层管理者推荐进一步开发的项目。

公益创业并不限于特定的部门

尽管在本书中讨论的绝大部分创业集中于非营利部门的组织，但关键的概念、理论和原则,仍可以被潜在应用于理解其他部门的公益创业行为。在第九章中,我们将读者的注意力引向公共部门的公益创业,介绍了独特的机会和挑战,以及推动公共部门开展公益创业的当前实践和未来趋势。在第十章中,我们将讨论扩展到跨组织和部门边界的公益创业,讨论了个人和组织如何跨部门边界合作,共同开发创新的解决方案。这样的跨部门创新变得日益重要,因为更加复杂的问题要求非营利组织、政府、企业和社区集体的努力和承诺。通过合作,组织和部门变成社会问题更有效的解决者并能够最大化他们的影响。

更深层的问题

这本书也涉及其他一些问题,不过非常简单。现在我们在此列出这些问题以供进一步参考:

(1)混合型公益创业(混合了营利组织和非营利组织)的陷阱是什么?是否对社会企业的合法性造成威胁?我们如何划分盈利的实体与社会企业之间的界限?双底线的概念在本书的较早的部分已进行讨论,进一步思考影响这些底线的因素是非常有价值的。在一个理想的世界,我们总是可以赚取利润,同时也收到投资的社会回报。尽管如此,当两条线冲突时,将会发生什么?作为公益企业家,当我们被迫在经济与社会效益间做出艰难的选择时,我们可以依靠什么呢?

(2)我们从创业失败中可以学到了什么?当谈论到社会企业时,我们倾向于提到那些成功解决社会创新问题的人。人们可以在这一过程中参与,而不需要他们的努力,但是那会使他们缺乏创新精神吗?托马斯·爱迪生经历了成千上万次失败才成功发明第一个有商业可行性的白炽灯。向以往的错误学习,我们才能更好地识别机会并更全面地发展创新想法。研究失败的人可能比研究一下就成功的人更有成效。

(3)我们如何把握社会企业的责任?正如早前在本书中提到的,多元化的利益相关者与公益创业组织的发展相关。公益创业需要捐赠者及支持者以时间、资金或合作的方式为组织做贡献。这些贡献对公益创业组织功能的实现是至关重要的。然而这一过程不可能没有代价:当人们做出贡献投资社会企业时,他们期望社会企业通过良好的管理对他们的时间和资源负责。在像食品银行(Angel Food Ministries)和安然(Enron)这样的非营利组织和企业丑闻之后,公益企业家不能忽略利益相关者的责任期望。我们是否有可能建立适当的机制来确保责任制呢?

(4)在现实世界里公益企业可以产生社会影响吗?互联网和社交媒体为公益企业家实践他们的创新方法以实现社会使命提供了很好的平台吗?虚拟的公益企业在多大程度上可以产生真实的影响?比如,很多人对在网络平台及通过社交媒体投放广告的有效性产生怀疑,称其为键盘行动主义(clicktivism)。作为回应,Avaaz——世界上最大的在线维权网站——提供了一个有趣的选择。爱丽丝·杰(Avaaz广告负责人)如是说:"我认为'键盘行动主义'的辩论是愚蠢的。没有人质疑 iTunes 改变了音乐,或 eBay 改变了商业。没有人将其称为'键盘行动主义'

……就像没有人把甘地称为'游行主义者'(walkavist)或罗莎·帕克斯为'占座主义者'(sitavist)。互联网正是一切都在发生着变化的地方。"[4]

（5）关注慈善的"阴暗面"是什么？关注慈善的概念（在第十一章介绍过）植根于关注来自于轰动效应和紧迫感的思想。捐赠者和支持者可能仅关注那些有吸引力的故事，或者众所周知的自然灾害和危机。轰动效应从根本上说是短期的：过不了多久，最初的吸引力就会开始衰减，组织又必须重新开始吸引捐助者的循环。轰动效应的问题还在于：受欢迎的大型非营利组织比相对较小的组织更加有效；后者同样支持有价值的使命，但是它难以完成。非营利组织不需要像它们的营利组织伙伴那样，花费预算在浮华的广告上；即使它们这样做了，捐助者通常也不买账。日益丰富的监管机构和日益增加的透明度，让社会企业如何保持捐款透明，并时刻准备捍卫在任何层面做出的任何决定的一致性，都成了亟待思考的问题。

结　语

最后，我们声明自己谨慎地倡导公益创业。本书在支持者与怀疑者的紧张关系之间诞生。迈克尔·爱德华兹（Michael Edwards）在他的著作《正义的另一个帝国？慈善资本主义的神话与现实》（*Just Another Emperor? The Myths and Realities of Philanthropcapitalism*）中敏锐地观察到："在一些人看来，社会企业组成了一个不同于公共、私人和常规非营利组织的新的第四部门；在另一些人看来，这更像是新瓶装旧酒，重新包装为社会提供的传统服务，也许是为了争夺更多的资源。"[5]

通过这本书及其为这个新兴领域建造坚实基础所储备的专业知识，我们明确了公益创业不是万灵药，它并不能神奇解决社会棘手问题，它当然也不是一个骗局或"变相的魔鬼"。社会企业不能替代大量传统社团组织，或者政府部门的繁杂工作，但它为一个激励人心的未来指明了方向。

致　谢

我们将感谢威利/约瑟里－巴斯(Jossey-Bass)团队的支持。特别是,我们无法用言语表达对技艺精湛的图书编辑埃里森·汉克(Alison Hankey)的感激之情,她是威利/约瑟里－巴斯的高级编辑。我们不仅感谢她巨大的耐心与热情的鼓励,还感谢她让我们集中注意力和保持均衡的指导建议。同样必须要给予妮娜·克兰顿(Nina Kreiden)深深的感谢和欣赏,她是高级内容经理,跟踪我们写作的进度、生产流程,直至它变成完工的印刷品。我们还会感激我们的校对员利兹·阿尔布里顿(Liz Albritton)、编辑项目经理罗伯特·布兰特(Robert Brandt)、编辑项目协调人丹尼·斯科维尔(Dani Scoville)、许可审查雪莉·吉尔伯特(Sheri Gilbert)等人的出色工作。

我们欠约翰·拜尔森(John Bryson)博士、丹尼斯·杨(Dennis Young)博士,巴纳德·B(Bernard.B)和尤金妮娅·A.拉姆塞(Eugenia A. Ramesey)一个巨大的人情。约翰·拜尔森博士,是明尼苏达大学休伯特.H.汉弗莱公共事务学院的规划和公共事务首席教授;丹尼斯·杨博士、巴纳德·B和尤金妮娅·A.拉姆塞是佐治亚州立大学安德鲁·扬政策研究学院的私人企业主席。作为约瑟里－巴斯公共行政系列的顾问编辑,约翰对我们很有信心,极力推荐我们写作本书,总是在我们最需要他们的时候及时地提供支持和有价值的建议。当本书还处在提议阶段时,丹尼斯提供了热情的指导和富有洞察力的评论;当我们向前推进我的项目时,继续指导我们获得有用的信息来源。

本书从匿名审稿人的深思熟虑和批评性评论中获益匪浅。他们关于内容与形式的建议加深了我们的思考,有助于提高我们的工作。我们同样感谢我们的同事彼得·弗兰金(Peter Frumkin,宾夕法尼亚大学)、罗斯·麦克坎布里奇(Ruth McCambridge,《非营利组织季刊》)、戈登·肖克利(Gorden Shockley,亚利桑那州立大学),以及丹尼斯·杨(佐治亚州立大学),他们花费了宝贵时间通读我们的手稿,为我们的书提供慷慨的支持。

在这一过程中,许多其他专家和从业者同时分享了他们的见解,提供帮助:弗莱迪克·安德森(Fredrik Andersson,威斯康星州－密尔沃基大学)、威尔·布朗(Will Brown,得克萨斯农业和机械大学)、阿尔诺·阿伯辛姆(Alnoor Ebrahim,哈佛大学)、彼得·弗兰克(Peter Frank,温盖特大学)、斯考特·海姆(Scott Helm,密苏里堪萨斯城市大学)、乌黛颜·贾塔(Udaiyan Jatar,蓝色地球网络)、阿利雅·马

致 谢

托斯(Aliyya Mattos,纸上种子基金会)、摩根·玛丽塔(Morgan Marietta,马萨诸塞州洛厄尔大学)、夏洛特·任(Charlotte Ren,宾夕法尼亚大学)、戴维·任兹(Dave Renz,密苏里康萨斯城市大学)、约翰·隆奎罗(John Ronquillo,德保罗大学)、格莱格·塞克斯顿(Greg Saxton,布法罗大学)、莱斯·兰考斯基(Les Lenkowsky,印第安纳大学)等。他们的鼓励与友好帮助对我们的书十分重要。

本书离不开许多聪明的研究生的参与和贡献,他们在佐治亚大学、印第安纳大学、普渡大学选修了我们的公益创业课程。无数的课堂讨论、博客帖子、与他们交流的电子邮件激励了我们去探求一些令人难以置信的想法,最终被表达在本书之中。我们还感谢库克杨·摩恩(Kukkyoung Moon)和齐民(Min Qi)的贡献,他们提供了研究协助,帮助准备了丰富本书内容的图表。

最后,从个人的角度,我们感谢我们热爱的家人,在我们忙于写作时,他们独自肩负了家庭重任。

在本书写作过程中,我们上面感谢的人们给予了我们不遗余力的支持,他们以一种务实的方式为学生和未来的公益创业家做出了贡献。

注 释

导言

1. Goldsmith, S., & Eggers, W. (2004). *Governing by network: The new shape of the public sector.* Washington, DC: Brookings Institution Press (p. 7).

2. For more on these types of problems, see Groupsmith. (2013). Technical problems vs. adaptive challenges. Retrieved from http://www.groupsmith.com/uploads/file/technical%20problems%20vs%20%20adaptive%20challenges.pdf.

3. Friedman, T. (2005). *The world is flat: A brief history of the twenty-first century.* New York: Farrar, Straus and Giroux (pp. 449–459).

4. Phills, J., Deiglmeier, K., & Miller, D. (2008). Rediscovering social innovation. *Stanford Social Innovation Review*, 6, Fall 2008. Retrieved from http://www.ssireview.org/articles/entry/rediscovering_social_innovation.

5. Murphy, R. M., & Sachs, D. (2013, May 2). The rise of social entrepreneurship suggests a possible future for global capitalism. *Forbes.* Retrieved from http://www.forbes.com/sites/skollworldforum/2013/05/02/the-rise-of-social-entrepreneurship-suggests-a-possible-future-for-global-capitalism.

6. The following points about social entrepreneurship are from Light, P. (2006). Searching for social entrepreneurs: Who they might be, where they might be found, what they do. In R. Mosher-Williams (Ed.), *Research on social entrepreneurship: Understanding and contributing to an emerging field* (pp. 13–38). ARNOVA Occasional Paper Series, Volume 1, Number 3. Indianapolis, IN: ARNOVA.

7. Brock, D., & Ashoka U. (2008). *Social entrepreneurship teaching resources handbook.* Arlington, VA: Ashoka Global Academy for Social Entrepreneurship (pp. 46–50).

8. David, V. (2005). *The market for virtue: The potential and limits of corporate social responsibility,* Washington, DC: Brookings Institution Press (p. 28).

9. Brock, D., & Ashoka U. (2008) (p. 9).

10. Ibid.

11. Ibid.

12. Ashoka U & Brock, D. (2011). *Social entrepreneurship education resource handbook*. Arlington, VA: Ashoka U, the University Division of Ashoka: Innovators for the Public (p. 4).

13. Ibid. (p. 5).

14. Tracey, P., & Phillips, N. (2007). The distinctive challenge of educating social entrepreneurs: A postscript and rejoinder to the special issue on entrepreneurship education. *Academy of Management Learning and Education*, pp. 6: 264–271.

15. Harvard Business Review On Point. (2006). Evidence-based management (p. 1). Accessed from: http://hbr.org/product/evidence-based-management-hbr-onpoint-enhanced-edition/an/298X-PDF-ENG.

16. Ibid.

17. Rousseau, D. (2006). Is there such a thing as "evidence-based management"? *Academy of Management Review*, 31(2): 256–269.

18. Schön, D. (1987). *Educating the reflective practitioner*. San Francisco: Jossey-Bass pp. 25–26.

19. Ibid. (p. 33).

20. Ibid. (p. 34).

21. Ibid. (p. 35).

22. Ibid. (p. 13).

第一章

1. Boschee, J. (2001). Eight basic principles for nonprofit entrepreneurs. *Nonprofit World*, 19(4): 15–18; Zietlow, J. T. (2001). Social entrepreneurship: Managerial, finance, and marketing aspects. *Journal of Nonprofit and Public Sector Marketing*, 9(1/2): 19–43.

2. Dees, J. G., & Anderson, B. B. (2006). Framing a theory of social entrepreneurship: Building on two schools of practice and thought. In R. Mosher-Williams (Ed.), *Research on social entrepreneurship: Understanding and contributing to an emerging field. ARNOVA Occasional Paper Series*, 1(3): 39–66. Indianapolis, IN: ARNOVA.

3. Austin, J., Stevenson, H., & Wei-Skillern, J. (2006). Social and commercial entrepreneurship: same, different, or both? *Entrepreneurship Theory and Practice*, 30(1): 1–22.

4. Brinckerhoff, P. (2000). *Social entrepreneurship: The art of mission-based venture development*. New York: Wiley.

5. Center for the Advancement of Social Entrepreneurship (CASE) (2008). Developing the field of social entrepreneurship: A report from the Center for Advancement of Social Entrepreneurship (CASE). Duke University, Fuqua School of Business. Retrieved from http://www.caseatduke.org/documents/CASE_Field-Building_Report_June08.pdf.

6. Dees, J. G. (1998). The meaning of social entrepreneurship. Duke University, Fuqua School of Business. Retrieved from http://www.caseatduke.org/documents/dees_sedef.pdf.

7. Frumkin, P. (2002). *On being nonprofit: A conceptual and policy primer*. Cambridge, MA: Harvard University Press.

8. Light, P. (2006a). Reshaping social entrepreneurship. *Stanford Social Innovation Review*, 4(3): 47–51.

9. Martin, R., & Osberg, S. (2007). Social entrepreneurship: The case for definition. *Stanford Social Innovation Review*, Spring: 29–39.

10. Mort, G. S., Weerawardena, J., & Carnegie, K. (2003). Social entrepreneurship: Towards conceptualization. *International Journal of Nonprofit and Voluntary Sector Marketing*, 8(1): 76–88.

11. Peredor, A. M., & McLean, M. (2006). Social entrepreneurship: A critical review of the concept. *Journal of World Business*, 41(1):56–65.

12. Pomerantz, M. (2003). The business of social entrepreneurship in a "down economy." *In Business*, 25(2): 25–28.

13. Thompson, J., Alvy, G., & Lees, A. (2000). Social entrepreneurship: A new look at the people and the potential. *Management Decision*, 38(5): 328–338.

14. Young, D. R. (1986). Entrepreneurship and the behavior of nonprofit organizations: Elements of a theory. In S. Rose-Ackerman (Ed.), *The economics of nonprofit institutions: Studies in structure and policy* (pp. 161–184). Oxford/New York: Oxford University Press.

15. Austin, J., Stevenson, H., & Wei-Skillern, J. (2006); Dees, J. G. (1998); Dees, J. G., Emerson, J., & Economy, P. (2001). *Enterprising non-profits: A toolkit for social entrepreneurs.* New York: Wiley; Light, P. C. (2006b). Searching for social entrepreneurs: Who they might be, where they might be found, what they do. In R. Mosher-Williams (Ed.), *Research on social entrepreneurship: Understanding and contributing to an emerging field. ARNOVA Occasional Paper Series*, 1(3): 13–38. Indianapolis, IN: ARNOVA; Peredor, A. M., and McLean, M. (2006).

16. Hoogendoorn, B., Pennings, H., & Thurik, A. (2010). What do we know about social entrepreneurship: An analysis of empirical research. *International Review of Entrepreneurship*, 8(2): 71–112.

17. Boschee, J. (2001) (p. 15); Zietlow, J. T. (2001).

18. Tschirhart, M., & and Bielefeld, W. (2012). *Managing nonprofit organizations.* San Francisco: Jossey-Bass (p. 36).

19. Austin, J., Stevenson, H., & Wei-Skillern, J. (2006).

20. Martin, R. L., & Osberg, S. (2007) (p. 30).

21. Peredor, A. M., & McLean, M. (2006).

22. Martin, R., & Osberg, S. (2007). Peredor, A. M., & McLean, M. (2006).

23. Dees, J. G. (1998).

24. Mort, G. S., Weerawardena, J., & Carnegie, K. (2003).

25. Peredor, A. M., & McLean, M. (2006).

26. Young, D. R. (1986).

27. See also Light, P. C. (2006b).

28. Drayton, W. (2002). The citizen sector: Becoming as entrepreneurial and competitive as business. *California Management Review*, 44(3): 120–132.

29. Boschee, J., & National Center for Non-profit Boards (US) (1998). *Merging mission and money: A board member's guide to social entrepreneurship*. National Center for Non-profit Boards.

30. Mair, J., & Noboa, E., (2003). Social entrepreneurship: How intentions to create a social enterprise get formed. Barcelona: IESE Business School Working Paper No. 521.

31. Gartner, W. B. (1988). "Who is an entrepreneur?" is the wrong question. *American Journal of Small Business*, 12(4): 11–32.

32. Bornstein, D. (2012, November 13). The rise of social entrepreneur. *New York Times*. Retrieved from http://opinionator.blogs.nytimes.com/2012/11/13/the-rise-of-social-entrepreneur/.

33. Steinberg, R. (2006). Economic theories of nonprofit organizations. In W. Powell & R. Steinberg, (Eds.), *The nonprofit sector: A research handbook* (pp. 117–139). Princeton: Yale University Press.

34. Bielefeld, W. (2009). Issues in social enterprise and social entrepreneurship. *Journal of Public Affairs Education*, 15(1): 69–86.

35. Shrestha, L. B., & Heisler, E. J. (2011). The changing demographic profile of the United States [electronic version]. Washington, DC: Congressional Research Service.

36. Parliamentary Assembly Report (2012, January 9). Demographic trends in Europe: turning challenges into opportunities. Doc. 12817. Retrieved from http://www.assembly.coe.int/ASP/Doc/XrefViewPDF.asp?FileID=12916&Language=EN.

37. Lee, Y.-J. (2009). The determinants of sector choice: What attracts people to the nonprofit sector and are there gender differences? Paper presented at the Public Management Research Conference, Columbus, OH; Pynes, J. E.

(2000). Are women underrepresented as leaders of nonprofit organizations? *Review of Public Personnel Administration*, 20(2): 35–49.

38. Harding, R. (2004). Social enterprise: The new economic engine? *Business Strategy Review*, 15(4): 39–43.

39. Naidu, S. (2013). More women at B schools. *Women 2.0*. Retrieved from http://women2.com/the-rise-of-social-entrepreneurship-women-and-b-schools-play-a-role/

40. Hoskisson, R. E., Hitt, M. A., & Ireland, D. (2004). *Competing for advantage*. Mason, OH: South-Western/Thomson Learning.

41. Powell, W., & Owen-Smith, J. (1998). Universities and the market for intellectual property in the life sciences. *Journal of Policy Analysis and Management*, 17(2): 253–277.

42. Zidisha set to "expand" in peer-to-peer microfinance. (2010, February 7). *Microfinance Focus*.

43. Murphy, R. M., & Sachs, D. (2013, May 2). The rise of social entrepreneurship suggests a possible future for global capitalism. *Forbes*. Retrieved from http://www.forbes.com/sites/skollworldforum/2013/05/02/the-rise-of-social-entrepreneurship-suggests-a-possible-future-for-global-capitalism.

44. Lyons, T., & Liang, K. (2011, September). What works! Conference paper, "Prospects for Collaborative Research in Social Entrepreneurship" workshop, Northeast Regional Center for Rural Development, Philadelphia, PA 2011.

45. Nagler, J. (2007). The importance of social entrepreneurship for development. Retrieved from http://www.business4good.org/2007/04/importance-of-social-entrepreneurship.html

46. Noya, A. (2010). Social Entrepreneurship and Social Innovation, in SMEs, Entrepreneurship and Innovation (pp. 185–215). OECD Publishing.

47. Harding, R. (2004).

48. Nagler, J. (2007).

49. Ibid.

50. Mulgan, G. (2008). *The art of public strategy: Mobilizing power and knowledge for the common good*. Oxford, UK: Oxford University Press.

51. City of Phoenix Public Works Department. (2011). Annual report, FY 2010–2011.

52. Mulgan, G. (2007). Ready or not? Taking innovation in the public sector seriously. *NESTA Provocation*, 3.

53. Ibid.

54. Social Innovator. (2013). Public sector unions. Retrieved from http://socialinnovator.info/ways-supporting-social-innovation/public-sector/innovation-workforce/public-sector-unions.

55. TOMS Shoes. (2013). One for one. Retrieved from http://www.toms.com/evolving-our-giving.

56. Hochberg, L. (2009, March 26). Seattle coffee company uses profits to aid bean growers. *Newshour*. Retrieved from http://www.pbs.org/newshour/bb/social_issues/jan-june09/coffee_03-26.html.

57. RingCentral. (2012). Five successful examples of social entrepreneurship. Retrieved from http://blog.ringcentral.com.

58. *Real Change* 2012 annual report. (2013, March 13). *Real Change*.

59. Seelos, C., & Mair, J. (2005). Social entrepreneurship: Creating new business models to serve the poor. *Business Horizons*, 48(3): 241–246.

60. Shears, A. R. (2006, September 25). Curing the third world. *Philanthropy Magazine*. Retrieved from http://www.philanthropyroundtable.org/topic/excellence_in_philanthropy/curing_the_third_world.

61. Cause Marketing Forum (2013). Background and Basics. Retrieved from http://www.causemarketingforum.com/site/c.bkLUKcOTLkK4E/b.6443937/k.41E3/Background_and_Basics.htm.

62. Varadarajan, P. Rajan, & Menon, Anil. (1988). Cause-related marketing: A co-alignment of marketing strategy and corporate philanthropy. *The Journal of Marketing*, 52(3): 58–74.

63. Grameen Bank. (2013). A short history of Grameen Bank. Retrieved from www.grameen-info.org.

64. University of Virginia. (2013). Steven I. Cooper bio. Retrieved from http://www2.commerce.virginia.edu/cmit/activities/CooperBio.htm.

65. Sources: Fathy, H. (2010). *Architecture for the poor: an experiment in rural Egypt*. University of Chicago press. Miles, M. (2006). Utopias of Mud? Hassan Fathy and Alternative Modernisms. *Space and Culture*, 9(2), 115–139.

注释

第二章

1. Case details are taken from interviews with Aliyya Shelley Mattos, executive director of the PaperSeed Foundation, and the Foundation website, http://www.paperseed.org.

2. Lumpkin, G. T., & Dess, G. G. (1996). Clarifying the entrepreneurial orientation construct and linking it to performance. *Academy of Management Review*, 21(1): 135–172.

3. Morris, M. H., & Sexton, D. L. (1996). The concept of entrepreneurial intensity: Implications for company performance. *Journal of Business Research*, 36: 5–13.

4. See Guo, C., Shockley, G., & Tang, R. (2009). At the intersection of two worlds: Religion, social enterprise, and Partners in Christ International. *GIVING—International Journal on Philanthropy and Social Innovation*, 2: 71–82; Weerawardena, J., & Mort, G. S. (2006). Investigating social entrepreneurship: A multidimensional model. *Journal of World Business*, 41: 21–35; Young, D. R. (2000). Nonprofit entrepreneurship. In S. J. Ott (Ed.), *Understanding Nonprofit Organizations: Governance, Leadership, and Management* (pp. 218–222). Boulder, CO: Westview Press.

5. Miller, D. (1983). The correlates of entrepreneurship in three types of firms. *Management Science*, 29(7): 770–791.

6. Covin, J. G., & Slevin, D. P. (1991). A conceptual model of entrepreneurship as firm behavior. *Entrepreneurship Theory and Practice*, 16: 7–25; Lumpkin, G. T., & Dess, G. G. (1996); Miller D., & Friesen, P. H. (1982). Innovation in conservative and entrepreneurial firms: two models of strategic momentum. *Strategic Management Journal*, 3: 1–25.

7. Covin, J. G., & Lumpkin, G. T. (2011). Entrepreneurial orientation theory and research: Reflections on a needed construct. *Entrepreneurship Theory and Practice*, 35(5): 855–872.

8. Covin, J. G., & Slevin, D. P. (1989). Strategic management of small firms in hostile and benign environments. *Strategic Management Journal*, 10: 75–87; Miller, D. (1983). The correlates of entrepreneurship in three types of firms. *Management Science*, 29: 770–791.

9. Lumpkin, G. T., & Dess, G. G. (1996).

10. Mort, G. S., Weerawardena, J., & Carnegie, K. (2003). Social entrepreneurship: Towards conceptualization. *International Journal of Nonprofit Sector Marketing*, 8(1): 76–88.

11. Weerawardena, J., & Mort, G. S. (2006).

12. Cools, E., & Vermeulen, S. (2008). What's in a name? An inquiry on the cognitive and entrepreneurial profile of the social entrepreneur. Vlerick Leuven Gent Management School Working Paper Series 2008–02, Vlerick Leuven Gent Management School.

13. Emerson, J. (2001). Understanding risk: The social entrepreneur, and risk management. In J. G. Dees, J. Emerson, & P. Economy (Eds.), *Enterprising Nonprofits: A Toolkit for Social Entrepreneurs* (pp. 125–160). Wiley.

14. Interview with Aliyya Shelley Mattos, executive director of the PaperSeed Foundation.

15. Trinity Effect. (n.d.). Retrieved from http://www.trinityeffect.org.

16. The 2010 annual report, Goodwill Industries of Lane and South Counties.

17. The 2011 annual report, Goodwill Industries of Northwest North Carolina.

18. Miller, D., & Friesen, P. H. (1982). Innovation in conservative and entrepreneurial firms: two models of strategic momentum. *Strategic Management Journal*, 3(1): 1–25.

19. Morris, M. H., & Joyce, M. (1998). On the measurement of entrepreneurial behavior in not-for-profit organizations: Implications for social marketing. *Social Marketing Quarterly*, 4(4): 1–23.

20. Helm, S. T., & Andersson, F. O. (2010). Beyond taxonomy: An empirical validation of social entrepreneurship in the nonprofit sector. *Nonprofit Management and Leadership*, 20(3): 259–276.

21. Morris, M. H., Coombes, S., Schindehutte, M., & Allen, J. (2007). Antecedents and outcomes of entrepreneurial and market orientations in a nonprofit context: Theoretical and empirical insights. *Journal of Leadership & Organizational Studies*, 13(4): 12–39.

22. See, for example, Covin, J. G., & Slevin, D. P. (1989). Strategic management of small firms in hostile and benign environments. *Strategic Management Journal*, 10: 75–87; Lyon, D. W., Lumpkin, G. T., & Dess, G. G. (2000).

Enhancing entrepreneurial orientation research: Operationalizing and measuring a key strategic decision making process. *Journal of Management*, 26(5): 1055–1085; Miller, D. (1983). The correlates of entrepreneurship in three types of firms. *Management Science*, 29: 770–791; Wiklund, J. (1999). The sustainability of the entrepreneurial orientation-performance relationship. *Entrepreneurship Theory and Practice*, 24(1): 37–48.

23. Rauch, A., Wiklund, J., Lumpkin, G. T., & Frese, M. (2009). Entrepreneurial orientation and business performance: An assessment of past research and suggestions for the future. *Entrepreneurship Theory and Practice*, 33(3): 761–787.

24. Andersson, F. O., & Helm, S. T. (2013). Do socially entrepreneurial nonprofits perform better? An empirical exploration. Working paper, University of Missouri-Kansas City. Retrieved from http://bloch.umkc.edu/faculty-staff/documents/andersson-helm-conference.pdf.

25. Pearce, I. I., John, A., Fritz, D. A., & Davis, P. S. (2010). Entrepreneurial orientation and the performance of religious congregations as predicted by rational choice theory. *Entrepreneurship Theory and Practice*, 34(1): 219–248.

26. Caruana, A., Ewing, M. T., & Ramaseshan. (2002). Effects of some environmental challenges and centralization on the entrepreneurial orientation and performance of public sector entities. *Service Industries Journal*, 22(2): 43–58.

27. Coombes, S. M., Morris, M. H., Allen, J. A., & Webb, J. W. (2011). Behavioral orientations of nonprofit boards as a factor in entrepreneurial performance: Does governance matter? *Journal of Management Studies*, 48(4): 829–856.

28. Helm, S. T., & Andersson, F. O. (2010). Beyond taxonomy: An empirical validation of social entrepreneurship in the nonprofit sector. *Nonprofit Management and Leadership*, 20(3): 259–276.

29. Morris, H. M., Coombes, S., Schindehutte, M., & Allen, J. (2007).

30. Morris, M. H., & Joyce, M. (1998). Morris, M. H., Webb, J. W., & Franklin, R. J. (2011). Understanding the manifestation of entrepreneurial orientation in the nonprofit context. *Entrepreneurship Theory and Practice*, 35(5): 947–971.

31. Morris, M. H., & Sexton, D. L. (1996).

32. Morris, H. M., & Lewis, P. S. (1995). The determinants of entrepreneurial activity: implications for marketing. *European Journal of Marketing*, 29(7): 31–48; Morris, M. H., & Sexton, D. L. (1996).

33. Thomke, S. (2002). Innovations at 3M Corporation (A). Harvard Business School Case 9-699-012.

34. Kuratko, D. F., Hornsby, J. S., & Goldsby, M. G. (2007). The relationship of stakeholder salience, organizational posture, and entrepreneurial intensity to corporate entrepreneurship. *Journal of Leadership & Organizational Studies*, 13(4): 56–72.

35. Morris, M. H., & Sexton, D. L. (1996).

36. Morris, M. H., Webb, J. W., & Franklin, R. J. (2011).

37. Frumkin, P. (2002). *On Being Nonprofit*. Cambridge, MA: Harvard University Press.

38. Adapted and extended from Helm & Andersson (2010).

第三章

1. Case details are taken from Holcim Foundation for Sustainable Construction. The power of small changes: Stories of microcredit introduced in Bangladesh by Muhammad Yunus. Proceedings of the first Holcim Forum for Sustainable Construction. Retrieved from www.holcimfoundation.org/portals/1/docs/firstforum_yunus.pdf.

2. Shane, S., & Venkataraman, S. (2000). The promise of entrepreneurship as a field of research. *Academy of Management Review*, 225(1): 17–226.

3. Short, J. C., Ketchen, D. J., Jr., Shook, C. L., & Ireland, R. D. (2010). The concept of "opportunity" in entrepreneurship research: Past accomplishments and future challenges. *Journal of Management*, 36(1): 40–65.

4. Haugh, H. (2005). A research agenda for social entrepreneurship. *Social Enterprise Journal*, 1(1): 1–12; Lehner, O. M., & Kaniskas, J. (2012). Opportunity recognition in social entrepreneurship: A thematic meta-analysis. *Journal of Entrepreneurship*, 21(1): 25–58.

5. Bygrave, W. D., & Hofer, C. W. (1991). Theorizing about entrepreneurship. *Entrepreneurship Theory and Practice*, 16(1): 13–22; Eckhardt, J. T., & Shane, S. A. (2003). Opportunities and entrepreneurship. *Journal of Management*, 29(3): 333–349.

6. Russell, R. D. (1999). Developing a process model of corporate entrepreneurial systems: A cognitive mapping approach. *Entrepreneurship Theory and Practice*, 23 (3): 65–84.

7. Baucus, D. A., & Human, S. E. (1994). Second-career entrepreneurs: A multiple case study analysis of entrepreneurial processes and antecedent variables. *Entrepreneurship Theory and Practice*, 19(2): 41–71; Bygrave, W. D., & Hofer, C. W. (1991). Theorizing about entrepreneurship. *Entrepreneurship Theory and Practice*, 16(1): 13–22; Van De Ven, A. H. (1992). Suggestions for studying strategy process: A research note. *Strategic Management Journal*, 13: 169–188.

8. Shane, S., & Venkataraman, S. (2000), p. 220.

9. Short, J. C., Ketchen Jr, D. J., Shook, C. L., & Ireland, R. D. (2010), p. 55.

10. Hansen, D. J., Shrader, R., & Monllor, J. (2011). Defragmenting definitions of entrepreneurial opportunity. *Journal of Small Business Management*, 49(2): 283–304.

11. Berglund, H. (2007). Opportunities as existing and created: a study of entrepreneurs in the Swedish mobile internet industry. *Journal of Enterprising Culture*, 15(3): 243–273; Cajaiba-Santana, G., & Lyon, E. M. (2010). Socially constructed opportunities in social entrepreneurship: A structuration model. *Handbook of Research on Social Entrepreneurship*, 88–106.

12. Alvarez, S. A., & Barney, J. B. (2007). Discovery and creation: Alternative theories of entrepreneurial action. *Strategic Entrepreneurship Journal*, 1(1–2): 11–26.

13. Gartner, W. B., Carter, N. M., & Hills, G. E. (2003). The language of opportunity. In C. Steyaert & D. Hjorth (Eds), *New movements in entrepreneurship* (pp. 103–124). Cornwall: MPG Books Ltd.

14. Drucker, P. F. (2006). *Innovation and entrepreneurship*. Harper Business.

15. Brooks, A. C. (2009). *Social entrepreneurship: A modern approach to social value creation*. Pearson Education.

16. Austin, J., Stevenson, H., & Wei-Skillern, J. (2006). Social and commercial entrepreneurship: same, different, or both? *Entrepreneurship Theory and Practice*, 30(1): 1–22.

17. Guclu, A., Dees, J. G., & Anderson, B. B. (2002). The process of social entrepreneurship: Creating opportunities worthy of serious pursuit. Center for the Advancement of Social Entrepreneurship (CASE), Duke University, Fuqua School of Business.

18. Clarkin, J. E., Deardurff, D. D., & Gallagher, A. (2012). Opportunities for social entrepreneurship: An analysis of the social sector in six Midwest US areas. In J. Kickul & S. Bacq (Eds.), *Patterns in Social Entrepreneurship Research* (pp. 15–41). Cheltenham, UK: Edward Elgar.

19. Monllor, J. (2010). Social entrepreneurship: A study on the source and discovery of social opportunities. In K. Hockerts, J. Mair, & J. Robonsin, (Eds.), *Values and Opportunities in Social Entrepreneurship* (pp. 99–120). Hampshire, UK: Palgrave Macmillan.

20. Guclu, A., Dees, J. G., & Anderson, B. B. (2002), p. 1.

21. Light, P. C. (2006). Reshaping social entrepreneurship. *Stanford Social Innovation Review*, 4(3), 47–51.

22. Monllor, J. (2010).

23. Dees, J. G., Emerson, J., & Economy, P. (Ed). (2001). *Enterprising nonprofits: A toolkit for social entrepreneurs*. New York: Wiley.

24. Austin and colleagues (2006); Dorado and colleagues (2006); Hockerts (2006); Mair & Marti (2006); Robinson (2006).

25. Jack, S. L., & Anderson, A. R. (2002). The effects of embeddedness on the entrepreneurial process. *Journal of Business Venturing*, 17(5): 467–487.

26. Frumkin, P. (2005). *On Being Nonprofit: A Conceptual and Policy Primer*. Harvard University Press.

27. Ardichvili, A., Cardozo, R., & Ray, S. (2003). A theory of entrepreneurial opportunity identification and development. *Journal of Business Venturing*, 18(1): 105–123.

28. Guclu, A., Dees, J. G., & Anderson, B. B. (2002).

29. Guo, C., Brown, W. A., Ashcraft, R. F., Yoshioka, C. F., & Dong, H.K.D. (2011). Strategic human resources management in nonprofit organizations. *Review of Public Personnel Administration*, 31(3): 248–269.

30. Seelos, C., Mair, J., Battilana, J., & Dacin, M. T. (2011). The embeddedness of social entrepreneurship: Understanding variation across local communities. Working paper, IESE Business School, University of Navarra, Spain.

31. York, J., Sarasvathy, S., & Larson, A. (2010). The thread of inchoate demand in social entrepreneurship. In Hockerts, K. (Ed.), *Values and opportunities in social entrepreneurship* (pp. 141–162). New York: Palgrave.

32. Kirzner, I. (1973). *Competition and Entrepreneurship*. Chicago: University of Chicago Press; Ardichvili, A., Cardozo, R., & Ray, S. (2003). A theory of entrepreneurial opportunity identification and development. *Journal of Business Venturing*, 18: 105–123; Gaglio, C. M., & Katz, J. A. (2001). The psychological basis of opportunity identification: Entrepreneurial alertness. *Small Business Economics*, 16: 95–111.

33. Dees, J. G., Emerson, J., & Economy, P. (Eds.). (2001).

34. Baron, R. A., & Ensley, M. D. (2006). Opportunity recognition as the detection of meaningful patterns: Evidence from comparisons of novice and experienced entrepreneurs. *Management Science*, 52(9), 1331–1344.

35. Shane, S., & Venkataraman, S. (2000).

36. Roberts, P. (2013). New research suggests start-up experience doesn't help social entrepreneurs. *Harvard Business Review*. Retrieved from http://blogs.hbr.org/cs/2013/02/for_social_venture_founders_ex.html.

37. Ibid.

38. Arenius, P., & Clercq, D. D. (2005). A network-based approach on opportunity recognition. *Small Business Economics*, 24(3): 249–265.

39. Burt, R. (1992). *Structural Holes: The Social Structure of Competition*. Cambridge: Harvard University Press.

40. Hills, G., Lumpkin, G. T., Singh, R. P. (1997). Opportunity recognition: perceptions and behaviors of entrepreneurs. *Frontiers of Entrepreneurship Research* (pp. 203–218). Babson College, Wellesley, MA.

41. Granovetter, M. (1973). The strength of weak ties. *American Journal of Sociology*, 6, 1360–1380.

42. Perry-Smith, J. E., & Shalley, C. E. (2003). The social side of creativity: A static and dynamic social network perspective. *Academy of Management Review*, 28(1): 89–106.

43. Ruef, M. (2002). Strong ties, weak ties and islands: Structural and cultural predictors of organizational innovation. *Industrial and Corporate Change*, 11(3): 427–449.

44. Kitzi, J. (2001). Recognizing and assessing new opportunities. In J. G. Dees, J. Emerson, & P. Economy (Eds.), *Enterprising nonprofits: A toolkit for social entrepreneurs* (pp. 43–62). New York: Wiley.

45. Zahra, S. A., Rawhouser, H. N., Bhawe, N., Neubaum, D. O., & Hayton, J. C. (2008). Globalization of social entrepreneurship opportunities. *Strategic Entrepreneurship Journal*, 2(2): 117–131.

第四章

1. Case details are taken from Emerson, J., & Twersky, F. (1996). *New social entrepreneurs: the success, challenges and lessons of non-profit enterprise creation*. San Francisco: The Roberts Foundation :pp. 75–80.

2. Guclu, A., Dees, J. G., & Anderson, B. B. (2002). *The process of social entrepreneurship: creating opportunities worthy of serious pursuit*. Center for the Advancement of Social Entrepreneurship: Duke—The Fuqua School of Business.

3. SEKN (Social Enterprise Knowledge Network), Austin, J., Gutierrez, R.,Ogliastri, E., & Reficco, E. (2006). *Effective management of social enterprises: Lessons from businesses and civil society organizations in Iberoamerica*. Cambridge, MA: Harvard University David Rockefeller Center for Latin American Studies :p. 252.

4. Ibid (p. 264).

5. Wei-Skillern, J., Austin, J. E., Leonard, H., & Stevenson, H. (2007). *Entrepreneurship in the social sector*. Los Angeles: Sage :p. 23.

6. SEKN :p. 265.

7. Alter, K. S. (2000). *Managing the double bottom line: A business planning reference guide for social enterprises*. Save the Children Federation.

8. BlendedValue. (2013). Retrieved from www.blendedvalue.org.

9. Anderson, A. A. (2005). *A community builder's approach to theory of change: A practical guide to theory development*. New York: The Aspen Institute Roundtable on Community Change.

10. Knowlton, L. W., & Phillips, C. C. (2013). *The logic model guidebook: Better strategies for great results.* Los Angeles: Sage.

11. Ibid. (p. 21).

12. W. K. Kellogg Foundation. (2000). Developing a theory-of-change logic model for your program. In *Using logic models to bring together planning, evaluation and action: Logic model development guide* (Chapter Three). Battle Creek, MI: W. K. Kellogg Foundation.

13. Knowlton, L. W., & Phillips, C. C. (2013) :p. 35.

14. Porter, M. E. (1985). *Competitive advantage.* New York: Free Press.

15. Porter, M. E., & Kramer, M. R. (2006, December). Strategy and society: The link between competitive advantage and corporate social responsibility. *Harvard Business Review* :pp. 77–92.

16. Sommerrock, K. (2010). *Social entrepreneurship business models: Incentive strategies to catalyze public goods provision.* New York: Palgrave Macmillan :p. 45.

17. A number of guides are available for conducing feasibility studies. See SCORE. (2011). *Business planning tools for non-profit organizations* (2nd ed.). SCORE Foundation and Office Depot Foundation. Retrieved from http://www.score.org/resources/business-planning-tools-nonprofit-organizations (p. 18); Larson, R. (2002). *Venture forth: the essential guide to starting a moneymaking busiess in your nonprofit organization.* St. Paul, MN: Amherst H. Wilder Foundation.

18. Compiled from SCORE and Larson. Also, thanks to Milissa Stone for suggestions regarding feasibility assessment.

19. Tschirhart, M., & Bielefeld, W. (2012). *Managing nonprofit organizations.* San Francisco: Jossey-Bass :p. 43.

20. Even the government provides business plans, through the Small Business Administration; see http://www.sba.gov.

21. Kickul, J., & Lyons, T. S. (2012). *Understanding social entrepreneurship: The relentless pursuit of mission in an ever changing world.* New York: Routledge (p. 75); Rooney, J. (2001). Planning for social enterprise. In J. G. Dees, J. Emerson, & P. Economy (Eds.), *Enterprising nonprofits: A toolkit for social entrepreneurs.* New York: Wiley.

22. Wolk, A., & Kreitz, K. (2008). *Business planning for enduring social impact: A social-entrepreneurial approach to solving social problems.* Cambridge, MA: Root Cause : p. 60.

23. Morris, M. H., Kuratko, D. F., & Covin, J. G. (2011). *Corporate entrepreneurship & innovation* (3rd ed.). Mason, OH: South-Western Cengage Learning : p. 66.

24. Ibid. : p. 67.

25. Emerson, J. (2001). Understanding risk, the social entrepreneur, and risk management. In J. G. Dees, J. Emerson, & P. Economy (Eds.), *Enterprising nonprofits: A toolkit for social entrepreneurs.* New York: Wiley; Brooks, A. C. (2009). *Social entrepreneurship: A modern approach to social value creation.* Upper Saddle River, NJ: Pearson Prentice Hall : pp. 60–61.

26. Dickson, P. R., & Giglierano, J. J. (1986). Missing the boat and sinking the boat: A conceptual model of entrepreneurial risk. *Journal of Marketing,* 50: 43–51.

27. For example, see Sargeant, A. (2009). *Marketing management for nonprofit organizations* (3rd ed.). New York: Oxford University Press; Andreasen, A. R., & Kotler, P. (2008). *Strategic marketing for nonprofit organizations* (7th ed.). Upper Saddle River, NJ: Pearson Prentice Hall.

28. Majeska, K. (2001). Understanding and attracting your "customers." In J. G. Dees, J. Emerson, & P. Economy (Eds.), *Enterprising nonprofits: A toolkit for social entrepreneurs.* New York: Wiley.

29. Andreasen, A. R., & Kotler, P. (2008) : pp. 153–157.

30. Ibid. : pp. 224–226.

31. Stone, M., & Sandfort, J. (2009). Building a policy fields framework to inform research on nonprofit organizations. *Nonprofit and Voluntary Sector Quarterly,* 38(6): 1054–1075.

32. Sandfort, J., & Stone, M. (2008). Analyzing policy fields: Helping students understand complex state and local contexts. *Journal of Public Affairs Education,* 14(2): 129–148.

33. Sandfort, J. (2010). Nonprofits in policy fields. *Journal of Public Policy Analysis and Management,* 29(3): 637–644.

34. Stone, M., & Sandfort, J. (2009) : pp. 1063–1070.

注释

35. Shaw, E., & Carter, S. (2007). Social entrepreneurship: Theoretical antecedents and empirical analysis of entrepreneurial processes and outcomes. *Journal of Small Business and Enterprise Development*, 14(3): 418–434.

36. Weerawardena, J., & Mort, G. S. (2006). Investigating social entrepreneurship: A multidimensional model. *Journal of World Business*, 41: 21–35.

37. Dees, J. G. (2001). Mobilizing resources. In J. G. Dees, J. E. Emerson, & P. Economy (Eds.), *Enterprising nonprofits: A toolkit for social entrepreneurs*. New York: Wiley : pp. 63–102.

38. Brooks, A. C. (2009). *Social entrepreneurship: A modern approach to social value creation*. Upper Saddle River, NJ: Pearson Prentice Hall : p. 88.

第五章

1. Details of this case come from Chertavian, G. (2012). *A year up: How a pioneering program teaches young adults real skills for real jobs—with real success*. New York: Viking; Year Up. (2007). Year Up growth plan and capital requirements. Retrieved from http://nonprofitfinancefund.org/files/docs/Year_Up.pdf.

2. Year Up. (2007) :pp. 13–19.

3. Roder, A., & Elliott, M. (2011). *A promising start: Year Up's initial impacts on low-income young adult's careers*. New York: Economic Mobility Corporation. Retrieved from http://www.yearup.org/pdf/emc_study.pdf.

4. Scott, W. R., & Davis, G. F. (2007). *Organizations and organizing: Rational, natural, and open system perspectives*. Upper Saddle River, NJ: Pearson Prentice Hall :p. 326.

5. Hancock, J. (2003). Scaling-up the impact of good practice in rural development: A working paper to support implementation of the World Bank's Rural Development Strategy. Report number 26031. Washington, DC: The International Bank for Reconstruction and Development. (Public Disclosure Authorized) :p. 14.

6. Herman, R. D., & Renz, D. O. (1999). Theses on nonprofit organizational effectiveness. *Nonprofit and Voluntary Sector Quarterly*, 28(2): 107–126.

7. Murray, V., & Tassie, B. (1994). Evaluating the effectiveness of nonprofit organizations. In R. D. Herman & Associates, *The Jossey-Bass handbook*

of nonprofit leadership and management (pp. 303–324). San Francisco: Jossey-Bass.

8. Ibid; also Tschirhart, M., & Bielefeld, W. (2012). *Managing nonprofit organizations.* San Francisco: Jossey-Bass/Wiley：pp. 13–17.

9. Sharir, M., & Lerner, M. (2006). Gauging the success of social ventures initiated by individual social entrepreneurs. *Journal of World Business*, 41: 6–20.

10. Wei-Skillern, J., Austin, J. E., Leonard, H., & Stevenson, H. (2007) (see chap. 4, n. 5).

11. This concept was developed by Mark Moore: Moore, M. (1997). *Creating public value: strategic management in government.* Cambridge, MA: Harvard University Press.

12. Tschirhart, M., & Bielefeld, W. (2012)：p. 20.

13. Quinn, R. E., & Rohrbaugh, J. (1981). A competing values approach to organizational effectiveness. *Public Productivity Review*, 5(2): 122–140.

14. Cameron, K. (2009). An introduction to the competing values framework. Haworth organizational culture white paper. Retrieved from http://www.haworth.com/en-us/Knowledge/Workplace-Library/Documents/An-Introduction-to-the-Competing-Values-Framework.pdf.

15. Quinn, R. E., & Rohrbaugh, J. (1981).

16. See, for example, Bryson, J. M., & Crosby, B. C. (1992). *Leadership for the common good: Tackling public problems in a shared-power world.* San Francisco: Jossey-Bass/Wiley.

17. Herman, R. D., & Renz, D. O. (1999).

18. Kushner, R. J., & Poole, P. P. (1996). Exploring structure-effectiveness relationships in nonprofit arts organizations. *Nonprofit Management and Leadership*, 7(2): 119–136.

19. Kaplan, R. S., & Norton, D. P. (1996). *The balanced scorecard.* Boston, MA: Harvard Business School Press：pp. 25–29.

20. Ibid.：pp. 30–31.

21. Niven, P. R. (2003). *Balanced scorecard step-by-step for government and nonprofit agencies.* Hoboken, NJ: Wiley.

注释

22. Niven, P. R. (2003) (p. 30).

23. Ibid. (pp. 34–35).

24. Gitlow, H. S. (2005). Organizational dashboards: Steering an organization towards its mission. *Quality Engineering*, 17: 345–357.

25. Paton, R. (2003). *Managing and measuring social enterprises.* Thousand Oaks, CA: Sage (pp. 139–146).

26. Ibid. (p. 142).

27. Year Up (2007) (p. 9).

28. Examples of outcome and impact evaluation of environmental education programs come from MEERA. (2013). My environmental education evaluation resource assistant. University of Michigan, School of Natural Resources and environment. Retrieved from http://meera.snre.umich.edu/plan-an-evaluation/related-topics/outcomes-and-impacts.

29. Ibid.

30. Ibid.

31. Harrell, A., Burt, M., Hatry, H., Rossman, S., Roth, J., and Sabol, W. (1996). *Evaluation strategies for human service programs: A guide for policymakers and providers.* Washington, DC: The Urban Institute.

32. Roder, A., & Elliot, M. (2011). *A promising start: Year Up's initial impacts.* New York: Economic Mobility Corporation. Retrieved from http://www.yearup.org/pdf/emc_study.pdf.

33. National Action Plan for Energy Efficiency. (2007). *Model energy efficiency program impact evaluation guide.* Prepared by S. R. Schiller, Schiller Consulting. www.epa.gov/eeactionplan. Retrieved from http://www.epa.gov/cleanenergy/documents/suca/evaluation_guide.pdf (p. ES-3).

34. Ibid. (p. 4-2).

35. Tuan, M. (2008). *Measuring and/or estimating social value creation: Insights into eight integrated cost approaches.* Seattle, WA: Bill & Melinda Gates Foundation (p. 10).

36. Karoly, L. A. (2008). *Valuing benefits in benefit-cost studies of social programs.* Santa Monica, CA: RAND (p. 6).

37. Brooks, A. C. (2009). *Social entrepreneurship: A modern approach to social value creation.* Upper Saddle River, NJ: Pearson Prentice Hall (pp. 71–72).

38. Taylor, M. A., Dees, J. G., & Emerson. J. (2002). The question of scale: finding an appropriate strategy for building on your success. In J. G. Dees, J. Emerson, & P. Economy (Eds.), *Strategic tools for social entrepreneurs: Enhancing the performance of your enterprising nonprofit* (pp. 235–266). New York: Wiley.

39. Bloom, P. N. (2012). *Scaling your social venture: Becoming an impact entrepreneur.* New York: Palgrave Macmillan.

40. Kalafatas, J. (2013). *Approaches to scaling social impact.* Durham, NC: Duke University, Center for the Advancement of Social Entrepreneurship. Retrieved from http://www.caseatduke.org/knowledge/scalingsocialimpact/frameworks.html.

41. Dees, J. G., & Anderson, B. B. (2004, Spring). Scaling social impact: Strategies for spreading social innovations. *Stanford Social Innovation Review.* Dees, J. G., & Anderson, B. B. (2013). *Scaling for social impact: Exploring strategies for spreading social innovations.* Durham, NC: Center for the Advancement of Social Entrepreneurship, Duke University. Retrieved from http://www.setoolbelt.org/resources/379.

42. Taylor, M. A., Dees, J. G., & Emerson. J. (2002) (pp. 240–242).

43. KaBoom. (2013). Our mission. Retrieved from http://kaboom.org/about_kaboom/our_mission_vision.

44. KIPP. (2013). About KIPP. Retrieved from http://www.kipp.org/about-kipp

45. Habitat for Humanity. (2013). Retrieved from http://www.habitat.org/.

第六章

1. Case details drawn from Herrnaz, J. Jr., Council, L. R., & McKay, B. (2011). Tri-value organization as a form of social enterprise: The case of Seattle's FareStart. *Nonprofit and Voluntary Sector Quarterly,* 40(5): 829–849; FareStart. (2013). Good food. Better lives. Retrieved from http://farestart.org/

2. FareStart. (2013). FareStart's mission, vision, and values. Retrieved from http://farestart.org/about/mission/index.html.

3. FareStart. (2013). Good food. Better lives.

4. U.S. Government Revenue. (2013). Government revenue details. Retrieved from http://www.usgovernmentrevenue.com/year_revenue_2012USbn_14 bs1n#usgs302.

5. Fair Tax Blog. (2013). What is a government enterprise? Retrieved from http://www.fairtaxblog.com/20081019/what-is-a-government-enterprise/

6. U.S. Government Revenue. (2013). Government revenue details. Retrieved from http://www.usgovernmentrevenue.com/year_revenue_2012USbn_14 bs1n#usgs302.

7. Borins, S. (1998). *Innovating with integrity: How local heroes are transforming American government.* Washington, DC: Georgetown University Press (pp. 92–96).

8. Ash Center for Democratic Governance and Innovation. (2013). Innovations in government. Harvard University. Retrieved from http://www.ash.harvard.edu/ash/Home/Programs/Innovations-in-Government.

9. Social Enterprise Knowledge Network (SEKN), Austin, J., Gutierrez, R.,Ogliastri, E., & Reficco, E. (2006). *Effective management of social enterprises: Lessons from businesses and civil society organizations in Iberoamerica.* Cambridge, MA: Harvard University David Rockefeller Center for Latin American Studies (p. 51).

10. Ibid. (p. 192).

11. Blackwood, A. S., Roeger, K. L., & Pettijohn, S. L. (2010). *The nonprofit sector in brief: Public charities, giving, and volunteering, 2012.* Washington, DC: Urban Institute (p. 3).

12. Salamon, L. M. (2012). *America's nonprofit sector: A primer* (3rd ed.). New York: Foundation Center (p. 103).

13. Ibid. (p.105).

14. Froelich, K. A. (1999). Diversification of revenue strategies: Evolving resource dependence in nonprofit organizations. *Nonprofit and Voluntary Sector Quarterly*, 28(3): 146–268.

15. Department of Trade and Industry (DTI). (2002). *Social enterprise: A strategy for success.* London: HM Treasury.

16. Wallace, B. (2005). Exploring the meaning(s) of sustainability for community-based social entrepreneurs. *Social Enterprise Journal*, 1(1): 78–89.

17. Young, D. (2010). Nonprofit finance: Developing nonprofit resources. In David O. Renz and Associates, *The Jossey-Bass Handbook of Nonprofit Leadership and Management* (3rd ed., pp. 482–504). San Francisco: Jossey-Bass (p. 498).

18. Wei-Skillern, J., Austin, J. E., Leonard, H., & Stevenson, H. (2007). *Entrepreneurship in the social sector.* Thousand Oaks, CA: Sage (pp. 138–140).

19. Social Enterprise Knowledge Network (SEKN), Austin, J., Gutierrez, R., Ogliastri, E., & Reficco, E. (2006) (pp. 170–171).

20. Young (2010) (p. 500).

21. Salamon, L. M. (2012) (p. 41).

22. *Giving USA 2012: The annual report on philanthropy for the year 2011.* Indianapolis, IN: The Center on Philanthropy (p. 8).

23. Ibid. (p. 10).

24. Blackwood, A. S., Roeger, K. L., & Pettijohn, S. L. (2012) (p. 6).

25. Citing personal communication from Hank Rosso: Fogal, R. E. (2010). Designing and managing the fundraising program. In D. O. Renz, & Associates, *The Jossey-Bass handbook of nonprofit leadership and management* (3rd ed., pp. 505–523). San Francisco: Jossey-Bass (pp. 506–507).

26. Froelich, K. A. (1999).

27. Grace, K. S. (2002). Treating your donors as investors. In J. G. Dees, J. Emerson, & P. Economy (Eds.), *Strategic tools for social entrepreneurs: Enhancing the performance of your enterprising nonprofit* (pp. 117–139). New York: Wiley (p. 119).

28. The White House, Office of Social Innovation and Civic Participation. (2013). Social innovation fund. Retrieved from http://www.whitehouse.gov/administration/eop/sicp/initiatives/social-innovation-fund

29. Salamon, L. M. (2012) (p. 69).

30. Young, D. R. (2010) (p. 494).

31. Ibid. (p. 494).

32. Smith, S. R. (2010). Managing the challenges of government contracts. In David O. Renz and Associates, *The Jossey-Bass Handbook of Nonprofit Leadership and Management* (3rd ed., pp. 553–579). San Francisco: Jossey-Bass (pp. 564–570).

33. Bielefeld, W. (2007). Social entrepreneurship and social enterprise. In C. Wankel (Ed.), *21st Century management: A reference handbook* (pp. 22–31). Thousand Oaks, CA: Sage (p. 28).

34. Wei-Skillern, J., Austin, J. E., Leonard, H., & Stevenson, H. (2007) (pp. 140–141).

35. Hurwit & Associates. (n.d.). Taxation of unrelated business income. Retrieved from http://www.hurwitassociates.com/l_unrelated_income.php

36. Brooks, A. C. (2009). *Social entrepreneurship: A modern approach to social value creation.* Upper Saddle River, NJ: Pearson Prentice Hall (p. 90); James, E., & Young, D. R. (2006). Fee income and commercial ventures. In D. R. Young (Ed.), *Financing nonprofits: Putting theory into practice* (pp. 93–120). Lanham, MD: AltaMira Press.

37. Anderson, B. B., Dees, J. G., & Emerson, J. (2002). Developing viable earned income strategies. In J. G. Dees, J. Emerson, & P. Economy (Eds.), *Strategic tools for social entrepreneurs: Enhancing the performance of your enterprising nonprofit* (pp. 191–233). New York: Wiley.

38. Worth, M. J. (2012). *Nonprofit management: principles and practice* (2nd ed.). Los Angeles: Sage (p. 306).

39. Ibid. (p. 302).

40. Ibid. (p. 303).

41. Susan G. Komen Minnesota. (2013). Komen race for the cure. Retrieved from http://www.komenminnesota.org/Komen_Race_for_the_Cure_.htm

42. Center on Philanthropy. (2013). *Leveraging the power of foundations: An analysis of program-related investments.* Indianapolis, IN: Center on Philanthropy.

43. Ibid.

44. RSI Social Finance. (2013). PRI funds. Retrieved from http://rsfsocialfinance.org/services/investing/pri.

45. Kaplan, R. S., & Grossman, A. S. (2010, October). The emerging capital market for nonprofits. *Harvard Business Review*, pp. 110–118.

46. Ibid. (p. 114).

47. For a full discussion, see Bugg-Levine, A., & Emerson, J. (2011). *Impact investing: Transforming how we make money while making a difference*. San Francisco: Jossey-Bass (p. 9).

48. Freireich, J., & Fulton, K. (2009). *Investing for social and environmental impact: A design for catalyzing an emerging industry*. San Francisco: Monitor Institute. Retrieved from http://monitorinstitute.com/downloads/what-we-think/impact-investing/Impact_Investing.pdf.

49. Ibid.

50. RSF Social Finance. (2013). Social investment fund. Retrieved from http://rsfsocialfinance.org/services/investing/social/

51. Harji, K., & Jackson, E. (2012). *Accelerating impact: Achievements, challenges and what's next in building the impact investing industry*. New York: The Rockefeller Foundation.

52. Social Finance. (2012). *A new tool for scaling impact: How social impact bonds can mobilize private capital to advance social good*. Boston, MA: Social Finance.

第七章

1. Case details are taken from Guo, C., Shockley, G., & Tang, R. (2009). At the intersection of two worlds: Religion, social enterprise, and Partners in Christ International. *GIVING—International Journal on Philanthropy and Social Innovation*, 2: 71–82.

2. McGaw, N. (2013, February 8). Have a real impact; keep your day job. *Harvard Business Review*. Retrieved from http://blogs.hbr.org/cs/2013/02/have_a_real_impact_keep_your_d.html.

3. Farid, M. (2005). Organizational attributes of nonprofit intrapreneurship: An empirical study. *Academy of Entrepreneurship Journal*, 11(2): 1–18.

4. Frumkin, P. (2002): *On being nonprofit: A conceptual and policy primer*. Cambridge, MA: Harvard University Press.

5. Pinchot, G., & Pinchot, E. (1978, Fall) *Intra-corporate entrepreneurship*. Tarrytown School for Entrepreneurs. Retrieved from http://www.intrapreneur.com/MainPages/History/IntraCorp.html.

6. Stevenson, H. H., & Jarillo, J. C. (1990). A paradigm of entrepreneurship: Entrepreneurial management. *Strategic Management Journal*, 11(5): 17–27.

7. Antoncic, B., & Hisrich, R. D. (2003). Clarifying the intrapreneurship concept. *Journal of Small Business and Enterprise Development*, 10(1), 7–24.

8. Zahra, S. A. (1991). Predictors and financial outcomes of corporate entrepreneurship: An exploratory study. *Journal of Business Venturing*, 6: 259–285.

9. Burgelman, R. A. (1983). Corporate entrepreneurship and strategic management: Insights from a process study. *Management Science*, 29(12), 1349–1364.

10. Antoncic, B., & Hisrich, R. D. (2003). Clarifying the intrapreneurship concept. *Journal of Small Business and Enterprise Development*, 10(1): 7–24.

11. Zahra, S. A. (1991).

12. Brooks, A. C. (2008). *Social entrepreneurship*. Upper Saddle River, NJ: Pearson Prentice Hall.

13. Grayson, D., McLaren, M., & Spitzeck, H. (2011). *Social intrapreneurs: An extra force for sustainability*. Doughty Center for Corporate Responsibility Occasional Paper.

14. Kistruck, G. M., & Beamish, P. W. (2010). The interplay of form, structure, and embeddedness in social intrapreneurship. *Entrepreneurship Theory and Practice*, 34(4): 735–761.

15. Mair, J., & Marti, I. (2006). Social entrepreneurship research: A source of explanation, prediction, and delight. *Journal of World Business*, 41(1): 36–44.

16. Schmitz, B., & Scheuerle, T. (2012). Founding or transforming? Social Intrapreneurship in three German Christian-based NPOs. *ACRN Journal of Entrepreneurship Perspectives*, 1(1): 13–36.

17. Yusuf, J. (2005). Putting entrepreneurship in its rightful place: A typology for defining entrepreneurship across private, public and nonprofit sectors. *Academy of Entrepreneurship Journal*, 11(2): 113–127.

18. Antoncic, B., & Hisrich, R. D. (2001).

19. Garton, C. (2010, November 24). Panera opens doors to second "Cares Café" charity store. *USA Today*. Retrieved from http://yourlife.usatoday.com/mind-soul/doing-good/kindness/post/2010/11/panera-opens-doors-to-their-second-cares-cafe-charity-store/132353/1.

20. Takagi, G. (2012). Parent-subsidiary structures—Part I: Control and separateness. *Nonprofit Law Blog*. Retrieved from http://www.nonprofitlawblog.com/home/2012/06/parent-subsidiary-structures-part-i.html.

21. Khan, M. A. (2008). Red Cross attracts $190K in pledges via Text 2HELP program. *Mobile Marketer*. Retrieved from http://www.mobilemarketer.com/cms/news/messaging/2226.html.

22. Suspended Coffees. (n.d.). https://www.facebook.com/suspendedcoffeess.

23. Breathe California of Los Angeles County. (n.d.). BREATHE LA history. Retrieved from http://www.breathela.org/about/breathe-la-history

24. Thornberry, N. E. (2003). Corporate entrepreneurship: Teaching managers to be entrepreneurs. *Journal of Management Development*, 22(4): 329–344.

25. Lumpkin, G. T., & Dess, G. G. (1996). Clarifying the entrepreneurial orientation construct and linking it to performance. *Academy of Management Review*, 21(1): 135–172.

26. Antoncic, B., & Hisrich, R. D. (2001).

27. Walker, R. (2007). An empirical evaluation of innovation types and organizational and environmental characteristics: Towards a configuration framework. *Journal of Public Administration Research and Theory*, 8 (59): 591–615.

28. Kearney, C., Hisrich, R., & Roche, F. (2008). A conceptual model of public sector corporate entrepreneurship. *International Entrepreneurship and Management Journal*, 4(3): 295–313.

29. Ibid.

30. Sadler, R. J. (2000). Corporate entrepreneurship in the public sector: The dance of the chameleon. *Australian Journal of Public Administration* (Australia), 59(2): 25–43.

31. Kearney, C., Hisrich, R., & Roche, F. (2008).

32. Jennings, D. F., & Lumpkin, J. R. (1989). Functionally modeling corporate entrepreneurship: An empirical integrative analysis. *Journal of*

Management, 15(3): 485–503; Hornsby, J. S., Kuratko, D. F., & Zahra, S. A. (2002). Middle managers' perception of the internal environment for corporate entrepreneurship: Assessing a measurement scale. *Journal of Business Venturing*, 17: 253–273.

33. Hornsby, J. S., Kuratko, D. F., & Zahra, S. A. (2002).

34. Denison, D. R. (1996). What is the difference between organizational culture and organizational climate? A native's point of view on a decade of paradigm wars. *Academy of Management Review*, 21(3), 619–654; Jaskyte, K., & Dressler, W. W. (2005). Organizational culture and innovation in non-profit human service organizations. *Administration in Social Work*, 29(2), 23–41.

35. Sadler, R. J. (2000). Corporate entrepreneurship in the public sector: The dance of the chameleon. *Australian Journal of Public Administration*, 59(2): 25–43.

36. Damanpour, F., & Schneider, M. (2006). Phases of the adoption of innovation in organizations: Effect of environment, organization, and top managers. *British Journal of Management*, 17: 215–236.

37. Cyert, R. M., & March, J. G.. (1963/1992). *A behavioral theory of the firm* (2nd ed). Englewood Cliffs, NJ: Prentice Hall.

38. Bourgeois, L. J. (1981). On the measurement of organizational slack. *Academy of Management Review*, 6: 29–39.

39. McDonald, R. E. (2007). An investigation of innovation in nonprofit organizations: The role of organizational mission. *Nonprofit and Voluntary Sector Quarterly*, 36(2): 256–281.

40. Zahra, S. A. (1993). Environment, corporate entrepreneurship, and financial performance: A taxonomic approach. *Journal of Business Venturing*, 8: 319–340.

41. Dess, G. D., & Beard, D. W. (1984). Dimensions of organizational task environments. *Administrative Science Quarterly*, 30: 52–73.

42. Hambrick, D. C., & Finkelstein, S. (1987). Managerial discretion: A bridge between polar views of organizational outcomes. In L. L. Cummings & B. M. Staw (Eds.), *Research in organizational behavior* (pp. 369–406). Greenwich, CT: JAI Press.

43. Miller, D., & Friesen, P. H. (1982). Innovation in conservative and entrepreneurial firms: Two models of strategic momentum. *Strategic Management Journal*, 3: 1–25; Osborne, D., & Gaebler, T. A (1992). *Reinventing government: How the entrepreneurial spirit is transforming the public sector*. Reading, MA: Addison-Wesley; Nutt, P. C., & Backoff, R. W. (1993). Transforming public organizations with strategic management and strategic leadership. *Journal of Management*, 19: 299–349.

44. Morris, M. H., & Jones, F. F. (1999). Entrepreneurship in established organizations: The case of the public sector. *Entrepreneurship Theory and Practice*, 24(1): 71–91.

45. Levine, C. H., Backoff, R. W., Cahoon, A. R., & Siffin, W. J. (1975). Organizational design: A post Minnowbrook perspective for the "new" public administration. *Public Administration Review*, 35: 425–435.

46. Covin, J. G., & Slevin, D. P. (1991). A conceptual model of entrepreneurship as firm behavior. *Entrepreneurship Theory and Practice*, 16: 7–25.

47. Peters, T. J., & Waterman, R. H. (1982). *In search of excellence: Lessons from America's best-run companies*. New York: Harper and Row; Kanter, R. M. (1984). *The change masters*. New York: Simon & Schuster; Pinchot, G. (1985). *Intrapreneuring*. New York: Harper & Row.

48. Kearney, C., Hisrich, R., & Roche, F. (2008). A conceptual model of public sector corporate entrepreneurship. *International Entrepreneurship and Management Journal*, 4(3): 295–313.

49. Peters, T. J., & Waterman, R. H. (1982).

50. Ahuja, G., & Morris Lampert, C. (2001). Entrepreneurship in the large corporation: A longitudinal study of how established firms create breakthrough inventions. *Strategic Management Journal*, 22(6–7): 521–543.

51. Mulgan, G., & Albury, D. (2003). *Innovation in the public sector*. Strategy Unit, Cabinet Office, October 2003.

52. Borins, S. (2001). The challenge of innovating in government. *The PricewaterhouseCoopers Endowment for the Business of Government*, February 2001.

53. Kistruck, G. M., & Beamish, P. W. (2010). The interplay of form, structure, and embeddedness in social intrapreneurship. *Entrepreneurship Theory and Practice*, 34(4): 735–761.

注释

54. Ibid.

55. Ibid.

56. Ibid.

57. Borins, S. (2001).

58. Ren, C. R., & Guo, C. (2011). Middle managers' strategic role in the corporate entrepreneurial process: Attention-based effects. *Journal of Management*, 37(6): 1586–1610.

第八章

1. Case details are taken from Jones, T. (2008). BANK ON IT: Sometimes you have to break the rules to succeed. Vodafone had to create them from scratch. *PM Network*, 22(6): 58–63; Omwansa, T. K., & Sullivan, N. P. (2012). *Money, real quick: The story of M-Pesa*. New York: Guardian Books.

2. Weiss, L. (2012, December 7). An interview with Aaron Hurst, social innovator. Taproot Foundation. Retrieved from http://www.taprootfoundation.org/about-probono/blog/interview-aaron-hurst-social-innovator

3. See Bygrave, W. D., & Hofer, C. W. (1991). Theorizing about entrepreneurship. *Entrepreneurship Theory and Practice*, 16(2): 13–22; Eckhardt, J. T., & Shane, S. A. (2003). Opportunities and entrepreneurship. *Journal of Management*, 29(3): 333–349.

4. Van De Ven, A. H. (1992). Suggestions for studying strategy process: A research note. *Strategic Management Journal*, 13: 169–188.

5. Burgelman, R. A. (1983). A model of the interaction of strategic behavior, corporate context, and the concept of strategy. *Academy of Management Review*, 8: 61–70.

6. Jansen, J.J.P., Van den Bosch, F.A.J., & Volberda, H. W. (2006). Exploratory innovation, exploitative innovation, and performance: Effects of organizational antecedents and environmental moderators. *Management Science*, 52: 1661–1674.

7. Ren, C. R., & Guo, C. (2011). Middle managers' strategic role in the corporate entrepreneurial process: Attention-based effects. *Journal of Management*, 37(6), 1586–1610.

8. Burgelman, R. A. (1983). Corporate entrepreneurship and strategic management: Insights from a process study. *Management Science*, 29(12): 1349–1364.

9. Ibid.

10. Ren, C. R., & Guo, C. (2011).

11. Ocasio, W. (1997). Towards an attention-based view of the firm. *Strategic Management Journal*, 18(S1): 187–206.

12. Kingdon, J. W. (2002). *Agendas, alternatives, and public policies* (Longman Classics edition). London: Longman Publishing Group.

13. Peters, T. J., & Waterman, R. H. (2004). *In search of excellence: Lessons from America's best-run companies.* New York: HarperBusiness; Zahra, S. A. (1991). Predictors and financial outcomes of corporate entrepreneurship: An exploratory study. *Journal of Business Venturing*, 6: 259–285.

14. Floyd, S. W., & Woolridge, B. (1999). Knowledge creation and social networks in corporate entrepreneurship: The renewal of organizational capability. *Entrepreneurship Theory and Practice*, 23(3): 123–143.

15. Guo, C. (2003). Environmental constraints, governance patterns, and organizational responsiveness: A study of representation in nonprofit organizations. Unpublished dissertation, University of Southern California, Los Angeles, CA.

16. Burgelman, R. (1984). Managing the internal corporate venturing process. *Sloan Management Review*, 25(2): 33–48.

17. Ocasio, W. (1997).

18. Maidique, M. A. (1980). Entrepreneurs, champions, and technological innovation. *MIT Sloan Management Review*, 21(2): 59–76.

19. Borins, S. (2002). Leadership and innovation in the public sector. *Leadership & Organization Development Journal*, 23(8): 467–476.

20. Nohria, N., & Gulati, R. (1996). Is slack good or bad for innovation? *Academy of Management Journal*, 39: 1245–1264.

21. Ren, C. R., & Guo, C. (2011).

22. Howlett, M. (1998). Predictable and unpredictable policy windows: Institutional and exogenous correlates of Canadian federal agenda-setting. *Canadian Journal of Political Science*, 31: 495–524.

23. Levitt, B., & March, J. G. (1988). Organizational learning. *Annual Review of Sociology*, 14, 319–340.

24. Levinthal, D. A., & March, J. G. (1993). The myopia of learning. *Strategic Management Journal*, 14: 95–112.

25. March, J. G. (1994). *A primer on decision making: How decisions happen.* New York: Free Press.

26. Louis, M. R., & Sutton, R. I. (1991). Switching cognitive gears: From habits of mind to active thinking. *Human Relations*, 44: 55–76.

27. Dutton, J. E., & Jackson, S. E. (1987). Categorizing strategic issues: Links to organizational action. *Academy of Management Review*, 12: 76–90.

28. Cohen, R. (2011, July 25). Staying alive: Nonprofit innovation in a traditional setting. *Nonprofit Quarterly*. Retrieved from http://www.nonprofitquarterly.org.

29. Nonprofit Quarterly. (2013, June 6). NPQ's report to you, its community. Retrieved from http://nonprofitquarterly.org/governancevoice/22412-npq-s-report-to-you-its-community.html.

30. George, E., Chattopadhyay, P., Sitkin, S. B., & Barden, J. (2006). Cognitive underpinnings of institutional persistence and change: A framing perspective. *Academy of Management Review*, 31: 347–385.

31. Quinn, J., Mintzberg, J., & James, R. (1988). *The strategy process: Concepts, context, and cases.* Upper Saddle River, NJ: Prentice Hall.

32. Borins, S. (2002). Leadership and innovation in the public sector. *Leadership & Organization Development Journal*, 23(8): 467–476.

33. Maidique, M. A. (1980). Entrepreneurs, champions, and technological innovation. *MIT Sloan Management Review*, 21(2): 59–76.

34. Burgelman, R. A. (1983). A process model of internal corporate venturing in the diversified major firm. *Administrative Science Quarterly*, 28: 223–244.

35. Interview with Aliyya Shelley Mattos, executive director of the PaperSeed Foundation.

36. Mintzberg, H. (1989). *Mintzberg on management.* New York: Free Press.

37. Floyd, S. W., & Wooldridge, B. (1992). Middle management involvement in strategy and its association with strategic type: A research note. *Strategic Management Journal*, 13(S1): 153–167.

38. Floyd, S. W., & Wooldridge, B. (1999). Knowledge creation and social networks in corporate entrepreneurship: The renewal of organizational capability. *Entrepreneurship Theory & Practice*, 23: 123–143.

39. Ren, C. R., & Guo, C. (2011).

40. See Kouzes, J. M., & Posner, B. Z. (1987). *The leadership challenge*. San Francisco: Jossey-Bass; Jaskyte, K. (2004). Transformational leadership, organizational culture, and innovativeness in nonprofit organizations. *Nonprofit Management and Leadership*, 15(2): 153–167.

41. Simons, R. (1987). Accounting control systems and business strategy: An empirical analysis. *Accounting, Organizations and Society*, 12: 357–374.

42. Sadler, R. J. (2000). Corporate entrepreneurship in the public sector: The dance of the chameleon. *Australian Journal of Public Administration*, 59(2): 25–43.

第九章

1. Case details taken from Moore, M. H. (2013). Diana Gale and the Seattle solid waste utility. In *Recognizing public value* (pp. 244–291). Cambridge, MA: Harvard University Press.

2. Dictionary.com. (2013). Government. Retrieved from http://dictionary.reference.com/browse/government.

3. Palmer, J. L., & Sawhill, I. V. (1982). The Reagan experiment: an examination of economic and social policies under the Reagan administration. Washington, DC: The Urban Institute.

4. Lewis, E. (1980). *Public entrepreneurship: toward a theory of bureaucratic power*. Bloomington, IN: Indiana University Press; Doig, J. W., & Hargrove, E. C. (1987). *Leadership and innovation: Entrepreneurs in government*. Baltimore, MD: Johns Hopkins University Press.

5. Morris, M. H., Kuratco, D. F., & Covin, J. G. (2011). *Corporate entrepreneurship and innovation: Entrepreneurial development within organizations* (3rd ed.). Mason, OH: South-Western Cengage Learning (p. 132).

6. Morris, M. H., Kuratco, D. F., & Covin, J. G. (2011) (pp. 130–131).

7. Cooper, T. L., & Wright N. D. (1992). *Exemplary public administrators: Character and leadership in government*. Baltimore, MD: John Hopkins University Press.

8. Drucker, P. F. (1995, February). Really reinventing government. *Atlantic Monthly*, pp. 49–61; Schneider, M., Teske, P., & Mintrom, M. (1995). Public entrepreneurs: Agents for change in American government. Princeton, NJ: Princeton University Press.

9. Nutt, P. C., & Backoff, R. W. (1993). Transforming public organizations and strategic management and strategic leadership. *Journal of Management*, 19(2): 299–349.

10. Osborne, D., & Gaebler T. A. (1992). *Reinventing government: How the entrepreneurial spirit is transforming the public sector*. Reading MA: Addison-Wesley.

11. Savas, E. (2000). *Privatization and public-private partnerships*. New York: Chatham House Publishers; Wolk, A. (2008). *Advancing social entrepreneurship: Recommendations for policy makers and government agencies*. Washington, DC: The Aspen Institute and Root Cause.

12. Ramamuurti, R. (1986). Public entrepreneurs: Who they are and how they operate. *California Management Review*, 28(3): 142–158; Morris, M. H., Kuratco, D. F., & Covin, J. G. (2011) (p. 135).

13. Ramamuurti, R. (1986).

14. Morris, M. H., & Jones, F. (1999). Entrepreneurship in established organizations: the case of the public sector. *Entrepreneurship Theory and Practice*, 24(1): 71–91.

15. Ibid. (p. 84).

16. Palmer, J. L., & Sawhill, I. V. (1982).

17. Osborne, D., & Gaebler, T. A. (1992).

18. Denhardt, J. V., & Denhardt, R. B. (2011). *The new public service: Serving, not steering*. Armonk, NY: M. E. Sharpe (pp. 17–18).

19. Bumgarner, J., & Newswander, C. (2009). The irony of NPM: The inevitable extension of the role of the American state. *American Review of Public Administration*, 39(2): 189–207.

20. Box, R. C., Marshall, G. S., Reed, B. J., & Reed, C. M. (2001). New public management and substantive democracy. *Public Administrative Review*, 61(5): 608–619.

21. Stone, D. (2008). Global public policy, transnational policy communities and their networks. *Journal of Policy Sciences*, 36(1): 19–38.

22. Denhardt, R. B., & Denhardt, J. V. (2000). The new public service: Serving rather than steering. *Public Administration Review*, 60(6): 549–59 (p. 557).

23. Ibid. (pp. 553–556).

24. Ibid. (p. 557).

25. Ibid.

26. Eggers, W. D., & Singh, S. K. (2009). *The public innovator's playbook: Nurturing bold ideas in government*. Cambridge, MA: Deloitte and Ash Institute of Harvard Kennedy School.

27. Ibid. (p. 29).

28. Wolk, A. (2008).

29. Brass, C. T. (2012). Changes to the Government Performance and Results Act (GPRA): Overview of the new framework of products and processes. Washington, DC: Congressional Research Service.

30. Ibid.

31. Federal FY2014 Budget. (2013). Analytical perspectives, performance and management, 7. Delivering a High Performance Government (p. 87).

32. Moynihan, D. (2013). *The new federal performance system: Implementing the GPRA Modernization Act*. Washington, DC: IBM Center for the Business of Government.

33. Federal FY2014 Budget. (2013).

34. Brenner, S., & Smith, B. (2009, October). Louisiana first state in the nation to launch an institute to incubate innovative social programs. *Philadelphia Social Innovations Journal*. Retrieved from http://www.philasocialinnovations.org/site/index.php?option=com_content&view=article&id=39:louisiana-is-first-state-in-the-nation-to-launch-an-institute-to-incubate-innovative-social-programs&catid=20:what-works-and-what-doesnt&Itemid=31.

35. Perry, S. (2011, March 24). Minnesota explores "pay for performance" bonds. *Chronicle of Philanthropy*. Retrieved from http://philanthropy.com/blogs/state-watch/minnesota-explores-pay-for-performance-bonds/397.

第十章

1. Details taken from Chisholm, R. F. (1998). *Developing network organizations: Learning from practice and theory.* Reading, MA: Addison-Wesley (pp. 60–107).

2. Bloom, P. N., & Dees, J. G. (2008). Cultivate your ecosystem. *Stanford Social Innovation Review*, Winter: 45–53.

3. Oliver, C. (1990). Determinates of interorganizational relationships: Integration and future directions. *Academy of Management Review*, 15: 241–265 (p. 241).

4. Thompson, A. M. (2002). Collaboration: Meaning and measurement. In T. Taillieu (Ed.), *Collaborative strategies and multi-organizational partnerships* (pp. 267–276). Leuven-Kessel-Lo, Belgium: Garant (p. 271).

5. Bailey, D., & Kooney, K. (2000). *Strategic alliances among health and human service organizations.* Thousand Oaks, CA: Sage; Tschirhart, M., & Bielefeld, W. (2012). *Managing nonprofit organizations.* San Francisco: Wiley (pp. 358–362).

6. Austin, J. (2000). *The collaboration challenge: How nonprofits and businesses succeed through strategic alliances.* San Francisco: Jossey-Bass; Tschirhart, M., & Bielefeld, W. (2012). *Managing nonprofit organizations.* San Francisco: Wiley (pp. 363–365).

7. For a similar typology of collaboration among nonprofit organizations, see Guo, C., & Acar, M. (2005). Understanding collaboration among nonprofit organizations: Combining resource dependency, institutional, and network perspectives. *Nonprofit and Voluntary Sector Quarterly*, 34(3): 340–361.

8. Nohria, N., & Eccles, R. G. (1992). *Networks and organizations.* Boston: Harvard University Press; Sagawa, S., & Segal, E. (2000). Common interest, common good: Creating value through business and social sector interorganizational relationships. *California Management Review*, 42(2): 105–122; Osborne, S. P., & Flynn, N. (1997, October-December). Managing the innovative capacity of voluntary and non-profit organizations in the provision of public services. *Public Money and Management*, 31–39; Young, D. (2003). New trends in the U.S. nonprofit sector: Toward market integration? In *The nonprofit sector in a changing economy.* Paris: Organization for Economic Co-operation and Development (OECD).

9. Osborne, S. P., & Flynn, N. (1997); Goes, J. B., & Park, S. H. (1997). Interorganizational relationships and innovation: The case of hospital services. *Academy of Management Review*, 40(3): 673–696; Ostrower, F. (2003). Cultural collaborations: Building partnerships for arts participation. Retrieved from http//www.urban.org/url.cfm?ID=310616.

10. Jaskyte, K., & Lee, M. (2006). Interorganizational relationship: A source of innovation in nonprofit organizations? *Administration in Social Work*, 30(3): 43–54.

11. Chisholm, R. F. (1998). *Developing network organizations: Learning from practice and theory*. Reading, MA: Addison-Wesley (p. 6).

12. Ackoff, R. R. (1974). *Redesigning the future*. New York: Wiley Interscience.

13. Stone, M., & Sandfort, J. (2009). Building a policy fields framework to inform research on nonprofit organizations. *Nonprofit and Voluntary Sector Quarterly*, 38(6): 1054–1075.

14. Sandfort, J. (2010). Nonprofits in policy fields. *Journal of Public Policy Analysis and Management*, 29(3): 637–644.

15. Agranoff, R. (2007). *Managing within networks: Adding value to public organizations*. Washington, DC: Georgetown University Press.

16. Milward, B., & Provan, K. (2006). *A manager's guide to choosing and using collaborative networks*. Arlington, VA: IBM Center for the Business of Government.

17. Provan, K., & Kenis, P. (2007). Modes of network governance: Structure, management, and effectiveness. *Journal of Public Administration Research and Theory*, 18: 229–252.

18. Bryson, J. M., Crosby, B. C., Stone, M. M., & Saunoi-Sandgren, E. (2009). *Designing and managing cross-sector collaboration: A case study in reducing traffic congestion*. Arlington, VA: IBM Center for the Business of Government (p. 79).

19. Wenger, E. C., & Snyder, W. M. (2000, January-February). Communities of practice: The organizational frontier. *Harvard Business Review*, pp. 139–145.

20. Snyder, W. M., & Briggs, X. (2003). *Communities of practice: A new tool for government managers*. Arlington, VA: IBM Center for the Business of Government (p. 8).

注释

21. Ibid. (pp. 35–25).
22. Kania, J., & Kramer, M. (2011, January). Collective impact. *Stanford Social Innovation Review*, Winter; Hanleybrown, F., Kania, J., & Kramer, M. (2012). Channeling change: Making collective impact work. *Stanford Social Innovation Review*.
23. Daft, R. L. (1998). *Organization theory and design* (6th ed.). Cincinnati, OH: South-Western College Publishing (pp. 90–91).
24. Fourth Sector. (2013). About the fourth sector. Retrieved from http://www.fourthsector.net/learn/fourth-sector.
25. Dictionary.com. (2013). Hybrid. Retrieved from http://dictionary.reference.com/browse/hybrid.
26. Billis, D. (2010). *Hybrid organizations and the third sector: Challenges for practice, theory and policy*. New York: Palgrave Macmillan (pp. 56–58).
27. Sabeti, H. (2012). *The emerging fourth sector*. Washington, DC: The Aspen Institute (p. 8).
28. Alter, K. (2013). Hybrid spectrums. Retrieved from http://www.4lenses.org/setypology/hybrid_spectrum.
29. Ibid.
30. Social Enterprise Alliance. (2013). The case for social enterprise alliance. Retrieved from https://www.se-alliance.org/what-is-social-enterprise.
31. Young, D. R. (2001). Social enterprise in the United States: Alternate identities and forms. Paper presented at the EMES Conference: The Social Enterprise: A Comparative Perspective, Trento, Italy, December 13–15, 2001.
32. Emerson, E., & Twersky, F. (1996). New social entrepreneurs: The success, challenge and lessons of nonprofit enterprise creation. San Francisco: The Roberts Foundation Homeless Economic Development Fund (p. ix).
33. Incorporates most of the elements suggested by Virtue Ventures and Kim Alter. Retrieved from http://www.virtueventures.com.
34. Alter, K. (2013). Definition of social enterprise. Retrieved from http://www.4lenses.org/setypology/definition.
35. Alter, K. (2013). Fundamental models. Retrieved from http://www.4lenses.org/setypology/models.

36. interSector Partners, L³C. (2013). Here's the latest L³C tally. Retrieved from http://www.intersectorl3c.com/l3c_tally.html.

37. Americans for Community Development. (2013). The concept of the L³C. Retrieved from http://www.americansforcommunitydevelopment.org.

38. Benefit Corp. (2013). Benefit Corp information center. Retrieved from http://benefitcorp.net.

39. Ibid.

40. Clark, W. H. Jr., & Vranka, L. (2013). The need and rationale for the benefit corporation. White paper retrieved from: http://benefitcorp.net/storage/documents/Benecit_Corporation_White_Paper_1_18_2013.pdf.

41. Certified B Corporation. (2013). Retrieved from http://www.bcorporation.net.

42. Ibid.

43. Patagonia. (2013). Our reason for being. Retrieved from http://www.patagonia.com/us/patagonia.go?assetid=2047&ln=140.

第十一章

1. Cohen, R. (2012). Why did Kony 2012 fizzle out? *Nonprofit Quarterly*, April 26. Retrieved from http://www.nonprofitquarterly.org/policysocial-context/20216-why-did-kony-2012-fizzle-out.html.

2. Greenblatt, A. (2012). The social media shuffle: From Kony to spooning. Retrieved from http://www.npr.org/2012/04/19/150964208/young-people-turn-from-kony-to-spooning-record.

3. Sources: World Stats. (2012, June 30). Internet World Stats. Miniwatts Marketing Group. Retrieved from http://www.internetworldstats.com/stats.htm; Facebook tops billion-user mark. (2012, October 4). *Wall Street Journal*. Retrieved from http://online.wsj.com/news/articles/SB10000872396390443635404578036164027386112; Twitter passed 500m users in June 2012, 140M of them in US; Jakarta "biggest tweeting" city. (2012, July 30). *TechCrunch*. Retrieved from http://techcrunch.com/2012/07/30/analyst-twitter-passed-500m-users-in-june-2012-140m-of-them-in-us-jakarta-biggest-tweeting-city.

4. Saxton, G. D., Guo, S. C., & Brown, W. A. (2007). New dimensions of nonprofit responsiveness: The application and promise of Internet-based technologies. Public performance & management review, 31(2), 144–173.

5. Waters, R. D. (2007). Nonprofit organizations' use of the Internet: A content analysis of communication trends on the internet sites of the Philanthropy 400. *Nonprofit Management & Leadership*, 18(1): 59–76.

6. Gordon, T. P., Knock, C. L., & Neely, D. G. (2009). The role of rating agencies in the market for charitable contributions: An empirical test. *Journal of Accounting and Public Policy*, 28: 469–484.

7. Saxton, G. D., Neely, D., & Guo, C. (in press). Web disclosure and the market for charitable contributions. *Journal of Accounting and Public Policy*.

8. Saxton, G. D., Guo, C., & Brown, W. (2007).

9. Hackler, D., & Saxton, G. D. (2007). The strategic use of information technology by nonprofit organizations: Increasing capacity and untapped potential. *Public Administration Review*, 67(3): 474–487.

10. Kaplan, A. M., & Haenlein, M. (2010). Users of the world, unite! The challenges and opportunities of social media. *Business Horizons*, 53(1): 59–68.

11. Ibid.

12. Ogden, T., & Starita, L. (2009). Social networking and mid-size non-profits: What's the use? *Philanthropy Action*, 1–21.

13. Greenberg, J., & MacAulay, M. (2009). NPO 2.0? Exploring the web presence of environmental nonprofit organizations in Canada. *Global Media Journal* (Canadian edition), 2(1): 63–88.

14. Lovejoy, K., & Saxton, G. D. (2012). Information, community, and action: How nonprofit organizations use social media? *Journal of Computer-Mediated Communication*, 17(3): 337–353. Saxton, G. D., Guo, C., Chiu, I-H., & Feng, B. (2011). Social media and the social good: How nonprofits use Facebook to communicate with the public. *China Third Sector Research [Chinese]*, 1: 40–54.

15. Bornstein, D. (2011, February 7). Mothers-to-be are getting the message. *New York Times*. Retrieved from http://opinionator.blogs.nytimes.com/2011/02/07/pregnant-mothers-are-getting-the-message, or www.text4baby.com.

16. To learn more about Chirpify, visit https://chirpify.com.

17. For an account of National Preparedness and Response Corps AmeriCorps members who are serving their assignment with the American Red Cross in Southeast Louisiana, visit http://redcrossselanprc.wordpress.com.

18. Guo, C., & Saxton, G. (2014). Tweeting Social Change: How Social Media Are Changing Nonprofit Advocacy. *Nonprofit and Voluntary Sector Quarterly*, in press.

19. Guo, C., & Saxton, G. D. (2012). May I have your attention, please? Rethinking nonprofit strategies for the age of attention philanthropy. Presented at the Association for Research on Nonprofit Organizations and Voluntary Action's 41st Annual Conference, Indianapolis, IN.

20. Shenk, D. (1997). *Data smog: Surviving the information glut*. San Francisco: Harper Edge.

21. Steffen, A. (2011). Attention philanthropy: Giving reputation a boost. In H. Masum & M. Tovey (Eds.), *The reputation society: How online opinions are reshaping the offline world* (pp. 89–96). Cambridge, MA: The MIT Press.

22. Hall, J. (2005, June 20). Too many ways to divide donations? *Christian Science Monitor*.

23. Handy, F., Brodeur, N., & Cnaan, R. (2006). Summer on the island: Episodic volunteering. *Voluntary Action*, 7(3): 31–46; Macduff, N. (1990). Episodic volunteering. In T. Connors (Ed.), *The volunteer management handbook* (pp. 187–205). New York: Wiley.

24. See Cornelissen, J. P. (2012). Sensemaking under pressure: The influence of professional roles and social accountability on the creation of sense. *Organization Science*, 23(1): 118–137; Fisher, W. R. (1985). The narrative paradigm: An elaboration. *Communications Monographs*, 52(4): 347–367.

25. TOMS Shoes (2013). One for one. Retrieved from http://www.toms.com/evolving-our-giving

26. Bassett, L. (2012, February 1). Susan G. Komen loses support after Planned Parenthood decision. *Huffington Post*. Retrieved from http://www.huffingtonpost.com/2012/02/01/susan-g-komen_n_1247262.html.

注释

27. Mackey, J. M. (2010, October 23). Facebook status "inches," "I like it . . ." in support of Susan G. Komen Foundation. *USA Live Headlines*. Retrieved from http://www.usaliveheadlines.com/1558/facebook-status-inches-i-like-it-in-support-of-susan-gkomen-foundation.htm.

28. James, S. (2010, January 8). Bra color status on Facebook goes viral. *ABC News*. http://abcnews.go.com/Health/bra-color-status-facebook-raises-curiosity-money-viral/story?id=9513986#.UZjuSsrkonM.

29. Savvides, L. (2012, April 24). Kony 2012's online activism doesn't guarantee offline success. *CNET Australia*. Retrieved from http://www.cnet.com.au/kony-2012s-onlineactivism-doesnt-guarantee-offline-success-339336460.htm.

30. Bonk, K. (2010). Strategic communications. In *The Jossey-Bass Handbook of Nonprofit Leadership and Management* (3rd ed., pp. 329–346). San Francisco: Wiley.

31. Gainer, B. (2010). Marketing for nonprofit organizations. In *The Jossey-Bass Handbook of Nonprofit Leadership and Management* (3rd ed., pp. 301–328). San Francisco: Wiley.

32. Attention Philanthropy 2010. (2009). Retrieved from http://www.worldchanging.com/archives/011191.html.

33. National Public Radio. (2011, October 16). "Amid Breast Cancer Month, is there pink fatigue?".

34. Steffen, A. (2011).

结论

1. Simon, H. A. (1967). The business school: A problem in organizational design. *Journal of Management Studies*, 4(1): 1–16; Van de Ven, A. H. (1989). Nothing is quite so practical as a good theory. *Academy of Management Review*, 14(4): 486–489.

2. Lewin, K. (1945). The research center for group dynamics at Massachusetts Institute of Technology. *Sociometry*, 8(2): 126–136.

3. Levitt, B., & March, J. G. (1988). Organizational learning. *Annual Review of Sociology*, 14: 319–340.

4. Ball, J. (2013, January 14). Avaaz: Can online campaigning reinvent politics? *Guardian*. Retrieved from http://www.theguardian.com/world/2013/jan/15/avaaz-online-campaigning-reinvent-politics.

5. Edwards, M. (2008). *Just another emperor? The myths and realities of philanthrocapitalism*. New York: Demos: A Network for Ideas & Action (p. 18).

译后记

传统的社会管理，一般分为政府部门、企业部门和非营利部门三个方面，三个部门中，早期政府部门较强，后来随着市场经济的发展，企业部门得到快速增长，非营利部门为社会提供服务，开始时扮演的角色往往是拾遗补缺的，后来也逐渐成为主要的社会部门。从20世纪70年代开始，西方社会逐渐把成熟的市场经济的商业运作模式借鉴到政府部门和非营利部门的管理中，最为标志性的是美国戴维·奥斯本和特德·盖布勒所写的《改革政府——企业家精神如何改革着公共部门》一书，强调政府管理中用企业的思维方式改革政府低效率的管理模式，适合社会发展的需求。

《公益创业》这本书，也是在这样的背景下产生的，也就是说，如何把企业商业运作模式借鉴到公益领域，使公益产生与以前不一样的状态，这是研究公益的学者已经在思考的问题了。

《公益创业》一书由郭超与沃尔夫冈·比勒菲尔德合作编写。我认识郭超教授多年，2011年年底，曾邀请他参加由上海交通大学第三部门研究中心举办的政府购买公共服务的国际学术研讨会。2013年，我邀请他到上海交通大学做过学术演讲。他获得美国南加州大学公共管理博士学位，曾在印第安纳大学、佐治亚大学和亚利桑那州立大学工作过，现为美国宾夕法尼亚大学社会政策与实践学院非营利组织管理专业的副教授，福克斯国际领导力项目副主任，《非营利与志愿部门季刊》主编。2008年获得美国管理学会创业分会颁发的艾迪亚奖。他的研究聚焦在非营利组织、志愿行动及政府之间的交叉领域。另一位作者是沃尔夫冈·比勒菲尔德是印第安纳大学公共与环境事务学院教授，获得美国明尼苏达大学社会学博士学位，曾在得克萨斯大学达拉斯分校、明尼苏达大学、斯坦福大学工作过，也是《非营利与志愿部门季刊》（2005～2010）的主编。

《公益创业》有自身的独特结构，由以下几个部分组成，首先是导言，讲理解与运用公益企业。第一部分阐述了公益企业的概念与背景，分了两章，第一章是公益创业面面观，第二章是作为组织行为的公益创业。第二部分讲的是理解和管理公益创业过程，有四章，第三章是发现和创造公益创业机会，第四章是从机会到行动，第五章是从行动到影响力，第六章是资助公益创业。第三部分介绍的是理解和管理公益内部创业过程，有两章，第七章是公益创业：内部创新，第八章是管理公益内部创业过程。第四部分分析公益创业的新趋势与新问题,分为三章,第九章是公共部门公益创业,第十章是跨界合作与公益创业,第十一章是新媒体与公益创业。最后是结语,回顾过去,展望未来。通过各个章节的介绍,为公益创业家们提供知识、工具和技巧。

  本书可以概括为以下几个方面的特点:一是现实需求。为什么公益需要转型和创新,就是现实生活中有许多需要,迫使公益界做出调整与变革。许多问题,政府解决不了,仅仅是市场也解决不了,而公益却能担此重任。当然,此公益与彼公益完全不同。以前的公益,基本上是接受政府的拨款、补贴和资助,接受企业捐赠,只是把别人的钱拿来用,提供公共服务。现在的公益不一样,需要有自身的造血功能,能通过市场获取资源。这样的公益,不仅在理念上、功能上与运作方式上都需要创新,迎接市场经济的挑战。二是案例多。本书介绍了一些非常有名的公益企业,如城市之年(www.cityyear.org)、学生领袖峰会(www.college summit.org)、强力启动(www.kickstart.org)、美丽美国(www.teachforamerica.org)等,在大学生培训、社区居民能力提升、帮助弱势群体方面发挥积极作用。三是价值倡导。公益组织赚钱与商业企业营利有不同的使命,自从1960年开始使用"公益创业"时起,到20世纪80年代为大家所熟悉和接受,它就倡导非营利组织的创新意识,通过不同的组织行为与服务对象的选择,最终实现创造更多社会价值的目的。四是公益创业的研究正在深入。随着社会需求越来越强劲,大学对公益创业的课程开设和研究也随之而起。从20世纪90年代哈佛开设公益创业课程,已经有许多国家的大学都设置了相关的课程,作为一个研究领域也有较多的成果问世。五是研究方法。有的书以逻辑见长,根据逻辑分析讨论问题。有的书以价值为趋势,把是非作为判断标准来进行讨论。本书既不是以逻辑,也不是以价值,而是以实证为基础进行具体分析。也就是说,理论的概括和观点的提出都是有实际上的数据和材料为佐证的。

  有一点特别需要说明的,实务界和学术界一般将这种具有社会价值导向造血功能的企业运作称作社会企业。为了突出强调创新与创业,我们在翻译时,没有采用传统的译法,而且使用了更贴近它本义的"公益创业""公益企业"。当然,"公益创业"与"公益企业"有不少地方都混用,主要是看它的场景和上下文的关联。

  本书由我与上海交通大学国际与公共事务学院博士后谢启秦、上海交通大学国际与公共事务学院讲师卢永彬博士合作翻译。先由谢启秦翻译初稿,我与卢永彬一起通稿,最后几上几下,逐渐定稿。

  我们翻译本书,就是想把国外最新的学术成果和理论思考推荐给国内的学界和实务界,了解世界发展的动态与趋势,选择符合中国实际需求的公益之路与公益创新之路,推动中国公益现代化建设。

译后记

　　感谢本书作者之一的郭超,解答了我们翻译中遇到的一些问题。感谢上海财经大学李成军编辑的宽容与认真。尽管我们努力着尝试把最内在的含义翻译出来,但由于学识、语境理解和时间上的原因,书稿会有这样那样的问题,请方家多提批评意见。

　　2017年7月3日至7日,在巴勒斯坦拉马拉召开国际行政院校联合会2017年学术年会,我受邀参加。在会议空隙,尽快完成这篇已经拖了好长时间的译后记,也可以作为参加这一会议的一个副产品。清晨,一轮红日徐徐上升,伊斯兰教清真寺内的穆斯林第一次祷告声飘然而至,提醒我在另一个文化世界中,我长吁一声,译后记总算大功告成了!

徐家良于巴勒斯坦拉马拉
2017年7月4日